张耀南／主编

自然国学评论

Review of Natural Science Studies in Chinese Classics and Culture

第三号

北京航空航天大学出版社
BEIHANG UNIVERSITY PRESS

图书在版编目（CIP）数据

自然国学评论．第三号／张耀南主编．--北京：北京航空航天大学出版社，2019.12

ISBN 978-7-5124-3139-3

Ⅰ.①自… Ⅱ.①张… Ⅲ.①国学-研究 Ⅳ.①Z126.27

中国版本图书馆CIP数据核字（2019）第214939号

自然国学评论．第三号

出版统筹：邓永标
责任编辑：邓 彤
责任印制：秦 赟
出版发行：北京航空航天大学出版社
地　　址：北京市海淀区学院路37号（100191）
电　　话：010-82317023（编辑室）　010-82317024（发行部）
　　　　　010-82316936（邮购电话）
网　　址：http：//www.buaapress.com.cn
读者信箱：bhxszx@163.com
印　　刷：北京九州迅驰传媒文化有限公司
开　　本：710mm×1000mm 1/16
印　　张：22.5
字　　数：355千字
版　　次：2019年12月第1版
印　　次：2019年12月第1次印刷
定　　价：58.00元

若本书有倒页、脱页、缺页等印装质量问题，请与本社发行部联系调换
联系电话：010-82317024

自然国学评论编辑委员会

格式探讨

前沿探索

古学发微

经典释读

哲学批评

比较逻辑学

自然国学评论

格式探讨

《自然国学评论》第三号
第 003－027 页

当代中国思想的重大转向

滕祥志*

摘　要： 道术将为天下裂。自西学传入迄今已逾百年，中国学术被分裂为现代知识学。经典迷失，格式颠覆，道统不存，隐患日渐。为此，近二十年来，当代国人始为学术之格式转型，即出入西学，打破西学之格式，朝向中国古典学问之精神，存续道统。在政治学、法学、经济学、社会学、国际关系学、哲学等领域皆有整合或进展。中国思想的重大转向，亦可从政治文献、社会人心、时势转承、道统存续、文明担当等角度做深入观察。

关键词： 思想转向　朝向经典　回归格式　接续道统

* 滕祥志，法学博士，商法学博士后。曾长期执律师业，现任中国社会科学院财经战略研究院副研究员，中国税务学会学术委员，中国财税法学研究会理事。主要从事财税法学、财税公共政策分析研究。

本文原刊于《社会科学论坛》2012 年第 11 期，此次登载有订正。

20 世纪 90 年代初，中国思想开始了自由主义的转向，以朱学勤《1998：自由主义学理的言说》为标志，揭示了自由主义言说在学理层面的登场。自由主义是一整套政治、经济、法学和意识形态理论，其背后有深刻的经验主义和欧陆理性主义的哲学背景。

自由主义的学理，为之后市场经济的全面展开铺平了道路。以邓小平南方谈话为标志，中国进入社会主义市场经济时代，与之相关的政治学、经济学、法学等现代学术，逐步引进并完善。政治学领域的国家与社会理论、市民社会理论、公共选择和制度分析的理论开始成为显学。经济学领域的新古典理论及其分析概念、框架和术语，逐渐成为主流，经济人假设、个人主义、边际分析、效用函数等成为显学。法学领域，则大力引进了配合经济学的“现代企业制度”的《公司法》、《证券法》和《企业破产法》，法学领域的重大事件是作为民事基本法律制度骨架的《合同法》《物权法》《侵权行为法》等的制定和出台，以及其后关于民法典的制定及其学理探讨。

中国加入 WTO，则对相关的行政法理念形成巨大的影响，直接刺激和催化了责任行政、依法行政、公共行政、正当程序、参与理论等成为行政法显学，其标志就是《全面推进依法行政实施纲要》《行政许可法》《行政强制法》的颁布。

一、回归原典：文化安全事关国家安全

现代性是否具有可复制性和可持续性？西方价值是否代表人类“普世价值”或人类文明未来？进入新世纪，中国学术思想对现代性的反思逐渐深入，不在于回应亨廷顿的文明冲突命题，而在于忧患自身的生存危机。戊子（2008年）以来，中国遭受全球金融危机冲击，出口下滑，人民币升值，制造业萎缩，内需不振。与此同时，美国则依靠美元和军事霸权，以量化宽松为名，内振经济而外掠资源财富，输出流动性泛滥，酿成全球通货膨胀。在经济领域，中国开放市场，却不能赢得市场经济地位，GDP 提升为世界第二，但资源则

受制于人，而国内则有结构转型、产业升级、扩大内需和社会发展的矛盾。在人民币汇率和出口贸易上，屡受欧美发达国家贸易保护主义阻击。于国家安全，中国周边之军演近年来此起彼伏，项庄舞剑，几成讹诈之势；以反恐为名，环绕中国之军事布局，已然成型，几成合围之势，国家安全底线不断受到试探和挤压；美国重返亚洲，声言其“领导地位”，其意人尽皆知。凡此种种，西方自由主义之对内对外相互矛盾、逻辑脆弱和道德崩盘，引发国人深思。不过，即便面临“天安号事件”“钓鱼岛冲突”和美国在南海的系列挑拨，中国仍能举措得宜，审慎克制，与之维持经济交往和战略平静。毕竟，中华文明源远流长，历久弥新，具有以儒学为主体的人生哲学和世界观。东方治道传统，古老深厚，驾驭国际关系之经验，始自春秋战国。自《春秋》传世以来，“仁德之治”政治哲学、“礼制和平”国际关系法则，历代传习，如切如磋，如琢如磨，故文脉道统，至今尚存。

其实，追溯传统和回归古典，非自21世纪始，而自明清。在事功层面，面对西方列强的进逼，中国思想规划之中学为体、全盘西化、中体西用等应对方案，均无济于事，而民族危机则与日俱增。至1937年，日军全面入侵，华夏几至陆沉。共产党随新文化运动而诞生，在政治、经济、军事、社会和意识形态层面，完全、彻底地实现国家整合，化解了严峻的民族生存危机和国家整合危机。为此，中国共产党之成立、发展及其建功立业，都与应对民族生存危机密切相关。论者以为，文化建设不仅事关提升民族竞争力和软实力，还事关国家安全。愚见以为，此诚为未雨绸缪。在思想文化领域，中国的主流和核心价值观正日益消解，正遭遇自20世纪80年代末期以来最严峻的考验。在社会思想领域，面临社会日益原子化、道德自利化、个人主义和个体权利的膨胀、社会群体性事件和维权事件升级，而国家、共同体意识和传统道德则面临消解；这与当年汉代休养生息之后汉武帝面临的局面，有某些相似之处。今天，察风物人情，观世风时变，重提回归原典，意在重整道德，接续道统，凝聚人心，贯注精神动力，以为国家安全之基及万世太平之本。

在某种意义上，甚至可以说，自由主义学理是当代中国学术和思想的基本底色。自由主义作为一种欧美或者源自西方的学说，与当代中国的国体既存在结合的一面，也存在悖论的一面。一方面，在理论层面，社会主义市场经济理论，在相当程度上结合并融会了自由主义的部分学说，比如市场竞争、比较优势、法治理论、公民权利和市民社会理论与中国古典思想“以民为本”具有的亲和力和相似性（但不等同）；另一方面，其悖论和越界也在所难免，自由主义推到极致，就是经济学上的产权分立或私有化（私营部门占据微观经济的主体地位），法学上的彻底宪政主义、法治主义和私权保护，政治学上的彻底多党竞争和选举民主，市民道德领域的利己主义和个人主义。中国的自由主义一派分出激进右派一支，以西山会议派为代表，已经走得很远，为当代中国国体和国情所不容。法学上的“维权派”（2003 年孙志刚事件是所谓“维权元年”）与当代社会的群体性事件等结盟，已经超出当局能够容忍的底线。甚至，维权派还与民间信仰和源自西方的基督信仰、新型“意见领袖”等合流，其中的典型代表或曾受到美国前总统布什的接见，或曾成为《时代周刊》的“全球最大影响力”候选人，与此同时，普通工人也成为《时代周刊》封面人物，其中也别有深意。在网络虚拟空间，维权派和所谓的“意见领袖”具有较高的点击率。应该说，维权派和“意见领袖”的思想底色和哲学基础，是自由主义学理。在学术和思想界，自由主义的信奉者、同情者或同道者尽管数量不少，且在学院中和公共传播界具有影响力①，然而将自由主义学理贯穿到极致，并以西方政治经济法律制度为模本的人，即成为激进右派一支的仍为少数。尽管如此，秉持自由主义的一派中不乏一批真诚热爱国家，并真诚地认为自由民主宪政与民族主义的结合②可以实现长治久安或者民富国强的人。

历史上，西方主流思想曾发生危机，在“一战”、“二战”之后最为明显，近代中国学术和思想的先驱梁启超，曾积极向国人引进西方思想和制度，但是世界大战在西方的爆发，引起了梁启超的警觉和质疑。在西方思想界，非理性主义、后现代理论等就是对现代主义和自古希腊的理性主义的反思，亦即对现

① 《自由主义在学院和传播界的影响》，参见秋风：《中国自由主义二十年的颓势》，载《二十一世纪》2011 年 8 月号（第 126 期）。

② 高全喜：《自由主义与民族主义——2009 年 5 月 2 日三味书屋演讲》，据新青年文化网，http://www.21newyouth.net/viewnews-191.html，2012-1-18 访问。

代性的反思。然而，这些反思仅仅为西方思想的旁枝末流，西方思想的主流[①]是现代学术和现代学，即自由主义以及站在其思想背后的政治、经济、法律构造和制度大厦。而且，经过近半个多世纪的调整，特别是在赢得冷战的胜利之后，西方产生了“历史终结论”，中国知识界对西方的态度和亲和感与日俱增。邓小平南方谈话后，中国加快了向市场经济的改革步伐，随之，自由主义学理成为中国学术的主要言说，亚当·斯密、哈耶克、弗里德曼、凯恩斯、布坎南、诺斯、莫里斯等为国内学界耳熟能详，相继成为显学，而秉持国家主义的思想家和经济学家何新等，则自称备感“孤独和寂寞”。新左派亦然。

进入21世纪以来，新“左派”和新右派（自由派）曾进行几番思想和理论论战，其论战场域主要在互联网的各种论坛，而非主流媒体或者学术刊物。在北约轰炸南联盟、分裂南斯拉夫时，自由派尚处于上风；在其后的伊拉克战争、阿富汗战争时，两派势均力敌；但是在北约轰炸利比亚时，有人开始反省西方的自由民主和人权理论，进而反省自小布什以来一以贯之的美国新保守主义。新保守主义的理论渊源来自对希腊古典哲学的回归[②]，其“自然正当”理论为跨越主权国家的限制，进行跨国干预提供理论支撑，对现行国际秩序提出严峻挑战。如此，中国思想不得不反思，若某天炸弹落到自己头上，情何以堪？可见，贯彻并信奉纯正的自由主义，与中国的国家利益和民族利益相矛盾，这与绝大多数国人和怀抱良心的学人的底线不符。可以说，自1900年八国联军攻破清帝国首都以来，甚或自1840年鸦片战争以来，中国学人无论何种政治派别，无论秉持何种政治信仰，都会聚合、团结在“强国”和“保种”的旗帜下，然而，随着自由主义学理的逐渐引入、渗透和弥散，“强国”和“保种”“保教”的基本共识已然瓦解。换言之，中华文明之道统和核心价值已朝不虑夕，基本共识已然消解，而新的共识尚未达成。这是进入21世纪以来，中国社会和思想面临的最大变化和最大挑战，亦是最大危险。

---

① 李强：《自由主义》，北京：中国社会科学出版社，1998年版。

② 甘阳：《政治哲人施特劳斯：古典保守主义政治哲学的复兴》，载列奥·施特劳斯：《自然权利与历史》序言，彭刚译，上海：三联书店出版社，2003年版。甘阳：《施特劳斯与美国保守主义——〈政治哲人施特劳斯〉后记》，载《书城》2003年第9期。

二、“格式”调整：中国学术的反思与重建

在学术层面，政治学重建后的发轫，乃是从国家社会关系视角展开的[①]，论证计划—市场体制之下的国家—社会的吸纳、融合、和解、互动关系，在国家—社会的二元视角下，架构中国的权力—权利、管理—服从、宪政—民主、治理—自治等问题，这一应属西学的视角。甚至，国家社会关系的分析视角，以市民社会的理论进入民法学界，一度成为民法的重要分析工具[②]；其后引进了公共选择与制度分析范式[③]，应该说，自政府行为的经济分析[④]开始，公共政策分析的新制度主义学派已完成其在中国的嫁接。政治学的西学嫁接其余风至今尚存，市民社会、权利保护、法治建设、社会建设等都可能与这一理论思路相关。然而，在传统中国，国家是嵌入宗法社会之中的，国家和社会何时完成二元界分，并且国家是何时淹没社会的？按照学界流行的解释是：计划经济使然。而市场经济就是要重建社会，让市民社会从国家的束缚中解脱，获得自生、自发和自主空间，使意思自治原则在私法领域得到贯彻，充分体现市场主体的交易自由。与之相应，《合同法》关于合同生效的界定标准越来越宽泛，在司法实务中，只要不违反强制性规范则一般确认合同有效，因而受到法律保护，这与市民社会和市民法的理论密切相关。与之对应，在公法领域，贯彻限权和有限政府原则，政府被看成“必要的邪恶”（Necessary Evil），需要从制

---

① 李景鹏：《权力政治学》《政治管理学》等分析范畴均为从国家社会二元角度展开政治学分析的典范。康晓光：《分类控制：当前中国大陆国家与社会关系研究》，载《开放时代》2008年第2期。张静主编：《国家与社会》，浙江：浙江人民出版社，1998年版。俞可平：《马克思的市民社会理论及其历史地位》，载《中国社会科学》1993年第4期。何增科：《市民社会概念的历史演变》，载《中国社会科学》1994年第5期。

② 徐国栋：《市民社会与市民法》，载《法学研究》1994年第4期。

③ 《为新制度主义分析公共政策之典型》，见制度分析与公共政策网站，毛寿龙主持，据 http：//www. wiapp. org/。

④ 毛寿龙：《政府行为的经济分析》，北京：中国广播电视出版社，1996年版。《有限政府的经济分析》，上海：上海三联书店出版社，2000年版。《制度分析与公共政策译丛》等。

度主义的视角，力行制度建设和法治建设，对政府加以监督和防范。应当说，这一学术理论决定着当代法学特别是公法学的基本底色。可以说，国家与社会学术分析范式自引进国内学术界[①]之后，其影响已经渗透到社会科学的每一方面[②]，在政治学、经济学、法学、社会学等领域均有迹可循。迄至今日，这一分析范式流风犹存。

目前，政治学正从这些分析范式跳出，对西学提供的术语、分析工具和“合法性”论证进行反思。学者的新近转向，可从下列问题看出端倪。(1) 中国道路[③]的阐释。其实，中国道路的阐释并非为了指出一条有别于西方发展且能够向全球推而广之的政治经济文化道路，毋宁是想证明中国道路本身的生存合法性。中国道路的研究，是运用中国固有的学统资源分析中国问题的开端，乃是文化主体性和自觉性的肇始。当然，中国道路的研究也非常丰富多彩，并不尽然自觉使用中国的传统资源。(2) 政治学的民本论说[④]认为，社会主义就是走共同富裕道路，中国不是帝国主义也不是新帝国主义，其发展只能靠自身力量走共富的道路。国家是民族安全的底线，不容否定爱国主义，不容宣扬卖国主义、伤害国家利益。民本主义是源远流长的政治传统和“万世一系”的主流价值观。以上三点底线不容许挑战。(3) 政治哲学领域对西方“普世价值”的清算也初见成效，尤其对西式“选举民主”和“合法性”的迷信进行了清算[⑤]；蒋庆的政治儒学和公羊学的视角，对西学的抗衡更是独树一帜，其运用的资源乃是中国古典的春秋公羊学，和起自清代中叶的公羊学。康晓光尽管从社会学的角度考察了中国“政治行政化”的趋势、提出了“以行政吸纳

---

① 邹谠：《二十世纪中国政治——从宏观历史与微观行动角度看》，牛津大学出版社，1994 年版。

② 张静主编：《国家与社会》，浙江：浙江人民出版社，1998 年版。该著涵盖政治学、法学、社会学等学科。以“国家与社会”为核心词查询中国知网，可得文献 3754 篇，涵盖社会科学和人文学科诸领域。

③ 王绍光、潘毅、潘维、贺雪峰、强世功、张静、单世联等：《共和国六十年：回顾与展望》，载《开放时代》2008 年第 1 期。

④ 潘维、玛雅：《共和国一甲子探讨中国模式》，载《开放时代》2009 年第 5 期。郑永年：《国际发展格局中的中国模式》，载《中国社会科学》2009 年第 5 期。法学民本论说，见夏勇：《中国民权哲学》，上海：三联书店出版社，2004 年版。

⑤ 潘维：《民主与民主的神话》，载《天涯》2001 年第 1 期。《民主迷信与传统政治文化》，载《新闻周刊》2002 年第 17 期。蒋庆、康晓光亦有相关论述。

政治”“法团主义”（Corporatism）的解决方案，其尽管从理想主义层面认同自由民主，但得出的结论是：从现实出发，自由民主在中国不可行。康晓光新近的观点，倾向于以传统国学的智慧，解决现代中国面临之难题。[①]（4）儒家宪政主义。[②] 秋风的研究进路与邓正来有相似之处，其最初着力方向是哈耶克政治哲学和法哲学。其著述[③]、学理根基包括但不限于哈耶克的知识论、政治哲学和法哲学等，也曾自称是一个中道的自由主义者[④]，到提出儒家宪政主义[⑤]，认定宗族在乡村治理中的作用等[⑥]，秋风正在完成从自由主义向儒家转变的过渡。所谓过渡，乃是因为其底色仍然是苏格兰启蒙哲学、哈耶克自由主义和普通法宪政主义。笔者以为，将儒学及孔子信徒看成儒家创造了“公民社会”和“儒家宪政主义”，将两种内涵完全不同的概念糅合在一起，乃是中国思想自觉迈向中西会通的一种可贵努力，或者是一种中西并置式[⑦]路径。不过，这一路径注定在某一时间，因为某一特定事件或时势戛然而止。

法学也开始反思西学绝对法治主义弊端和西方宪政理论在中国的适用性。[⑧] 法学界最独特的学术进路乃是苏力的探索。苏力的最初研究聚焦于法治的本土资源论，所运用的理论资源无外乎新东方理论、后现代理论和波斯纳的

---

① 康晓光：《我为什么主张儒化—关于中国政治发展的保守主义思考》，据中国儒学网，http：//www. confuchina. com/08%20xiandaihua/kangxiaoguang/ruhua. htm，2011－12－31 访问。《儒家宪政论纲》，据中国选举与治理网，http：//www. chinaelections. org/NewsInfo. asp? NewsID = 207739，2012－1－3 访问。

② 陈明：《儒家思想与宪政主义试说》，载《湖南大学学报》2006 年第 6 期。杜钢建：《儒家仁学宪政主义之我见》，载《太平洋学报》2008 年第 4 期。

③ 秋风：《立宪的技艺》，北京：北京大学出版社，2005 年版。

④ 秋风：《哈耶克是我的精神偶像 我是一个中道自由主义者》，据刘存智的博客，http：//blog. sina. com. cn/s/blog_4c7ed2a80100ridv. html，2012－1－3 访问；秋风：《哈耶克是我的精神偶像》，载《深圳商报》2003 年 6 月 14 日。

⑤ 秋风：《儒家宪政主义之源与流：敬答袁伟时老师》，载《南方周末》2011 年 6 月 30 日。笔者以为，以君臣关系的契约性、封建的自由性等论证儒家的宪政主义。以宪政主义修饰儒家，似不得儒家之大体。

⑥ 秋风：《乌坎反思：把宗族纳入村民自治架构》，载《南方都市报》2011 年 12 月 28 日。

⑦ 中西并置、以西化中和以中化西乃是近代中国哲学思想应对西学的三种路向。张耀南：《明末以降“以中化西”之努力》，载《湘潭大学学报》2009 年第 3 期。

⑧ 滕祥志：《司法的僭越和法治主义的致命自负——从婚姻法释法和房产加名征税谈起》，载《中国发展观察》2011 年第 10 期。

法与经济学理论，其后，对本土资源和本土秩序的阅读和关注成为其学术的核心，并认为法律制度只能是反应性的，而不能是建构型的，法律本身并不能创造秩序，而是秩序创造法律。①“秋菊打官司”的案例剖析揭示外来规则和本土规则的冲突，至《阅读秩序》时，以元曲呈现的材料为研究切入点，转向传统资源中的法治秩序的现代解读。这与其他部门法学大家忙于学术搬运迥异。什么是“你的”学术贡献这一提问，彰显国人的学术主体意识，考虑到提问者的域外求学经历，这一问题由苏力提出并首先在法学界发酵，意味深远。邓正来作为最早参与社会科学规范化讨论和引进哈耶克理论的学者，其“中国法学向何处去”的发问②也具有典型性。其对于“权利本位论”“法条主义”“本土资源论”和“法律文化论”的批判并非一一到位，如其运用的分析工具就是“范式”，这一工具恰好是西学的资源，但其旨趣在于重建属于自己的“中国法律理想图景”，摆脱“现代化范式”的影响，以构筑能够引领中国法制建设的法学。毫无疑问，这一提问方式脱离了平行移植式的法学知识生产模式，力图寻找中国法学的主体性，这一提问意义非同小可。其对中国是否对“人类未来前进的方向”有所贡献忧心忡忡③，邓正来回顾自身闭门研究“哈耶克自由主义”的经历，向年轻学者昭示“建构中国社会科学学术传统”的“临界”④点，以最终“打破西方话语霸权的支配”，体现一代学人的心路历程，由此观察则别有深意。在此，法学界的无根和漂泊感表露无遗。

自市场化改革以来，法学移植工作初具规模。然而，民法学界魂牵梦绕、孜孜以求的宏伟蓝图乃是修筑一部统一的民法典，这一宏大梦想在几

---

① 苏力：《道路通向城市：转型中国的法治》，北京：法律出版社，2004年版，第140页。

② 邓正来：《中国法学向何处去——建构“中国法律理想图景”时代的论纲》，载《政法论坛》2005年第1期。邓正来：《中国法学向何处去——对苏力本土资源论的批判》，载《政法论坛》2005年第7期。邓正来：《中国法学向何处去——对梁治平法律文化论的批判》，载《政法论坛》2005年第7期。

③ 邓正来：《中国法学向何处去》，载《浙江社会科学》2006年第1期。陈金钊：《“思想法治”的呼唤——对中国法理学研究三十年的反思》，载《东岳论丛》2008年第3期。

④ 邓正来：《临界：中国青年学者的使命与担当——〈中国法律哲学临界丛书总序〉》，载《华东政法学院学报》2006年第6期。

代民法学人中延续。于是，他们从古罗马法学、德国民法典、法国民法典、瑞士民法典乃至日本民法典中吸取营养。商法也在公司法、证券法、信托法、保险法和金融法领域积极引进西方法学的典章、案例和著述。《合同法》已经移植了英美法学的各种形形色色的抗辩权制度①，与此同时，《物权法》和《合同法》也引进了诸如“物权行为”“取得时效”“善意取得”“先占原则”等肯定强者和维护交易秩序安全的制度。然而，拾得遗失物可以取酬②的制度设计与国人文化传统之“拾金不昧”相矛盾；在行政法学领域，最初的诉讼两造不得和解③的制度设计不得不做出调整④；在刑法领域，废除死刑的学理探讨尽管十分真诚，但废除死刑能获得多少国内民众甚至传统资源的支持，大可怀疑。因为废除死刑的学理基本援引西学，而民众的心理底线是根深蒂固的“杀人偿命，伤人及盗抵罪”理念；在民事诉讼中，刻意区分“客观事实”和“法律事实”，放弃法庭查明事实的责任，置举证责任能力不足的当事人于不利，导致了诸多符合“法理”但不通情理的判决，南京彭帅案⑤、北京孕妇致死案⑥即为其中特例，其对天理人心和传统道德的颠覆性影响至今尚存。凡此种种，水土不服，诚为法学移植的通病和后果。由此，看出本土资源论和“阅读本土秩序”的可取和可贵之处：也许沿着本土资源论和法学属于“地方性知识”的思路，可接续传统、挖掘资源、资相循诱并传承文明，既将宪法宣称的“依法治国”落实，又不至于盲目追随西学而不接地气。

---

① 《合同法》第66条、67条、68条。

② 《物权法》第112条。

③ 《行政诉讼法》第50条：“人民法院审理行政案件，不适用调解。”

④ “行政诉讼不得调解”后被纠正。2007年3月6日最高人民法院出台《关于进一步发挥诉讼调解在构建社会主义和谐社会中积极作用的若干意见》，明确要求对于行政诉讼案件“人民法院可以根据案件实际情况，参照民事调解的原则和程序，尝试推动当事人和解”。

⑤ 张继成：《小案件、大影响：对南京“彭宇案”一审判决的法逻辑分析》，载《中国政法大学学报》2008年第2期。

⑥ 据腾讯网：《男子拒绝签字至孕妇死亡案》，http：//news. qq. com/zt/2007/zfjqzqs/，2012年1月3日访问。某民工孕妇在京求医，需要手术，丈夫拒绝签字，医院放弃抢救，孕妇死在医院。该案一审判决医院免责。但从题目来看，亦即从情理看，无论如何看不出“男子拒绝签字”与导致“孕妇死亡”之间的因果关系。这说明是“判决”或者“法理”出了问题，而非情理有错。

在民商法、经济法等嫁接西学的概念和制度时，年轻的法理学者开始思考中国法学的世界观问题，怀疑主体—客体二元分离的世界观对于中国法学未来的正当性，直接提出了中国法学发展面临的哲学困境①，这一提问寓意深刻。在中国法制史学领域，学者们坚持追索中国传统治理之道中的法制典籍，笔者阅读所及，张晋藩教授及其团队的研究则顽强地坚持了国学的取向，在中华法系典籍的整理上用功甚巨，先后有众多著作问世。② 实际上，中国存在源远流长的礼制和法制交织的传统，以及肯定私权和产权③但抑制豪强和地方势力（即削藩）的传统，甚至存在遵循先例的中国式判例法④的传统。这与马克斯·韦伯对中国式法治的描述完全不同。显然，韦伯几乎无法通过古代汉语解读中国原典，其《儒教与道教》对中国精神、治道和法律的描述⑤，则有点言不及义。“君子理想”“面子”“此生幸福”“祖宗荣耀”“传统主义”，都只是表层现象，在这一表层下面，尚存在中国式“天道”理想、“宇宙观”和“超越价值”。司法和行政的遵循先例，并非一定是传统主义，恰好体现了中国式治道的谨慎和中道理性；根据法条或者某个伦理的规则来判案，只不过是以道德的原则来填补法条的疏漏。现代西方司法尚且如此，比如诚实信用的道德原则上升为法条，而等价有偿和意思自治最初也蕴含道德意义：等价有偿表征公平，意思自治表示个体自负其责，这些最初都具有道德意义。现在看来，原先对韦伯观点的绝对接受和心悦诚服皆成问题。可将韦伯作精神动力论者理解，但对韦伯作制度主义⑥的理解则成问题。问题是，韦伯作为中国文化的解读者，不能亲临古典经学的原典，也就无法准确解读出中国精神和中国人的精神

---

① 方乐：《中国法需要什么样的世界观?》，载《法学家》2011 年第 3 期。

② 张晋藩：《总结过去 开拓未来：中国法制史学六十年》，载《政法论坛》2009 年第 9 期。

③ 宋代即有产权概念。苏东坡在《前赤壁赋》中说：“且夫天地之间物各有主，苟非吾之所有，虽一毫而莫取。惟江上之清风，与山间之明月，耳得之而为声，目遇之而成色……”物各有主，即产权概念。

④ 张晋藩：《中国法系研究新论》，载《南京大学学报》2007 年第 1 期。汪世荣：《中国古代判例研究：一个学术史的考察》，载《中国法学》2006 年第 1 期。蒲娜娜、饶艾：《古代中国判例的几个问题》，载《西南交通大学学报》2003 年第 6 期。

⑤ 滕祥志：《韦伯论中国社会与宗教》，载《北京行政学院学报》1999 年第 3 期。

⑥ 李强：《传统中国社会政治与资本主义—韦伯的制度主义解释》，载《社会学研究》1998 年第 3 期。

气质。尽管韦伯曾经阅读陈焕章博士的著作，对于中国经济思想史有所接触，但是对于中国精神而言，对于中国的法治传统而言，对于中国“士人”的“精神气质”而言，则未能触及。在“儒家精神资源”与“理性化的现代资本主义”之间，不可能有直接的因果关系，毕竟，“精神动力”只是某种“社会事业”的内在动力之一，有时并非历史发展的某种根本动力。历史的巧合或者其他外在偶然因素恰好决定了事物的发展方向：比如拿破仑预先不知滑铁卢前面有一条骑兵无法逾越的壕沟，这条壕沟在关键时刻决定了战役的成败。

在经济学层面，学者开始运用西方经济学的分析工具和国学的资源，对西方的社会达尔文主义和国际秩序进行学理清算。盛洪的这一工作具有清晰的经济学特征，同样的经济学分析框架，同样的西学资源①，但是由于视野观照的不同，盛洪无疑在运用西方经济学的分析工具，对西方经济学的霸权体系进行学理和道德证伪。年轻的经济学者，从心理学的角度出发，论证主流西方经济学在经济人假设、一般均衡和辅助性假说三个方面存在三大深层次缺陷，以及主流经济学在研究范式上存在五大危机。② 在经济思想史的研究方面，出现了论证法国魁奈重农主义的中学渊源的力作③，论证西方经济思想史的中国渊源，成果斐然④；经济史方面，清末民初陈焕章的《孔门理财学》⑤ 的翻译和

---

① 对盛洪思想变迁的分析，参见任锋：《期待开放的宪制会话：国族崛起下的儒学与自由主义》，载《开放时代》2011 年第 11 期。

② 张谊浩：《当代西方主流经济学批判：认知心理学的视角》，江苏：南京大学出版社，2009 年版。

③ 谈敏：《法国重农学说的中国渊源》，上海：上海人民出版社，1992 年版。胡寄窗：《经济学说史研究中的重大突破——评〈法国重农学派学说的中国渊源〉》，载《经济研究》1992 年第 9 期。赵晓雷：《中西文化交融的经济学视角——〈法国重农学派学说的中国渊源评介〉》，载《财经研究》1992 年第 11 期。

④ 李军：《西方经济思想史的中国渊源——基于文献的初步回顾与总结》，载《古今农业》2008 年第 1 期。

⑤ 陈焕章：《孔门理财学》，翟玉忠译，北京：中央编译出版社，2009 年版。陈焕章：《孔门理财学》，宋礼明译，北京：中国发展出版社，2009 年版。陈焕章：《孔门理财学》，韩华译，北京：中华书局，2010 年版。

介绍论文[①]，揭示了儒学的经济思想（自由放任）[②]、中国自古不存在奴隶制度[③]、人口自由迁徙[④]、礼乐制度对消费的适当约束[⑤]、货币理论（格雷欣法则）[⑥]、国际贸易理论[⑦]、孟子的分工理论[⑧]、义利伦理（适度义利观）、农业制度（汉代常平仓、宋王安石青苗法等）[⑨]，官员不得参与盈利活动[⑩]、浙东学派的尚利思想[⑪]、公共财政与税收原则[⑫]、美国农业制度中的中国常平仓渊源[⑬]、中西文明对比时中国应有之自信心[⑭]等，可以说是集合中国古典经济思想之大成。陈焕章的《孔门理财学》及其研究，尚未完全展开，也没有出现有分量的研究成果，但是，这本著作为今天的中国人指点了研读国学经典（不仅仅是儒家经典）的路线图。因此，《孔门理财学》的思想史意义，不仅仅在其被凯恩斯、韦伯等西方学术达人引用和评介，其当年即收入哥伦比亚大学编辑的"历史、经济和公共法律研究"丛书，由哥伦比亚大学分两册精装出版，还是以经济学的西学范式对中国思想的拨乱反正，以此解读中国古典学

---

① 叶坦：《孔门理财学——中国经济学走向世界的百年始步》，载《中国社会科学报》2010 年 8 月 26 日。李超民：《从翰林到博士——陈焕章〈孔子及其学派的经济原理〉及其影响》，载《学术研究》2001 年第 6 期。韩华：《论陈焕章对孔子"理财"思想的现代诠释》，载《社会科学研究》1999 年第 1 期。梁捷：《多远视角下的〈孔门理财学〉》，载《社会科学战线》2008 年第 4 期。韩星：《一部不该忽视的中国经济思想名著》，载《博览群书》2010 年第 6 期。

② 陈焕章：《孔门理财学》，宋明礼译，北京：中国发展出版社，2009 年版，第 101—103 页。

③ 陈焕章：《孔门理财学》，宋明礼译，北京：中国发展出版社，2009 年版，第 265—266 页。

④ 陈焕章：《孔门理财学》，宋明礼译，北京：中国发展出版社，2009 年版，第 172—180 页。

⑤ 陈焕章：《孔门理财学》，宋明礼译，北京：中国发展出版社，2009 年版，第 205—208 页。

⑥ 陈焕章：《孔门理财学》，宋明礼译，北京：中国发展出版社，2009 年版，第 106—111 页。

⑦ 陈焕章：《孔门理财学》，宋明礼译，北京：中国发展出版社，2009 年版，第 235—243 页。

⑧ 陈焕章：《孔门理财学》，宋明礼译，北京：中国发展出版社，2009 年版，246—248 页。

⑨ 陈焕章：《孔门理财学》，宋明礼译，北京：中国发展出版社，2009 年版，268—270 页。

⑩ 陈焕章：《孔门理财学》，宋明礼译，北京：中国发展出版社，2009 年版，305—324 页。

⑪ 叶坦：《宋代浙东实学经济思想研究——以叶适为中心》，载《中国经济史研究》2000 年第 4 期。陈焕章：《孔门理财学》，宋明礼译，北京：中国发展出版社，2009 年版。

⑫ 陈焕章：《孔门理财学》，宋明礼译，北京：中国发展出版社，2009 年版，300—303 页。

⑬ 李超民：《中国古代常平仓思想对美国新政农业立法的影响》，载《复旦学报》2000 年第 3 期。李超民：《中国古代常平仓思想：美国 1930 年代的一场争论》，载《上海财经大学学报》2000 年第 3 期。李超民：《王安石变法与美国 20 世纪 30 年代的新政》，载《西安交通大学学报》2001 年第 2 期。

⑭ 陈焕章：《孔门理财学》，宋明礼译，北京：中国发展出版社，2009 年版，第 406—407 页。

问的博大精深、现代渊源、经世致用和经世济民品格，于中西思想交流史研究具有举足轻重地位。

在国际关系学层面，阐释中国古典智慧的天下理论和《春秋》国家间关系学说①、兴灭继绝、怀柔远人、孟子的王道霸道国际政治观②等；在哲学方面，论证希腊原典对于广场政治（Polis）和文化（Culture）之无穷生发的局限性和不可能性，中国古典智慧《诗》《书》《礼》《易》《春秋》的当代意义，以及西方文明内部广场与剧场之争和无法化解其内在的局限性③，哲学（Philosophy）的终结以及道学导论的现代担当④。在中国哲学层面，以中国古典智慧所开创的全息主义、世界主义和宇宙主义应对西方理性主义的局限性和提出“全盘化西”的文化路径⑤。在社会和经济思想方面，背离哈耶克主义之法治、民主和宪政原理，走向中国古典的、天道自由主义⑥、德法兼容以德率法主义⑦。在社会学领域，社会学著作《江湖中国》⑧从实证的视角，研究了中国社会江湖化的历史文化背景和现实表现，迥异于从传统经典和历史中解读中国，也迥异于以西方学术概念分析工具解读中国，乃是迄今难得的中国社会学佳作，其在学术史上的意义当不在当年费孝通《江村经济》之下。作者大学毕业后即下海经商，从事房地产行业，闯荡“江湖”，以亲身经历加学术眼光剖析当今中国，乃是中国学术主体化和“文化自觉”在社会学领域的突出表现。作者身居学术体制之外，无职称压力，无须像模像样地生产制式论文，但其学术格式乃是中国式的，其学术资源也是中国式的。尽管该作者没有朝向经典发力，但是国学经典既是以“经”的形式存在和被解读，经典的思想也

---

① 阎学通、徐进编：《中国先秦国家间政治思想选读》，上海：复旦大学出版社，2008 年版。王日华：《中国传统的国家间信任思想及其启示》，载《世界经济与政治》2011 年第 3 期。

② 徐进：《孟子的国家间政治思想及启示》，载《世界经济与政治》2009 年第 1 期。

③ 柯小刚：《仁通与爱智：〈尼哥马克伦理学学〉道学疏解导论》，载《道学导论》（外篇），吉林：东北师范大学出版社，2010 年版，第 195—227 页。

④ 柯小刚：《哲学的终结与道学导论的任务》，载《江海学刊》2011 年第 3 期。

⑤ 张耀南：《大人论》，北京：北京大学出版社，2005 年版。

⑥ 刘军宁：《天道与自由：申述天道自由主义》，载《中国文化》2006 年第 5 期。

⑦ 滕祥志：《司法的僭越和法治主义的致命自负——从婚姻法释法和房产加名征税谈起》，载《中国发展观察》2011 年第 10 期。

⑧ 于阳：《江湖中国》，北京：当代中国出版社，2006 年版。

被以“史”的形式记载并演绎。至清代，学者则兼治经史，王夫之乃是其典范。船山先生以阐释经典和继承经学道统自任，以“希张横渠之正学”自勉，同时，亦有超越前人之鸿篇巨制《读通鉴论》和《宋论》等史论存世。笔者以为，《江湖中国》以实证的形式记载和表述当代中国之“社会沙漠化”，其以实际案例说明当今思想、社会、道德之生态，即支零破碎、重拾道统、收拾人心和朝向经典之急迫性。

在社会文化层面，当年发起的儿童读经运动和关于儿童读经的讨论（刘海波、秋风等），现在看来，意义非同凡响。哲学人文学界，开始认识到费孝通提出“文化自觉”的深意，和构筑当代文化战略的意义①，提出中国应超越民族国家建构的阶段，超越西方起自英美甚至更早的殖民主义以来的霸权体系，对人类文明做出应有贡献②。甘阳的思想转向，从最初的儒学仅为价值理性和人文关怀之学，儒学应在“退守领域里确立任务、耕耘领地、坚守旨趣和发展理论”，定位在“调停、互补与均衡”工作上，至于其他资源“大可以从西学引进”，到中国应当“走向政治民族”和“从哪儿来到哪儿去”的提问和担忧，再到“通新三统”（即儒家传统、毛泽东时代传统和自邓小平时代以来的改革传统）的见解。③ 其关注儒学传统在现代中国的地位，一如既往，逐次递进，逐渐向传统精神资源追溯，其对改革开放与计划时代的关系，以及理解改革成就不能肢解和否定毛泽东时代的论述，可谓公允、平和与深刻之论。刘小枫的哲学文化论说值得关注。其最初的思想路径是从美学切入，经过对中西哲思的两种精神特质“拯救”与“逍遥”的比较研究，切入基督教宗教神学的内核以探寻“走向十字架的真”，编辑“基督教学术研究文库”，写作《沉重的肉身》和《这一代人的怕与爱》，援引西学并以西学为参照系，阐释

① 王岳川、曹顺庆、田辰山、王建疆、〔韩〕金炳基、王纪人、徐斌：《当代中国的文化立场——“全球金融危机下中国文化发展战略”笔谈》，载《浙江工商大学学报》2009 年第 5 期。

② 许纪霖：《中国如何走向文明的崛起》，载《今日国土》2010 年第 7 期。

③ 甘阳：《儒学在现代中国的角色与出路》，载《我们在创造传统》，台北：台湾联经出版公司 1989 年版，第 2—4 页。甘阳：《走向政治民族》，载《读书》2003 年第 4 期。甘阳：《新时代的“通三统”：中国三种传统的融会》，载《书城》2005 年第 6 期。甘阳：《新时代的“通三统”——三种传统的融会与中华文明的复兴》，载《书城》2005 年第 7 期。

中国问题并为中国问题求解。言说的主旨和关键词是“个体”“偶在”“肉身”“主义”“拯救”等对“革命”叙事①的解构，其对西学的驾驭贯通达到同时代学人的高峰，尤其对基督教宗教神学用功甚巨。虽然其学术关注点仍然是中国问题，且在文集中很多作者采用了文化比较的视角②，但这一阶段其学术底色依然是西学的③，且作者对于国学关注④和用功显然不够，其对于中国式“怨恨”的舍勒现象学解读显得言不及义。不过，其在国内学界和思想界的影响，已经从哲学人文领域进入社会科学界。⑤ 值得注意的是，从 1998 年在北大演讲《儒家革命精神源流考》⑥ 到对梵澄《老子臆解》⑦ 的解读，其用力方向有逐渐向国学回归的趋势，但其学术底色依然是西学或者基督教宗教神学。尽管其自述曾留洋习神学，今“习经学”⑧，但其阅读、用功范围和学养根底限于西学⑨。最后，刘小枫的路向是否止于向国人绍介基督神学及其信仰，并

① 刘小枫对儒学“革命”伦理的哲理分析和解读，不及柯小刚。原因或在于，其在真正进入中国古典经学之前已皈依基督信仰，且迄今，其并未真正进入汉语古典经学。柯小刚：《王道与人民共和——从经学依据谈中国的宪政建设》，载《文化纵横》2010 年第 6 期。

② 刘小枫主编：《道与言——华夏文化与基督文化相遇》，上海：上海三联书店出版社。该著作从书名到内容皆取中西文化比较的视角。

③ 刘小枫：“基督教文化与儒道思想的融合并非是必须的。况且，作为个体的知识分子，谈论整体性的文化融合，其有效性是可疑的。基督理念与民族文化理念的关系是一场文化哲学冲突。”参刘小枫主编：《道与言——华夏文化与基督文化相遇》序言，上海：上海三联书店出版 1995 年版。

④ 刘小枫：“基督教文化不仅是欧美思想文化的传统，并迄今仍是其基本结构要素，亦已成为汉语文化的一个组成部分。”参见潘能伯格：《人是什么——从神学看当代人类学》序言，李秋零、田薇译，上海：上海三联书店出版社，1997 年版。

⑤ 刘小枫这一时期之志业乃是向国人转述基督神学的基本脉络。同时期国内法学界对于宪政的宗教之维的解读，对于伯尔曼《法律与革命》中关于“西方”非地理概念而是文化概念且具有三个来源等认知，都与基督教宗教神学在国内的传播密切相关。其后，部分学人遂成为坚定的基督徒、宪政主义者和积极维权者。

⑥ 刘小枫：《儒家革命精神源流考》，载《儒教与民族国家》，北京：华夏出版社，2007 年版，第 81—194 页。

⑦ 刘小枫：《圣人的虚静——臆说梵澄〈老子臆解〉》，载《拣尽寒枝》，北京：华夏出版社，2007 年版，第 219—251 页。

⑧ 刘小枫：《个体信仰与文化理论》，成都：四川人民出版社，1997 年版，自序第 3 页。

⑨ 刘小枫：《个体信仰与文化理论》附录《代跋：我的学术与旧书买卖》，成都：四川人民出版社，1997 年版，第 640—642 页。刘小枫：《儒教与民族国家》，北京：华夏出版社，2007 年版，前言第 1—9 页。

以此“归化”中国思想学术界，可以存而不论。但是，考虑到严复、陈焕章、康有为、梁启超、钱穆、陈寅恪等人的国学路向，刘小枫学术思想的动态可留待继续观察。

对西学提供的术语、分析工具和“合法性论证”进行反思，其最终目的是进行学术“格式”调整。最具典型意义的乃是张耀南之“化西宗”① 路向。有感于中国学问体系受到西学的全面侵蚀和围堵，其基本抱负是用中国格式化解西方哲学的格式，即“以禅宗之精神，为化西之事业”。其引用毛泽东《新民主主义论》的观点：“这种新民主主义的文化是民族的。它是反对帝国主义压迫，主张中华民族的尊严和独立的。它是我们这个民族的，带有我们民族的特性……中国应该大量吸收外国的进步文化，作为自己文化食粮的原料，这种工作过去还做得很不够……但是一切外国的东西，如同我们对于食物一样，必须经过自己的口腔咀嚼和胃肠运动，送进唾液胃液肠液，把它分解为精华和糟粕两部分，然后排泄其糟粕，吸收其精华，才能对我们的身体有益，决不能生吞活剥地毫无批判地吸收。所谓‘全盘西化’的主张，乃是一种错误的观点。形式主义地吸收外国的东西，在中国过去是吃过大亏的。”认同毛泽东主张中国文化对待西学的“西学原料说”和“西学食物说”，认为吸收“西学”不是为了把“中学”变成“西学”，而是以“西学”为“原料”，为“食物”，强我“中学”；吸收“西理”不是为了把“中理”变成“西理”，而是以“西理”为“原料”，为“食物”，强我“中理”。② 以中化西之思想运动，开始于明末清初邵辅忠之《天学说》③，继之以崇祯元年徐光启在《历书总目表》中开启的“西材中模”的格式，以及清末康、梁之努力、“五四”前后梁漱溟、辜鸿铭等学者的努力，直至庚寅前后张世英、许嘉璐、雷敦和、李扬帆等学者，皆对以中化西或保持同情态度或以其学力躬行之。其实，在笔者看来，翻译西学著作《群己权界论》的严复、写作《孔门理财学》并向西方全面介绍

---

① 张耀南：《大人论》，北京：北京大学出版社，2005 年版。

② 张耀南：《我们现在需要的是“全盘化西”——论中西哲学比较研究之拐点》，载《北京行政学院学报》2009 年第 2 期。

③ 邵辅忠：《天学说》，载《明末清初耶稣会思想文献汇编》第四十册，北京大学宗教研究所 2003 年。

中国古代经济思想史的陈焕章，也都是以中化西和恢宏儒学为志业的。直至清末民初的王闿运等，一直是以国学或者帝王学为利器，企图建功立业者。张耀南的独特之处在于，提出“全盘化西”的进路：就“中西哲学比较研究”这个范围来说，核心是用中华哲学的思维方式或“格式系统”吃掉、消化欧西哲学。一个可能的方案就是：用中式“问答体系”消化西式“问答体系”；用中式“大义系统”消化西式“定义系统”，用中式“相关律名学”消化西式“主谓式句辞”，用中式“现象论”消化西式“本体论”。① 笔者阅读所及，此乃哲学界迄今提出的用功至巨、极富雄心、极富抱负和极富根据的一种化西模式。

三、道统传承：文以载道事关国家整合

中国思想之回归古典，也可以从政治文献的角度进行观察。现在，官方不提“四个现代化”，而提走向“小康”；不提“中国崛起”，而提“中华民族伟大复兴”；不提“两个文明建设”，而提建设“和谐社会”；不提“清除精神污染”和“反对资产阶级自由化”等意识形态鲜明的话语，而提建设“社会主义核心价值”和继承“中华民族优秀传统”；不提“阶级斗争为纲”，而提“以人为本”“民生”“以经济建设为中心”；不提“普世价值”，而提“中国国情”“中国特色”“中国特色社会主义”。这些表述和提法中蕴含了非常生动和内涵丰富的哲学意义，具有鲜明的中国古典智慧遗存。比如“和谐”社会、“和而不同”“民生”“以人为本”等象征并代表着一个伟大的古典东方文明传统的精华，具有历久弥新和深入人心的解释力、感召力和说服力。而且，中国共产党作为“中华民族优秀传统的继承者”，2011 年的十七届六中全会更以中央全会决议的形式，将文化振兴和文化软实力建设，提升到国家战略的层面，在目前错综复杂的国际局势面前具有深远意义。2011 年，时任中共中央

① 张耀南：《哲学上“全盘化西”的一个可能方案》，载《新视野》2009 年第 3 期。

总书记的胡锦涛曾在纪念孙中山的讲话中指出:“中国共产党是孙中山先生开创的革命事业的最坚定的支持者、最亲密的合作者、最忠实的继承者。”考虑到孙中山“驱除鞑虏,恢复中华”之艰巨事功和历史功勋,和自孔子删《诗》《书》作《春秋》以来一脉相承的内中国而外诸夏、内诸夏而外夷狄的文明道统①,可知共产党作为国家的核心领导力量,身上肩负着传承文明、延续文脉和光大中华文教的历史职责。在历经“新文化运动”和“文革”彻底“反传统”之后,在完成国家核心领导力量的出场并建功立业的前提下,在国家整合和国家权威已经定型的基础上,有必要追溯历代治理资源,吸取中国古典传统的精华和营养,毕竟当代中国乃是传统中国的延续,更是中华文明的承载体。

近代以来,道统传承必依赖于华夏政统的确立。新中国乃中华文明之承载体,国之所存,道之所存。这里有一个需要处理的问题,就是如何理解“五四”激烈的反传统,“五四”运动的使命若何,如何理解“五四”运动后中国共产党对于中国的创建和改造?今天,如果不从“五四”运动的历史使命角度观察,就难以理解,“五四”先贤均具深厚之国学素养,或曾久受国学浸润,为何秉持激烈的反传统态度、造就声势浩大之反传统运动?20世纪以降,中国面临列强瓜分,历尽劫波,遭遇亡国灭种、亡天下之险,故共产党人领导人民建立新中国,推翻三座大山,建立并稳固人民政权,使国家得以全存。处现代世界,中国即中华文明之承载体,国之所存,道之所存。因此,救亡压倒启蒙乃是历史的必然,而共产党成功动员底层人民,肩负推翻三座大山重任,形成以毛泽东为首的领导核心,将马克思主义中国化,披荆斩棘,实事求是,开创新中国,居功至伟,与管仲攘夷比肩,与孙中山之恢复中华,其义一脉相承。因此,激烈的反传统只是为了重建权威、重建国家作铺垫,将中华文化赖以生存之土壤扎根在现代国家之上。毕竟,近代以来,国际政治主体乃是“民族国家”,近代以来的命题乃是遭遇“全球化”。因此,激烈的反传统并非为了彻底决绝传统,乃是为了重建和新立,所谓“不破不立”是也。

---

① 孙中山:《祭明太祖陵寝文》,载《太平天国文钞》。

然某些新儒家，视共产党之事功、改造以及激烈的反传统为异类，以为必去之而后始有儒学发展。这种心态，诚不如汉初儒生群体。汉初儒生群体，仅叔孙通为汉高祖为外交斡旋、制定礼仪，贾谊在文帝时谋划内政（改正朔、制法度、定官名、兴礼乐、赞削藩、制匈奴），张苍拟定历法等事务性工作，亦即为统治权做铺路的工作，直至汉武帝之时，儒学借助董仲舒“天人感应”等学说，方始取得“独尊”一统的地位①。叔孙通认为：“夫儒者难与进取，可与守成。”② 笔者以为，叔孙通之论，诚为至论。当国家遭遇列强欺辱之际，重整山河而成大事功者，必为先知宇宙之大本大源，动天下人之心者③。马克思主义者，并无个人利益，翻身解放、国家独立、人民当家，舍此其谁？是故，振臂一呼，应者云集。因此，当共产党收拾局面之时，梁漱溟等儒者就显得不合时宜，且未能准确判断其荡平天下之大势，实为儒者之短视与遗憾。因此，大陆儒学如不能剔除港台地区等新儒学之狭隘心态，如将主流意识形态视为异类，实际未能准确理解原儒之心得。以孔子评价管仲为例，管仲相齐，孔子认为管仲不知“礼”④，然管仲相齐桓公，攘除夷狄，居功至伟，以致孔子慨叹：“微管仲，吾其披发左衽矣！”（《论语·宪问》）实际上，孔子作《春秋》，严夷夏之大防，中国之所以能不绝若线，斯有管仲之功，孔子之赞，发自内心，今人当深切体会之。

毋庸讳言，近代以降，中华民族之首要任务是完成国家整合，以独立主权和现代国家的姿态“自立于世界民族之林”，亦即在虎视眈眈之下确立华夏政统。保持国家领土主权完整，不受敌对势力瓦解和分裂，一个多世纪以来，中华民族面临的紧迫任务莫过于此。现在看来，当前和未来相当长的一段时间之内，维护包括文化安全在内的国家安全，仍然是中国面对的核心主题。因此，

① 许倬云：《秦汉知识分子》，载《求古篇》，北京：新星出版社，2006 年版，第 367 页。

② 《史记·刘敬叔孙通列传》。

③ 毛泽东《致黎锦熙信》，载《毛泽东早期文稿》，湖南：湖南人民出版社，2008 年版，第 73 页。

④ 《论语·八佾》：子曰：“管仲之器小哉！”或曰：“管仲俭乎？”曰：“管氏有三归，官事不摄，焉得俭！”然则管仲知礼乎？曰：“邦君树塞门，管氏亦树塞门。邦君为两君之好，有反坫，管氏亦有反坫。管氏而知礼，孰不知礼？”

文化建设问题，不仅仅是提升国族竞争力的问题，还事关国家安全。中华民族拥有至少五千年的治道传统，民本、尚公、爱国和均富，是国学留存的宝贵遗产、精神财富和主流价值观。保持中华文脉时代相续，秉承道统则能整合人心，增强民族认同和归属感，增进团结和凝聚力，使得具有古老而悠久的文明传承的国度，再次焕发无穷的生机和活力，此诚为中华民族伟大复兴之本。华夏文化之根，能使海峡两岸，认祖归宗，增进互信，共沐圣教，功德无量。若文德不修，道统不存，文不在兹，游谈无根，其势则必不能久远。明清之变，殷鉴不远。如果说，1958 年海外新儒家《为中国文化敬告世界人士宣言》中的前提是肯定自由、民主、宪政制度设计的话①，那么，及至大陆蒋庆政治儒学②的发表，中国文化则完全成为本位文化，成为本土政治实践提供正当性论证的儒学，而与西学之格式毫无关联。中国之合法性论证乃是由民本论完成，这是中国历史和中国政治发展的核心，也是黑格尔等西方学人的不解之处。所谓“自由”行进的历史，乃是在基督教末世论基础上的西方中心主义历史观，启蒙运动之前，源自东方的思想涵养了伏尔泰、雨果等启蒙思想家，但启蒙运动以来，西方一旦取得强势，其对东方文明的遮蔽态度③，则无以复加。

天行健，君子以自强不息。每逢民族危难之际，即有仁人志士，或躬身入局，或挺身而出，赴汤蹈火，在所不辞；若时势不济，则屏迹幽居，沉潜学问，以为后世存留文脉。孔子居衰世，知先王之道不行，目睹诸侯僭国，陪臣执国命，慨叹“道之不行，已知之矣”，故删《诗》《书》，正《礼》《乐》，赞《周易》，作《春秋》，传微言大义，以俟后世君子。以宋儒为例，自周敦颐发轫理学，传伊川、明道、二程，二程传杨时（程门立雪乃此子），杨时传胡安国。胡安国父子为避战乱，入湘传圣人之教，开启湖湘学派，至此，文脉已然南移。至南宋张轼主持岳麓书院，邀朱熹辩论学问，湖湘文脉之盛，冠绝

① 刘爱龙：《宪政中国及其当下法学任务——基于历史考察的视角》，载《江苏社会科学》2011 年第 1 期。

② 蒋庆：《中国大陆复兴儒学的现实意义及其面临的问题》，载台湾《鹅湖》1989 年 8、9 月，第 170、171 期。

③ 约翰·霍布森：《西方文明的东方其起源》，孙建党译，山东：山东画报出版社，2009 年版，第 156、174—195 页。

当时。船山先生亦然如此。明清之际，船山先生（王夫之）出，饮亡国之恨，遂沉潜经史，辟宋儒之空疏，昌经世之实学，希“横渠之正学”，张先圣之道统，庶开风气之先。一时湖湘学子，皆以经世济民为己任，湖湘人才之盛，为天下瞩目。船山之学，博大精深，实乃国学之集大成者。“五百年来学者，真通天人之际者，船山一人而已。”“其学无所不窥，于《六经》皆有发明。洞庭之南，天地元气，圣贤学脉，仅此一线耳。”① 其中尤以躬行践履，行先知后，匡济时艰，道在器中，“春秋大义，严君子小人、夷夏之大防，国之大宝，可禅可继可革，不可使夷人间之”著名。故国难之时，湖湘人物，迭起救国，前赴后继，不可胜数。

国学经典存之于经，以供历代士人解读之；亦存之于史，以便记载并传诵之，是故，经典在，则国故存；国故存，则文脉不绝；文脉不绝，则道统存；道统存，则国家不灭；国家不灭，则天下不亡。文以载道，先贤之深意，在兹念兹，当深切体悟之。秦汉以降，经学仅限于先秦典籍之五经，而《史记》《汉书》《后汉书》《资治通鉴》等史家鸿篇巨制，层出不穷。明末清初，王夫之兼治经史，为之典范。船山先生以阐释经典、继承经学道统自任，亦有超越前人之鸿篇巨制《读通鉴论》和《宋论》等史论存世。毛泽东饱受国学滋养涵泳，秉有精进刚猛之气，澄清寰宇之志。读《毛泽东早期文稿》，其国学涵养之深，浸润之广，识见之远，同侪无出其右者。学界公认，马克思主义中国化，于逻辑和实证层面，实为朝向古典中国智慧之回归过程，亦为扎根中国实践，回应中国问题且不断与中国古典智慧融合的过程。其标志性成果乃是毛泽东思想。而毛泽东颇富古典国学修养和传统智慧。② 井冈山时期，应“红旗能打多久”之疑问，雄文《星星之火，可以燎原》横空出世。批阅其文，感受“履霜坚冰至”之阐幽发微，亦可见“君子以自强不息”之惕厉。偶见北宋周敦颐，早年曾任合州通判（今重庆合川区），在此兴办州学，延请北宋苏轼等

---

① 刘献廷：《广阳杂记》卷二，载《船山全书》第十六册第 519 页。

② 毛泽东 1915 年前后致肖子升等友人信，载《毛泽东早期文稿》，湖南：湖南人民出版社，2008 年版，第 1—52 页。张金荣：《中西思想与毛泽东早期研究综述》，载《社会科学论坛》2006 年第 12 期。

人讲学，传圣贤学脉。至宋元之际，合川钓鱼城曾与元军血战弥久，坚韧不拔，致元军最高统帅战死城下，改写欧洲史。① 无独有偶，抗战时，衡阳保卫战、长沙保卫战抵抗十分顽强。常德保卫战亦十分惨烈。学脉所传之处，往往有殊死奋斗和抵抗。与张学良之弃东北而走，判若云泥。是故，文脉所存，国运之所存。近代湘人之形状，尤为世人瞩目，无他，唯国学耳。

今天，官方意识形态已经十分明智地与儒学和解。毕竟，今天面临的时势与20世纪中叶迥异。其时，主要矛盾乃是重建权威，亦即完成政治学意义上的国家重建，确立政统。唯此，才有以毛泽东为首的共产党人与共产国际的"恩恩怨怨"。实际上，毛泽东的主体意识十分清晰，中国革命乃为求得中华民族的解放和复兴，并非为了充当共产国际的附庸，新民学会的最初宗旨乃是"改造中国与世界"，其宏大抱负远绍尚公道统，秉承国学天下情怀。中国共产党与共产国际之争，并非权力之争或意识形态之争，而是文明主体自觉性之争、控制与反控制之争，其后隐藏中华文明数世纪以来的挫败、屈辱以及向死而生的决绝与勇气。因此，中华人民共和国成立后，毛泽东曾赠诗郭沫若："劝君少骂秦始皇，焚书事业要商量。"毕竟，秦始皇完成雄视宇内、并吞八荒、一合诸侯、书同文而车同轨之大业，开启中国文明之地理疆域。从事功层面，此乃拿破仑、俾斯麦等欧洲枭雄曾经梦想而未竟之大业。然而，中国文明精神内核之"大一统""夷夏之辨""文质相复"和"通三统"的历史观论证，则由儒家典籍《易》《春秋》等担当并完成。孔子则述而不作，祖述尧舜，宪章文武，学而不厌，诲人不倦，承上启下，为中国古代典籍之集大成者。当今丛林法则依然支配世界，中华文脉必依赖于民族国家建构，始能生存，即国之所存，道之所存。且夫国家尚武，则文明足以自保；若国家"自废武功"，则文脉断难延续②，更遑论关怀"天下"？是故，中华人民共和国成立后，毛泽东以为，必须搞原子弹，以为国家自卫之利器，且以农业合作社和人民公社支持国家的工业化，又以"一边倒"的外交策略赢得苏联援助，以

① 傅宗文、吴如嵩：《钓鱼城之战浅论》，载《厦门大学学报》1982年第2期。
② 李江春：《防御性现实主义：进攻性现实主义时代的悲剧》，载《世界经济与政治》2011年第11期。

夯实中国初步工业化的基础。鉴此，君不见原儒“文武兼修”之微义？

四、世风时变：文不在兹昭示否极泰来

观当今世风，唯利是图、物质主义凸显，道德人心、名物制度、主流意识形态遭遇多方强力挑战。名流以变更国籍为荣，礼义廉耻之心日鲜，而先富者则去父母之邦，家国天下观念日稀。笔者愚见，察当今之社会沙漠化生态、精神皈之归依支离破碎，安身立命之穷途困顿，则知重拾道统、重振人心和朝向经典之刻不容缓。就思想文化领域而论，以为生死决战之前夜，恐不为过。此必待主流意识形态之重述，以之内聚人心、恢复自信、接续道统、重整共识，并在哲学心理学层面，抗衡西学假“非意识形态”之名步步紧逼，构筑坚实心理防线。人心正固，则社稷安。人民，乃是创造历史的真正动力。

重塑主流核心价值观之组成部分，重整中国古典文明传统之精神内核，重塑中华民族之文化自尊心，已刻不容缓。中国古代先秦典籍，乃人类“轴心时期”之智慧结晶，值此混沌不明之时，应能持续激发文明火焰，烛照人类未来前行之路。当代中国的政治论述，从华夏文明源头吸取精神资源，恢复传统国学，正视文化传统，杜绝历史虚无，正本清源，势所必然。概言之，接续道统、传承文明、融会西学、以中化西，若此，或可言正人心、敦风俗、克人欲、大一统和民族复兴。然文脉渊深，失之久远，非长期涵养，恐难以奏功。是故，继昌黎之事，会横渠之意，弘船山之学，承复兴之命，振衰救弊，此其时也。于政策层面，宜复兴古典学术的传统，延续中华文脉的学统，将先秦经典研习传承下来，在教育、学制和考试制度层面着力，逐渐加强经典考试的内容和含量，将尚公、民本、爱国和均富的道统上下贯通，于强化领导核心之执政力，颇有益处。缘此，民族复兴之精神动力，或可源远流长，而永不枯竭。

文明复兴有待强大持久之精神动力。察美国政治哲学，施特劳斯学派为拯救西学，寻找精神资源，重归古希腊原典，反观中国思想，焉有不回归国学原典，重启文明源头，秉文明复兴之命，承强大精神动力之理？一个世纪前，泰

戈尔曾言：古希腊之火已然熄灭，罗马亦被埋帝国废墟之下，“但人文精神和文明仍然活在中国和印度”①。当此“全球化”逞雷霆之力所向披靡之际，铭记共和国缔造者的教诲和先秦古典智慧，以当代国人对西学强大的学习、消化和掌控能力，赖国学博大渊深之“通变”内功，回归国学经典，接续道统，薪火相传，庶可融会贯通，而别开生面。若论中华文脉危在旦夕，不绝若线，而有一息尚存之忧叹，然以《易》观之，则可察一阳来复之际，危机转换之时，否极泰来之机。

① 转引〔印〕谭中：《认清中国“文明大国”模式，发扬中国文明内功》，载吴敬琏、俞可平、〔美〕罗伯特福格尔等：《中国未来30年》，北京：中央编译出版社，2011年版，第184页。

自然国学评论

前沿探索

《自然国学评论》第三号
第 031 - 049 页

简论《墨经》和《易经》中的逻辑术语及其数理内涵

——兼论《连山易》中的逻辑术语

王俊龙 *

摘　要：《墨经》已经论及逻辑学中的一些主要问题：一是涉及量词判断。尽是全称判断，或是特称判断。二是涉及集合运算。体是子集，兼是并集，撄是交集，损是余集，"二"是互补集。间虚是相对空集，盈是相对全集；虚是绝对空集，无是绝对全集。三是涉及分和合。间是分隔，弥是全合。

《说卦》中不仅论及逻辑术语而且论及八卦逻辑图，八卦逻辑图中包含了最基本的逻辑运算规则。这些运算规则是离卦表示交（与）运算，坎卦表示与非运算，巽卦表示并（或）运算，兑卦表示或非运算，艮卦表示对称差运算，震卦表示差非运算。即使从逻辑上分析，《易经》中八卦的逻辑内涵也不是单一的。八卦作为同一套逻辑符号体系具有逻辑小项和逻辑运算规则两种内涵。这是一种重载现象，而现代科学是排斥重载的。原因是重载会导致理解上的混淆或歧见。

《连山易》中的八山与八卦是相同的逻辑系统，只是使用的逻辑术语有很

* 王俊龙（1959—），江苏盐城人。上海师范大学知识与价值科学研究所特聘研究员，苏州太湖书院高级研究员。主要从事《周易》数理、数理哲学和数理逻辑研究。

本文为墨学与自然国学高端论坛论文（2018 年 6 月 8—9 日，山东枣庄），收入《墨学与自然国学高端论坛论文集》，第 199—208 页。这里的内容有所调整、扩充，主要是增加了《连山易》中的逻辑术语研究部分。

大差异。说明二者之间有相同的传承，只是语言表述上有较大差别。这说明二者流传于不同的地域或不同的历史时期。八山属于《连山易》，而八卦属于《周易》，有一种流行的说法：夏曰连山，殷曰归藏，周曰周易。可见，《连山易》八山在《周易》八卦之前，很有可能是夏代的思想成果。这就把中国有成形的逻辑系统的历史提至殷周之前。

《连山易》《易经》《墨经》都是中国先秦经典，尽管都论述了逻辑学中的基本术语和基本运算，但是，三者所采用的术语是不尽相同的。由于语言表述上的不同，长期以来造成易学和墨学中的逻辑思想处于隔阂状态。以致国人虽然发现了《墨经》中丰富而深刻的逻辑思想，却没有发现《易经》乃至《连山易》中已经形成比较成熟的形式化的逻辑运算体系。

关键词：《墨经》《易经》《连山易》 逻辑术语 运算规则 人体形态逻辑图

今日中国教科书中的逻辑学是西方传入的，但是，这不等于说中国没有本土的逻辑学。事实上，早在先秦的两大经典著作《易经》和《墨经》中就呈现了相当有体系的逻辑学了。《墨经》中阐述了相当多的逻辑术语和逻辑推理规则及其逻辑见解和实例，而《易经》则通过卦象建立了一整套数理逻辑体系。当然，由于年代久远，更因为失传了两千年，《易经》和《墨经》中的逻辑术语和表现形式与西传而来的逻辑学中的逻辑术语和表现形式有巨大的差异。因此，这篇文章旨在分析证明《易经》和《墨经》中的逻辑术语及其数理内涵。为了追溯八卦逻辑的源头，本文增加了《连山易》中的逻辑术语研究。由于准备的时间仓促，虽尽力求其全，但行文中错误难免，敬请方家指正。

一、《墨经》中的逻辑术语分析

从流传至今的《墨经》文本看，其中逻辑术语的论述不是很集中。根据王讃源主编的《墨经正读》[1]，这里辑录、分析如下。

《经上》1：故，所得而后成也。

《经说上》1：故：小故，有之不必然，无之必不然，体也，若［尺］有端。大故，有之［必然，］无［之必不］然，若见之成见也。[2]

分析：小故是必要条件，大故是充分条件。
故，即理据，原因或理由。小故是不可缺的理据，大故是充分的理据。

《经上》2：体，分于兼也。

《经说上》2：体：若二之一，尺之端也。

① 王讃源主编：《墨经正读》，上海：上海科学技术文献出版社，2011 年版。
② 方括号中的文字是缺失部分。

分析：兼为并集。当包含所有部分时，兼为全体，体是子集。

尺，线段也。尺是画线段的工具，故用尺指代线段。兼，并也。体，支也。体作为肢体使用，成语有五体投地。这个意义上的体，对应集合论中的子集。体亦可作为完整形体使用，比如个体、长方体等。这个意义上的体，对应数学上的封闭区域。尺和体都是实物，《墨经》借用实物指代抽象的逻辑概念。

《经上》39：同，异而俱于之一也。

《经说上》39：同：二人而俱见是楹也，若事君。

分析：同，交集，或同一对象。

俱，皆也。事君，百官皆事一君。

《经上》40：久，弥异时也。

《经说上》40：久：古今旦莫。

分析：久，时间也。

久，宙也。弥，遍历也。莫，暮也。

《经上》41：宇，弥异所也。

《经说上》41：宇：家东西南北。

分析：宇，空间也。

所，处也。家，室也。

《经上》42：穷，或有前不容尺也。

《经说上》42：穷：或不容尺，有穷；莫不容尺，无穷也。

分析：穷，有限。无穷，无限。
或，域也。容，纳也。

《经上》43：尽，莫不然也。
《经说上》43：尽：但止动。

分析：尽，相当于全称量词。体，是特称量词。
尽，全也。莫，无也。但，只有。

《经上》44：始，当时也。
《经说上》44：始：时或有久，或无久。始当无久。

分析：当时，任意时点。有久，已成时段。无久，未成时段。

《经上》46：损，偏去也。
《经说上》46：损：偏去也，兼之礼也。其体或去或存，谓其存者损。

分析：损，是做减法。从存有中减除，或从兼有中减除。
偏去，减除已有部分。存者损，从存有中减除。

《经上》51：止，以久也。
《经说上》51：止：无久之不止，当牛非马，若矢过楹。有久之不止，当马非马，若人过梁。

分析：以时间为参照将物体的运动分为三种：静止不动、快速移动和慢速移动。
"止，以久也。"静止（不动）是以逗留时间衡量的。"无久之不止"，快速移动。“有久之不止”，慢速移动。

《经上》53：平，同高也。

《经说上》53：（无说）

分析：平指平行线或平面。

同，等也。高，垂高也。

《经上》54：同长，以正相尽。

《经说上》54：同：楗与框之同长也。

分析：同高、同长，等量关系。

《经上》55：中，同长也。

《经说上》55：中心，自是往相若也。

分析：每一尺有一中心至两端等长。

心，中点。相若，相等。

《经上》56：厚，有所大也。

《经说上》56：厚：惟无［厚无］所大。

分析：厚度决定体积的大小。

厚，体积。无厚，没有厚度。

《经上》58：直，参也。

《经说上》58：（无说）

分析：直是垂直、直线。
参，直立也。

《经上》59：圆，一中同长也。
《经说上》59：圆，规写之也。
一中，圆心。

分析：同一个中心的所有同长尺的端点构成圆。

《经上》61：倍，为二也。
《经说上》61：倍：二尺与尺，但去一。

分析：一中同长。使二尺一中同长一尺，则二尺为一尺之倍。
倍，两倍也。去一，减一尺也。

《经上》62：端，体之无序而最前者也。
《经说上》62：端：是无同也。

分析：端是独一的最前的点。
无序，无更。无同，唯一。

《经上》63：有间，[非] 中也。
《经说上》63：有间：谓夹之者也。

分析：非中是对中间的否定，而对两旁的肯定。
有，存在。中，中间。夹之者，夹中者也。

《经上》64：间，不及旁也。

《经说上》64：间：谓夹者也。尺前于区穴而后于端，不夹于端与区内。及及，非齐之及也。

分析：夹者是并列关系。与“一中同长”相类，存在“一间同夹”情形。区穴者，同夹者也。间和有间是逻辑互补关系。

间，中间。夹者，被夹者也。及，连也。

《经上》65：纑，间虚也。

《经说上》65：纑：虚也者，两木之间，谓其无木者也。

分析：虚即相对空集。无木，木且去木为空。

间虚，区隔也。虚，空域也。无木，木且去木。

《经上》66：盈①，莫不有也。

《经说上》66：盈：无盈无厚。

分析：盈是充满，是相对全集。

莫，无也。盈，充满。厚，体积。

《经上》68：撄，相得②也。

《经说上》68：撄：尺与尺俱不尽，端与端俱尽，尺与端或尽或不尽。坚白之撄相尽。体撄不相尽。

分析：撄是交集。

---

① 《序卦》曰：“有天地，然后万物生焉。盈天地之间者唯万物，故受之以屯。屯者，盈也。屯者，物之始生也。”

② 《彖传》曰：“睽，火动而上，泽动而下。二女同居，其志不同行。”“革，水关火相息。二女同居，其志不相得。”

撄，交接。体，支也。

《经上》74：佊，不可两不可也。

《经说上》74：佊：凡牛，枢非牛，两［可］也。无以相非也。

分析：牛与非牛都是可以存在的。但是，牛与非牛，枢必居其一，不可能都不是，也不可能都是。其中论及矛盾律。

《经上》83：见，体、尽。

《经说上》83：见：时者，体也；二者，尽也。

分析：尽是绝对全集。

体，支也。尽，全部、所有。二者，牛与非牛。非牛，除牛以外的所有部分。

《经上》87：同①，重、体、合、类。

《经说上》87：同：二名一实，重同也。不外于兼，体同也。俱处于室，合同②也。有以同，类同也。

分析：同有四种情形：重同、体同、合同和类同。

《经上》88：异，二、不体、不合、不类。

《经说上》88：异：二必异，二也。不连属，不体也。不同所，不合也。不有同，不类也。

分析：异有四种情形：二、不体、不合和不类。

---

① 参见《大取》31。

② 《彖传》曰："睽，火动而上，泽动而下。二女同居，其志不同行。""革，水关火相息。二女同居，其志不相得。"

《经下》49：无不必待有，说在有无。①

《经说下》49：无：若无焉，则有之而后无。无天陷，则无之而无。

分析：无不必待有，是说无不必与有相对待。这是对《老子》的有无相待观点的否定②。

无之而无，是说无不依赖任何有而独立（或绝对）存在。无是独立（或绝对）的存在，有是对待（或相对）的存在。所以，无中生有，但是，有无不相生。③ 这也是反对《老子》的有无相生（或有无相待）的观点。

> 太极代数的建构表明：空与无是截然相反的两个概念，二者构成一对矛盾。太极代数是研究空无矛盾的数学，也是研究阴阳矛盾与空无矛盾相互之间变化规律的数学，其中，空无矛盾是先天的，阴阳矛盾是后天的。通常所谓的“有（being)”或存在是属于后天的，阴阳矛盾属于“有”的范畴，或“有”是分阴分阳的。但是，“有”并不能与空无矛盾中的单一方面构成矛盾关系，就是说，有和无不是矛盾关系，有和空也不是矛盾关系。“有”是介于空与无之间的存在。④

太极代数证明《墨经》的有无不相待（或有无不相生）思想与当代数理逻辑的结论是不谋而合的。由此可见，《墨经》中关于有和无关系的论述不仅是合乎逻辑的，也是相当超前的。

待，对待。焉，指黄色鸟，即黄凤。

《经下》61：可无也，有之而不可去，说在尝然。

《经说下》61：可无也：已给则当给，不可无也。

---

① 谭戒甫：《墨经分类译注》，北京：中华书局，1981 年版，第 27 页。

② 《老子》第二章“有无相生，难易相成”中包含有无相待（或相对）的观点。

③ 关于空和无的性质的阐述与无中生有命题的证明，参见王俊龙：《本体逻辑学新探》，《陕西师范大学学报（哲学社会科学版）》2015 年第 2 期。

④ 王俊龙：《〈周易〉经传数理研究》，北京：人民出版社，2015 年版，第 157—158 页。

分析：可以否定有，但是不可抹去曾经的有。① 曾经的有应该还是一种有，不可否定其曾有。

无，否定的意思。

《经下》73：无穷不害兼，说在盈否。

《经说下》73：无："南者有穷则可尽，无穷则不可尽。有穷无穷未可知，则可尽不可尽未可知，人之盈之否未可知，而必人之可尽不可尽未可知，而必人之可尽爱也，誖。"人若不盈无穷，则人有穷也，尽有穷无难；盈无穷，则无穷尽也，尽有穷无难②。

分析：无是无穷、无限。无穷不害兼：无穷不妨碍兼。就是说，无穷包含任何兼。

小结：《墨经》已经论及逻辑学中的一些主要问题：一是涉及量词判断。尽是全称判断，或是特称判断。二是涉及集合运算。体是子集，兼是并集，撄是交集，损是余集，"二"是互补集。间虚是相对空集，盈是相对全集；虚是绝对空集，无是绝对全集。三是涉及分合。间是分隔，弥是全合。

二、《易经》中的逻辑术语分析

《易经》中的逻辑术语相对比较集中，主要保留在《说卦》中。不过，《说卦》中的逻辑术语比较形象，甚至也不完整。难能可贵的是，《说卦》中有用人体形状表示的八卦逻辑图，为准确理解八卦的逻辑内涵提供了方便参照的内在图文依据。

---

① 逻辑公式可以证明：$(A+B)-B=A-B$，但是，$(A+B)-B\neq A$。即不可能从 $A+B$ 中把曾有的 B 完全抹去。

② 尽无穷难也。

《说卦》曰："乾，健也；坤，顺也；震，动也；巽，入也；坎，陷也；离，丽也；艮，止也；兑，说也。"

从中可以发现四对矛盾关系：

1. 巽和兑是矛盾关系。入和说，语义相反，这里的说是脱的意思。入是输入或并入，脱是输出或脱出。《杂卦》曰："兑见，而巽伏也。"见是现的意思。隐伏和出现是一对反义词。

2. 震和艮是矛盾关系。动和止，语义相反。

3. 坎和离是矛盾关系。陷和丽，语义相反。陷是暗，丽是明。

4. 乾和坤是矛盾关系。健和顺，语义相反。健表示主动，顺表示被动。《象传》曰："天行健，君子以自强不息。""地势坤，君子以厚德载物。"

《说卦》曰："帝出乎震，齐乎巽，相见乎离，致役乎坤，说言乎兑，战乎乾，劳乎坎，成言乎艮。万物出乎震，震，东方也。齐乎巽，巽，东南也，齐也者，言万物之洁齐也。离也者，明也，万物皆相见，南方之卦也，圣人南面而听天下，向明而治，盖取诸此也。坤也者，地也，万物皆致养焉，故曰致役乎坤。兑正秋也，万物之所说也，故曰说言乎兑。战乎乾，乾，西北之卦也，言阴阳相薄也。坎者水也，正北方之卦也，劳卦也，万物之所归也，故曰劳乎坎。艮，东北之卦也，万物之所成终而所成始也，故曰成言乎艮。"

其中，相见乎离表示交运算，齐乎巽表示并运算。其中的八卦方位也是逻辑运算关系的一种反映。比如，东南是东方和南方的交集，西北是西方和北方的交集。①

《说卦》曰："乾为首，坤为腹，震为足，巽为股，坎为耳，离为目，

① 王俊龙：《〈周易〉经传数理研究》，北京：人民出版社，2015 年版，第 189—192 页。

艮为手，兑为口。”

只有理解了《说卦》中的人体形态八卦图示才能真正明白八卦是一套讲逻辑运算规则的符号系统。《说卦》中用人体形态表示八卦是逻辑图，见表1。

表1　八卦的逻辑内涵（一）

八卦	离	坎	巽	兑	艮	震	坤	乾
卦象	☲	☵	☴	☱	☶	☳	☷	☰
人体形态	目	耳	股	口	手	足	腹	首
逻辑图	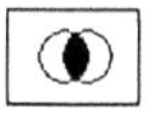							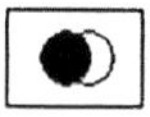
公式①	AB	$-(AB)$	$A+B$	$-(A+B)$	$(A+B)$ $-AB$	$-(A+B)$ $+AB$	$-Q$	Q
逻辑含义	与、交	与非	或、并	或非	对称差	差非	非	是
部分卦义	丽、见	陷、劳	入、齐	说（脱）	分别	会合	顺应	独立
八山②	连山	潜山	叠山	兼山	列山	藏山	伏山	崇山

小结：《说卦》中不仅论及逻辑术语而且论及八卦逻辑图，其八卦逻辑图中包含了最基本的逻辑运算规则。这些运算规则是离卦表示交（与）运算，坎卦表示与非运算，巽卦表示并（或）运算，兑卦表示或非运算，艮卦表示对称差运算，震卦表示差非运算。

① 其中的加法表示并运算，乘法表示交运算，且乘法省略了乘号。其中的减号和负号采用相同的符号，但是，运算含义不同：减号表示差运算，负号表示补运算。

② 王兴业：《山坟易探微》，青岛：青岛出版社，1999年版，第16页。

三、《易经》中的逻辑术语再分析

《易经》八卦中不仅包含了逻辑运算规则，也包含了逻辑小项的内容。

> 《说卦》曰："天地定位，山泽通气，雷风相薄，水火不相射，八卦相错。"

八卦相错就是同位爻符一阴一阳相对的两卦构成相错关系，八卦中共有四对互为错卦：乾坤、坎离、艮兑、震巽。在此意义上，《说卦》曰："乾天也，故称乎父；坤地也，故称乎母。震一索而得男，故谓之长男；巽一索而得女，故谓之长女；坎再索而得男，故谓之中男；离再索而得女，故谓之中女；艮三索而得男，故谓之少男；兑三索而得女，故谓之少女。"

如何理解八卦中包含的逻辑小项内容呢？不妨借用一个常见的分配案例加以说明。

对于不可拆分的东西（以下简称"东西"），考察分配给甲乙二人的不同情形：

情形一：只有一样"东西"时，则有两种分配方案。

情形二：有两样"东西"时，则有四种分配方案。

情形三：有三样"东西"时，则有八种分配方案。

依此类推，有n样"东西"时，则有2^n（2的n次方）种分配方案。

上述每一种分配方案都是相对独立的（逻辑上叫作两两不交），而且可以用《周易》卦象加以表示。如果把阴阳两方面想象为甲乙二人，且把初二三等位置想象为"东西"。若是把甲设想为一块横放的砖，把乙设想为竖立的砖，而把"东西"设想为并列的放置位置，则每增加一砖得到的置放格局数也是倍二递增的。①

① 〔英〕罗伯特·谢尔德雷克：《生命新的科学：形态发生场假说》，郑泓译，北京：社会科学文献出版社，2004年版，第51页。

这个例子揭示了易卦的生活来源，说明易卦与日常的生活经验是密切相关的。同时也说明，易卦的产生与阴阳概念的产生可以没有关系，阴阳爻的前生可以是任意两个不同的数（比如阳爻为七或九，阴爻为六或八）。这个例子同时可以证明易卦不必是二进制的。

若是把甲乙二人视为来自世界二分结构的代表，比如，甲为是，表示肯定，乙为非，表示否定，而位置分别表示不同的逻辑变元，则上述分配方案便具有了逻辑代数意义。这样一来就可以分析八卦的逻辑小项内涵了。见表 2。

表 2　八卦的逻辑内涵（二）

八卦	离	坎	兑	艮	巽	震	坤	乾
卦象	☲	☵	☱	☶	☴	☳	☷	☰
自然形态	火	水	泽	山	风	雷	地	天

表 2 中有四对形态相错关系，分别是

1. 坎离相错，水火不相射。
2. 艮兑相错，山泽通气。
3. 震巽相错，雷风相薄。
4. 乾坤相错，天地定位。

上述每一对相错关系中的两卦都是不相交的。

小结：可见，即使从逻辑上分析，《易经》中八卦的逻辑内涵也不是单一的。八卦作为同一套逻辑符号体系具有逻辑小项和逻辑运算规则两种内涵。这是一种重载现象，而现代科学是排斥重载的。因为重载会导致理解上的混淆或歧见。

四、《易经》和《墨经》中的逻辑术语的比较

通过上述分析不难发现，《易经》和《墨经》都是中国先秦经典，尽管都

论述了逻辑学中的基本术语和基本运算，但是，二者所采用的术语是不尽相同的。由于语言表述上的不同，长期以来造成易学和墨学中的逻辑思想处于隔阂状态。以致国人虽然发现了《墨经》中丰富而深刻的逻辑思想（《墨经》中的逻辑术语见表3），却没有发现《易经》中已经形成比较成熟的形式化的逻辑运算体系。

有鉴于此，这里将《墨经》和《易经》中相关的逻辑术语做一个初步的比较。见表4。

表3 《墨经》中的逻辑术语

量词	特称	全称							
	或	尽							
集合	子集	交集	并集	余集	互补集	相对全集	相对空集	绝对全集	绝对空集
	体	撄	兼	损	二	盈	间虚	无	虚
分合	分隔	聚合							
	间	弥							

表4 《易经》和《墨经》中的逻辑术语比较

《易经》	八卦	离	坎	巽	兑	艮	震	坤	乾	
	卦象	☲	☵	☴	☱	☶	☳	☷	☰	
	运算	交、与	与非	并、或	或非	对称差	差非	否定	肯定	损
	人体形态	目	耳	股	口	手	足	腹	首	
《墨经》	规则	撄		兼						损

需要说明的是，《易经》中也涉及绝对全集这样的问题，只是所用术语不同。《系辞》中用太极表示绝对全集。

五、《连山易》中的逻辑内涵研究

从现有文献看，中国古代流传至今的逻辑遗产除了《墨经》和《易经》之外，还有《三坟易》。根据王兴业先生的研究，《三坟易》是《古三坟》的内容之一。《周礼·外史》曰："外史'掌三皇五帝之书'。郑玄注曰：'三皇五帝之书'即'《三坟》《五典》'。"可知西周时有专门掌管《三坟》等书的史官。《三坟书》原来没有《传》，后来出现有《传》的本子。被唐宋人发现于民间。①

从逻辑的角度看，《三坟易》中最有价值的部分就是《连山易》中的八山，见表5。

表5　《连山易》八山的逻辑内涵

八山②	连山	潜山	叠山	兼山	列山	藏山	伏山	崇山
八卦	离	坎	巽	兑	艮	震	坤	乾
卦象	☲	☵	☴	☱	☶	☳	☷	☰
人体形态	目	耳	股	口	手	足	腹	首
反义词	交	通	并	兼	散	聚	卑	高
逻辑图	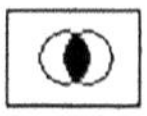				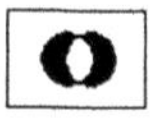			
公式③	AB	$-(AB)$	$A+B$	$-(A+B)$	$(A+B)-AB$	$-(A+B)+AB$	$-Q$	Q
逻辑含义	与、交	与非	或、并	或非	对称差	差非	非	是

① 参见王兴业：《山坟易探微》，青岛：青岛出版社，1999年版，第1—3页。

② 王兴业：《山坟易探微》，青岛：青岛出版社，1999年版，第16页。

③ 其中的加法表示并运算，乘法表示交运算，且乘法省略了乘号。其中的减号和负号采用相同的符号，但是，运算含义不同：减号表示差运算，负号表示补运算。

表 5 列示了八山与八卦的对应关系。① 八山与八卦是同一逻辑系统的不同表述。换句话说，八山与八卦所用的逻辑术语有差别。叠山形象地表示了并集之交叠的逻辑形态。连山明确地表示了交集之交连的逻辑形态。列山则准确地表示了对称差之分列的逻辑形态。

与《墨经》和《易经》最大的不同是，《连山易》中兼山并不表示并集（或运算），而是表示或非。成语中有兼并一词，这是一对反义词的合成词。正如成语中有交通一词，也是一对反义词的合成词。潜山对应坎卦，《说卦》曰："坎为通。"表 5 中可见，八山对应四对反义合成词：伏山和崇山对应卑高，连山和潜山对应交通，兼山和叠山对应兼并，震山和列山对应聚散。列山是分列，对应分散。《说卦》曰："艮为山。"《说文》曰："山，宣也。"藏山对应震卦，《说卦》曰："震为苍筤竹，为萑苇。"震卦对应丛生、聚集。

综上所述，《墨经》已经论及逻辑学中的一些主要问题：一是涉及量词判断。尽是全称判断，或是特称判断。二是涉及集合运算。体是子集，兼是并集，撄是交集，损是余集，"二"是互补集。间虚是相对空集，盈是相对全集；虚是绝对空集，无是绝对全集。三是涉及分合。间是分隔，弥是全合。

《说卦》中不仅论及逻辑术语而且论及八卦逻辑图，其八卦逻辑图中包含了最基本的逻辑运算规则。这些运算规则是离卦表示交（与）运算，坎卦表示与非运算，巽卦表示并（或）运算，兑卦表示或非运算，艮卦表示对称差运算，震卦表示差非运算。即使从逻辑上分析，《易经》中八卦的逻辑内涵也不是单一的。八卦作为同一套逻辑符号体系具有逻辑小项和逻辑运算规则两种内涵。这是一种重载现象，而现代科学是排斥重载的。因为重载会导致理解上的混淆或歧见。

《连山易》中的八山与八卦是相同的逻辑系统，只是使用的逻辑术语有很

① 关键是，这个对应关系是王兴业先生发现在先，其《三坟易探微》遗稿 1999 年出版，笔者 2011 年发表《论八卦是八个逻辑范式》在后；王兴业先生并不知道八卦逻辑，也不知道八山是逻辑体系。而八卦逻辑不是随便就可以创作出来的，这也从一个侧面证明，《三坟易》不可能是伪书。

大差异。说明二者之间有相同的传承，只是语言表述上有较大差别。这说明二者流传于不同的地域或不同的历史时期。《周礼》曰：“（大卜）掌三易之法，一曰连山，二曰《归藏》，三曰《周易》。其经卦皆八，其别卦皆六十有四。”又曰：“（筮人）掌三易以辨九筮之名，一曰《连山》，二曰《归藏》，三曰《周易》。”王兴业先生曰：“三皇五帝时代所使用的是三皇易卦。三皇即天皇伏羲、人皇神农、地皇黄帝。三皇的六十四卦，由对偶成序的八卦，按照一定序列，组成八组六十四卦。每组八别卦各有一个共同的经卦作为本卦，成同体相连之势，故名之曰连体卦序。最早的连体卦序，见于《古三坟》的《山坟·连山易》《气坟·归藏易》和《形坟·乾坤易》，三者合在一起，称为《三坟易》。”① 八山属于《连山易》，而八卦属于《周易》，有一种流行的说法：“夏曰连山，殷曰归藏，周曰周易。”可见，《连山易》八山在《周易》八卦之前，很有可能是夏代的思想成果。这就一下子把中国有成形的逻辑系统的历史提至殷周之前。

《连山易》《易经》《墨经》都是中国先秦经典，尽管都论述了逻辑学中的基本术语和基本运算，但是，三者所采用的术语是不尽相同的。由于语言表述上的不同，长期以来造成易学和墨学中的逻辑思想处于隔阂状态。以至国人虽然发现了《墨经》中丰富而深刻的逻辑思想，却没有发现《易经》乃至《连山易》中已经形成比较成熟的形式化的逻辑运算体系。

---

① 王兴业：《山坟易探微》，青岛：青岛出版社，1999 年版，第 1—2 页。

自然国学评论

古学发微

《自然国学评论》第三号
第 053 - 069 页

邵雍与运气大周期若干研究

柯资能*

摘　要： 通过对末次冰期以来地球气候变化格局的梳理，发现邵雍元会运世周期与五运六气理论结合，可以解释其中的寒温变化大势，但需要做出调整。把调整后的邵雍大运当成一个“大年”，“大年”的运气参数与千年疾病谱变化大致吻合。通过统计发现，六气大司天理论取得部分成功，依三阴三阳重复排列，其中厥阴、少阴、阳明、太阳之气符合较好，而太阴、少阳往往相反。假如太阴、少阳次序互换，则整体上具有较一致的符合率，正好是“大年”的主气。依照元会运世的模式，在宇宙尺度上建立新的大周期嵌套，发现很多节气点上有重大事件发生，大周期嵌套对应的运气理论可以解释一些重大的气候、地质事件。

关键词： 邵雍　运气大周期　大年　气候与地质事件

* 柯资能，中国科学技术大学科技史与科技考古系副教授。

一、邵雍皇极经世与气候变迁

北宋邵雍仿年月日时，建立元会运世大甲子体系：1 元 = 12 会 = 360 运 = 4320 世 = 129600 年。提出其中大禹八年（B. C. 2217 年）交夏至，进入午会，为先天与后天的交点，开启家天下模式。把历史事件列入先粗后细的干支年表中，试图用以解释历史演变的内在逻辑，被称为玲珑剔透的空中楼阁。作者经过长期反复考量，将午会起点调整为芒种节，时间为 B. C. 2337 年。相当于把元的起点子之初从冬至改为大雪，移动 5400 年，把运的交点移动 120 年。由于论证过程内容过于烦琐，这里略去。下文提及，均为调整后的模式。

调整后邵雍大运干支的五运六气寒温属性与大气候冷暖变化基本同步，与两汉暖期、魏晋小冰期、唐宋暖期、明清小冰期大致对应，尽管解释人类历史不尽如人意，但其中似乎隐藏着大自然的某些内在节律。

邵雍	庚午 B. C. 57 – A. D. 303	辛未 A. D. 304 – 663	壬申 A. D. 664 – 1023
调整	B. C. 177 – A. D. 183	A. D. 184 – A. D. 543	A. D. 544 – A. D. 903
邵雍	癸酉 A. D. 1024 – 1383	甲戌 A. D. 1384 – 1743	乙亥 A. D. 1744 – 2103
调整	A. D. 904 – 1263	A. D. 1264 – 1623	A. D. 1624 – 1983

两汉暖期在庚午大运（B. C. 177 – A. D. 184 年），金运太过，君火司天，燥金在泉。

魏晋小冰期，与辛未大运时段重合（A. D. 184 – 544 年），水运不及，湿土司天，寒水在泉。隋唐暖期与壬申大运（A. D. 544 – A. D. 904 年）对应，木运太过，相火司天，风木在泉。Grove 等①人通过对冰川数据的研究得出欧洲中世纪暖期的时间界限是 A. D. 900 – A. D. 1250，与宋元暖期相当，而

① Grove, J. M. & Switsur, R: *Climatic Change* (1994) 26: 143. https://doi.org/10.1007/BF01092411.

癸酉大运（A. D. 904 – A. D. 1263 年）火运不及，燥金司天，君火在泉，趋势与界限都接近。中世纪暖期之后是明清小冰期，前半部分与甲戌大运（A. D. 1264 – 1624 年）对应，土运太过，寒水司天，湿土在泉。小冰期后半部分发生在 A. D. 1791 – A. D. 1850①，属于乙亥大运（A. D. 1624 – A. D. 1984），可能与频繁的地质活动有关。20 世纪 90 年代刚开始注意这个问题时很多对不上，后来的科学新发现不断接近我们的结果。下面再举几个例子。

例 1：据文献②，魏晋小冰期两个冷谷，最冷 450s ~ 530s，其次 270s ~ 350s，恰与运气辛未大运的司天在泉之寒湿对应。

摘要　根据魏晋南北朝时期的异常霜雪记载及植物物候记述，推算了中国东部地区部分年代及每 30年的冬半年温度距平；并结合有关自然证据，分析了魏晋南北朝时期中国的冷暖变化特征。主要结论有：1)魏晋南北朝时期中国东部冬半年温度距平较现代约低 0.5℃，最冷的 30年 (480s～500s)较现代约低 1.2℃，是一个可与小冰期相比拟的寒冷气候阶段。2)魏晋南北朝的温度存在"冷 - 暖 - 冷"世纪波动；其中两个冷谷为 270s～350s及 450s～530s，当时中国东部冬半年温度分别较现代低 0.5℃ (270s～350s)和 0.9℃ (450s～530s)；而 360s～440s虽然相对

辛未运：184 – 544 湿土司天　寒水在泉

辛未	初之气	二之气	三之气	四之气	五之气	六之气
184 – 543	184 – 243	244 – 303	304 – 363	364 – 423	424 – 483	484 – 543
客气	风木	君火	湿土	相火	燥金	寒水
主气	风木	君火	相火	湿土	燥金	寒水

根据吴宏岐等《隋唐时期气候冷暖特征与气候波动》③，隋唐至北宋气候变化大局与运气高度相关。

A. D. 544 – 903 年壬申大运，木运太过，相火司天，风木在泉。整体上旺木生火，是过去 2000 年中最热时段。

① 朱浒：《小冰期降临：1791—1850 年中国环境恶化趋势与应对》，《中国社会科学报》，2012 年 7 月 11 日。

② 郑景云、满志敏、方修琦、葛全胜：《魏晋南北朝时期的中国东部温度变化》，《第四纪研究》，2005 年 2 月。

③ 吴宏岐、党安荣：《隋唐时期气候冷暖特征与气候波动》，《第四纪研究》，1998 年 1 月。

结果表明，隋唐时期气候冷暖特征是以温暖为主，如与现代气候相比较，则当时年平均温度高1℃左右，气候带的纬度北移1°左右。包括南北朝晚期、五代、北宋中前期在内的隋唐温暖期(550－1050年)存在由温暖—寒冷—温暖的气候波动，其中的寒冷期持续时间约为150年左右(800－950年)，第一个温暖期550－800年和第二个温暖期(950－1050年)则分别为250年和100年左右。这一现象反映了在持续时间约500年的隋唐温暖期中有渐趋寒冷的趋势，而这正与中国近5000年来气候总体上由暖转寒的趋势相吻合。

544-- 903壬申相火：整体温暖：其中784-903寒水风木

904-1263 癸酉燥金：凉燥为主，其中904-963湿土964-1083相火燥金

壬申	初之气	二之气	三之气	四之气	五之气	六之气
544－903	544－603	604－663	664－723	724－783	784－843	844－903
客气	君火	湿土	相火	燥金	寒水	风木
主气	风木	君火	相火	湿土	燥金	寒水

第一温暖期 A. D. 550－800年对应于壬申运初之气、二之气、三之气、四之气。

第二温暖期 A. D. 950－1050年对应于癸酉运二之气、三之气。

癸酉	初之气	二之气	三之气	四之气	五之气	六之气
904－1263	904－963	964－1023	1024－1083	1084－1143	1144－1203	1204－1263
客气	湿土	相火	燥金	寒水	风木	君火
主气	风木	君火	相火	湿土	燥金	寒水

例2：癸酉大运燥金与玛雅文明崩溃，美国《科学》杂志2012年11月9日刊登一个报告，《干旱导致玛雅文明的崩溃》① 指出：从1020年开始，干旱持续近一个世纪，尘封了玛雅的命运。我们发现，904—1263年为癸酉大运，燥金司天，其中1024—1083年三之气燥金主事，主气相火，燥暑交攻。

① Kennett, D. J. etal: *Science advance online publication*, http://dx. doi. org/10. 1126/science. 1226299, 2012年访问。

而2003年瑞典胡格团队在《科学》杂志上的研究成果表明①，从公元9世纪开始，一场持续100多年的干旱控制了加勒比海地区。更详细的研究表明，在这干旱的100年中，公元810年、860年和910年左右发生了三次最严重的旱灾，持续时间分别为9年、3年、6年。这三次最严重旱灾发生的时间与考古学家发现的玛雅人的主要城市被废弃的时间相一致。我们发现这三次大旱与大运框架下的运气理论简单推演高度吻合。

AD810年处于壬申大运的五之气大司天燥金（784—844年），804—814年为该燥金的三之气燥金，而发生在810年前后9年大旱。A. D. 860年处于壬申大运的六之气大司天寒水（A. D. 844—904年），854—864年为大司天寒水的二之气燥金，对应于860年前后3年大旱。A. D. 910年处于癸酉大运的初之气，大司天风木（904—964年），其中904—914年为初之气燥金，对应于A. D. 910前后6年大旱。从中我们可以读出一些启示，运气大周期同样适用于加勒比海地区，响应相当明显，大司天仍可细分为更小的司天在泉。

假如我们把视野拓展到新石器时代：从距今9000年的辛亥起，依次为辛亥壬子癸丑、甲寅乙卯丙辰、丁巳戊午己未、庚申辛酉壬戌、癸亥甲子乙丑、丙寅丁卯戊辰、己巳庚午辛未、壬申癸酉甲戌，隔三个大运（360×3）必有一个持续百年的寒冷期，时段正好与辰戌丑未相合中寒水司天在泉相应，长周期的干湿变化、寒热变化与运气因子的对应比年周期好。辰戌丑未日不见得就是寒湿天气，辰戌丑未年气候偏寒湿的概率大，最近几个辰戌丑未大运中寒的时段都是寒的。

全新世影响最大的降温事件8.2ka，其强度约新仙女木事件一半，刚好在癸丑运（8.247ka～7.88ka），癸丑火运不及，湿土司天寒水在泉。5.8ka降温事件恰好在己未运（6.087～5.727ka）的寒水在泉阶段。4.8～4.5ka冷事件与寒水司天的壬戌大运重叠（4.92ka～4.56ka）。3.6ka前后降降温4℃，正好在乙丑运（3.927ka～3.567ka）寒水在泉时段。

视野进一步拓展到6.9万年以来：根据皇极经世，6.9万年贞下起元，开

---

① Haug, G. H.; D. Gunther, L. C. Peterson, and D. M. Sigman: *Climate and the collapse of Maya civilization*, 2003, 1731—735.

始邵雍的元会运世。在宇宙尺度的元会运世大周期中，此元为己丑元，开始于6.9万年，将于6.06万年后结束。距今约7万～1.15万年被称为大理—玉木冰期①，末次盛冰期是指大理冰期的最寒冷时期，即在距今2.5～1.5万年前②。我们注意到，己丑元的辰会在2.58～1.5万年前之间，辰有寒水司天、湿土在泉，接下来是巳会，巳乃风木司天相火在泉，对应于新石器大暖期。目前在午会，变暖趋势持续6500年后午会结束，将进入一个更大的冰期。

下图为1.8万年来的地球温度变化（From Wikipedia）：

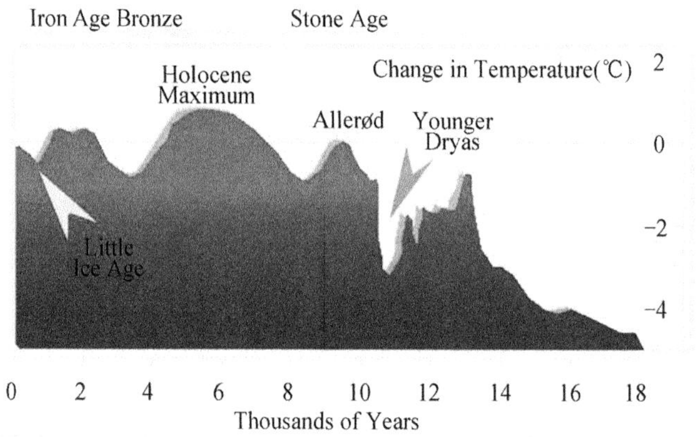

上图中，在1.5万～4300年前的巳会中，12.8～11.5ka（千年）前出现新仙女木降温事件，其中极冷区在12.6～12.3ka，恰在巳会二之气寒水（13.2～11.487），4千年附近的降温恰在午会初之气寒水（4.3～2.5）。

风木与风沙：2016年7月中国地质地球所发现③，北京风沙元凶库布齐沙漠多数流动沙丘于11500年前开始形成 。我们注意到，巳会风木三之气（11487—9687年前）风木司天当令，时间节点接近。

跨一步看上一个元（戊子）：2013.1.24*Nature*报道：从13万年前起格陵

---

① https：//baike.so.com/doc/2529385－2672228.html

② https：//baike.so.com/doc/1826296－1931438.html

③ Yang，X.，Forman，S.，Hu，F.，Zhang，D.，Liu，Z.，Li，H：*Initial insights into the age and origin of the Kubuqi sandsea of northern China*，2016年，第30—39页。

兰岛冰盖大规模融化①，厚度从 12. 8—12. 2 万年前，减少了约 400 米。12. 6 万年前最热，比现在高 8°。

宇宙尺度的元会运世大周期 19. 86—6. 9 万年前为戊子元，其中 13. 38—12. 3 万年前为戊子元戊午会，12. 84 万年前为戊子元的夏至。戊火运太过，君火司天，三之气火盛，故有此变。当下正处于己丑元（6. 9 万年前—A. D. 6. 06 万年）的庚午会（B. C. 2337—A. D. 8463 年）夏至之前，属于寒湿之夏，故推测目前全球变暖趋势将持续 6500 年，程度比格陵兰岛冰盖大规模融化，A. D. 8463 年之后进入大冰期，重现雪球地球现象（寒水在泉）。

二、邵雍大周期与中医千年流变

从上可知，经过调整后的邵雍元会运世干支运气结构与气候变化具有同步性。这种大趋势同样也体现在疾病谱和治疗应对策略上。

宋元期间邵雍之学逐步走进科举考试范围，周期演化思想得到很大的普

① *Eemian interglacial reconstructed from a Greenland folded icecore*：Nature. 493：489 – 494. January24，2013. Bibcode：2013Natur. 493 – 489N. doi：10. 1038/nature11789. PMID23344358。

及，一些学者自然而然地把周期嵌套思想与运气理论结合起来，主要有两个略有不同的运气大周期理论：韩懋皇极经世运气说和费启泰陆懋修六气大司天理论。另外还有人试图将玄空紫白说引入运气中，这里不做讨论。

明初韩懋（1441—1522 年）首先将运气理论与邵雍学说结合起来，根据宋元大运癸酉、明初大运甲戌解释多发病类型的变迁。《韩氏医通》自序："自开辟来，五气乘承，元会运世，自有气数，天地万物举不能逃。近世当是土运，是以人无疾而亦疾，此与胜国时多热不同矣（胜国时火运）。如俗称杨梅疮，自南行北，人物雷同。土湿生霉，当曰霉疮。读医书五运六气、南北二政，何以独止于一年一时，而顿忘世运元会之统耶？"

胜国指上一个朝代，距离韩懋生活年代已逾百年，这里的火运、土运不可能是后来的六气大司天，而是邵雍的大运。"近世当是土运"是指明初处于甲戌大运，按照邵雍《皇极经世》，1384 年到 1743 年为甲戌运（未调整），而 1024—1383 年为癸酉运（未调整）。甲为土运而癸属火运。

沿着韩懋的视野，我们发现，东汉末年起辛未大运，湿土司天而寒水在泉，中运水运不及，寒湿当令，张仲景《伤寒论》应运而生，魏晋方士喜服用燥热刚烈的五石散，有其运气的合理性。而后的隋唐期壬申大运（544—903 年）风木太过而相火司天，风热当令，五石散杀人，期间以清热为主，张仲景不受重视。而后癸酉（904—1263 年），火运不及，燥金司天而君火在泉，清燥为主。随后甲戌（1264—1623 年）大运，土运太过而寒水司天，湿土在泉，复活伤寒之说，首重温补。乙亥（1624—1983 年）大运，金运不及而风木司天，相火在泉，风温为胜，刚入此大运，吴有性（1582—1652 年）创立与伤寒论相异的温病学说。雍正、乾隆之后，相火在泉主事，叶天士（1666—1745 年）等温病大家名满天下，影响深远。为什么温病学说不流行于壬申、癸酉大运而流行乙亥大运呢？1984 年起丙子大运，中运寒水太过，《伤寒论》得以回归，火神派开始流行。我们通过全国有 60 年完整资料的所有气象站点进行统计发现，客运的气候响应非常明显，特别是寒水太过。套用于大运，1984—2055 年客运寒水太过，寒的作用应当大。火神派起于乙亥大运的六之气，主气寒水、客气相火、客运土运不及，大兴于丙子大运的初之气，主气风木、客气寒水，客运寒水太过。观以往学说，大致可解。

清初费启泰（1590—1677 年）总结家学经验时发现疾病特征存在大周期变化，于是按三阴三阳（六气各主60 年）依次变化的猜想，用以解释历代主流医家互相抵牾的医学主张，称之为大运，晚清陆懋修更名为六气大司天理论。

费启泰在《救偏琐言》（1659 年）自序中说："殆自甲子更始，于古法所以然者，渐觉不当。所必禁者，渐觉相宜。然犹不敢自信。窃见泥古而执成规者，不第崇补助阳，究所以然之故而不得。则当然者终难自信。谓其先天耶？何以今昔乃尔。谓其岁气耶？何以历年无改。""苦心参究于枕畔间，以思民病固因六气而转，六气之运，本阴阳太乙而分。时行物生，寒暑代谢。阴阳在岁位也。总持岁纪，充积其数。""阴阳有大运也。必甲子一周而一气之大成始伏。将来乃进。自不规规于岁位。而得满充积之数者。是则民病之改易，其应大运可知。盖大可以覆小。小难以该大。万化皆然。""逐年岁气，大运之散殊也。计岁位而纷更者，不明运气之大局也。"

《治痘须知大运论》是《救偏琐言》纲领性文章，阐明大运（即后来的六气大司天）与岁气关系，指出大运乃临证首要考虑的因素，此外文章记录了大司天相火在泉的特性和应对经验，非常宝贵。

"天以阴阳而运六气，运有小大，小则逐岁而更，大则60 年而易。"

"小大有不合，大运于阳，岁位居阴。是阳中之阴。犹夏日之亥子时也。"

"大运于阴，岁位居阳，是阴中之阳，犹冬日之巳午刻也。"

"民病之应乎运气，在大不在小。不可拘于小节，遗其本而专事其末也。病而于小大俱合，无论矣。有于大运则合，岁气相违者，自从其大而略变其间也，此常理也。"

"间有于小则合，于大相违，更有于大运、岁位俱违者，偶尔之变，亦当因其变而变应之，如冬温春寒，更有若夏令飞霜、隆冬雷电，时令不无怪异，民病岂无悖常？但不可以常理论之也。"

"总以大运为主，不以岁气纷更，强合乎病，又不设成见于胸。惟症为的，与司天不合而自合，应乎其近道矣。"

“若概谓当先岁气，毋伐天和，似非世则之言。尝稽东垣一以保脾为主，河间一以滋阴为重，子和一以荡涤为先，皆能表表于世，总得挈领提纲，故得一一本万殊之妙。至于痘症，有独取于辛热，有得意于寒凉，有扼要于保元，是亦治痘之明手，何不见有逐年之分别耶！要知大运之使然，非三氏之偏僻也。”

“余先君养恒，治痘肇于神宗初年（1572 年），以及谢事，大运寒水，痘多气虚，总归虚治，无不响应。自甲子（1624 年）而血热者渐多矣，其毒亦渐深矣。向补宜重者，变而宜轻，泄宜从轻者，变而宜重。历年以来，居然成一定局，间有宜温补者，不过百中一二而已，见大运转于相火矣。乃见前贤往哲，道虽不同，其趋一也。若使易地则皆然者矣。”

从行文可知，费启泰自序写于相火在泉主事的第六年，说：“大运在相火也。相火之为令最厉。民病多暴邪。阳烈火亢。极似水，惟此运为然。”

在费启泰基础上，王朴庄、陆懋修更名为六气大司天，更加详实地讨论了历代医学思想流变与六气大司天的关联。

陆懋修说：“本于外曾祖王朴庄先生引《内经》七百二十气凡三十岁而为一纪，千四百四十气凡六十岁而为一周，扩而大之，以三百六十年为一大运，六十年为一大气……遂以知古人之用寒用温，即各随其所值之大司天以为治。”

“欲明前人治法之非偏，必先明六气司天之为病。”

“古人之用寒用温，即各随其所值之大司天以为治。而在其人，道与时合。往往有不自知者，其人而当湿土寒水、寒水湿土之运，则以温散温补为治者，非偏矣。其人而当风火火风、燥火火燥之运，则以清泻清滋为治者，非偏矣。”

费启泰、陆懋修都采用列举法，不能排除偶然性，论证方法有不足。为此我和硕士生孙明以裘沛然、丁光迪主编的《中医各家学说》（第 2 版）、秦玉龙、尚力主编《中医各家学说》（第 9 版）、刘祖贻、孙光荣主编的《中国历代名医名术》所列医家为基础，进行系统搜集，以免片面性。借助前人权威的分析结果、对主要历代医家学术主张、用药偏好的进行统计，发现处于一、

二、五、六之气的医家主张与六气大司天契合的占76.5%，处于三、四之气的仅9.5%契合。假如用皇极经世大运改造大司天理论，即把360年当成一个“大年”，其主气模式为“厥阴、少阴、少阳、太阴、阳明、太阳”，即对调三、四之气的次序。调整后：整体上用药主张与“大年”的六气主气明显相符的占76.4%，说明“大年”的主气即相当于24节气的变化对疾病谱的大周期变化起主要作用。可见六气大司天理论解释一、二、五、六气相当成功但存在系统缺陷，可以通过改造融入调整后的皇极经世运气说中。

把干支年的运气规律，主气、客气、中运、主运、客运等运气因子用于邵雍大运，能够更好地解释历代医家学术流变，我曾经指导2012级硕士生孙明以此为毕业论文，对此作了初步探索，这里不做展开。

三、运气大周期与欧洲大疫

我们发现欧洲历史上的大疫均爆发于不同层次大周期运气结构很不和谐的时段，这种不和谐往往是中国同时代的医生所关注与应对的重点，这也可能是中国没有出现类似毁灭性大疫的原因之一。这里挑最著名的大疫略述一下，如毁掉罗马帝国的四次大瘟疫、黑死病、西班牙流感。

125年爆发罗马第一次大瘟疫，夺走一百万人的生命，166年爆发第二次大瘟疫，罗马人口被灭掉三分之一，君士坦丁堡的人口死了一半。两次大疫都处在庚午大运（B. C. 177—183年）的六之气（124—183年）客运土运太过，主气寒水，客气燥金，寒湿燥偏胜的大环境。125年乙丑，金运不及，湿土司天，寒水在泉；166年丙午，中运寒水太过，君火司天，燥金在泉。

罗马第三次大疫爆发于250年庚午，波及整个罗马，持续16年。庚午年金运太过，君火司天，风木在泉，时处于辛未大运（184—543年）的二之气（244—303年）主气、客气都是君火，客运寒水不及转风木太过。借用《圣济总录》的总结，辛未的二之气，“其病温历盛行，远近咸若，湿蒸相搏，雨及时降，宜治少阴之客，以咸补之，以甘泻之，以酸收之，岁谷用 。间谷用豆，乃无客热之害。”辛未而二之气是容易暴发疫情的时段，在周期中又遇到火热一片的小环境，更危险。

第四次 542 年壬戌，此次瘟疫之强大波及整个欧洲大陆，罗马帝国被摧毁。壬戌年风木太过，寒水司天，湿土在泉。时处于辛未大运（184—543 年）的六之气（484—543 年）客运金运不及，主气寒水，客气也是寒水，乃极寒之疫，无怪乎中国这段时间的方士正迷恋于燥热的五石散。这段时间也是魏晋小冰期的冷谷。可见四次大疫都处于容易产生大疫极端运气时段。

席卷欧洲的黑死病爆发于 1347 年 9 月，结束于 1354 年初。1347 年处于甲戌大运（1264—1623 年）的二之气（1324—1363 年），客运金运不及，主气君火，客气燥金。火燥当令。1347 年丁亥，木运不及，风木司天，下半年相火在泉主事，9 月处于四、五之气之交，秋高气燥，触发疫情。黑死病的运气环境是处于甲戌大运寒湿当令，金运不及而偏逢风火成势，与 250 年罗马第三次大疫相似，但又有不同。

1344—1353 年相当甲戌大运（1264—1623 年）二之气（1324—1383 年）这个甲子的三之气，大司天君火最盛，接下来 30 年燥金在泉当值，1354—1363 年相当四之气湿土主事，而 1354 年甲午，土运太过，君火司天（中运的力量往往大于司天），故疫情戛然而止。这个时段朱丹溪（1281—1358 年）提倡“阳常有余而阴常不足”，力主滋阴，有其道理。如果欧洲有中医，黑死病的损失将大大减少。

1918 年西班牙流感 H1N1 爆发，当时运气大背景是燥热。1918 年少阴君火司天，阳明燥金在泉，火运太过。1894—1923 年大司天为少阴君火主事，1918 年之前相当长时间处于全球性低温，气象与运气反差强烈，故疫情暴烈。

五之气（9/23～11/23）：主气阳明燥金，客气少阳相火，出现了死亡高峰，六之气（11/23～1/21）主气寒水、客气燥金，由于有寒的因素，死亡人数大减。1919 年的初之气（1/21～3/22）主气、客气都是风木，又出现一个小高峰。由于 1919 年年运湿寒为主，故疫情自动消退。

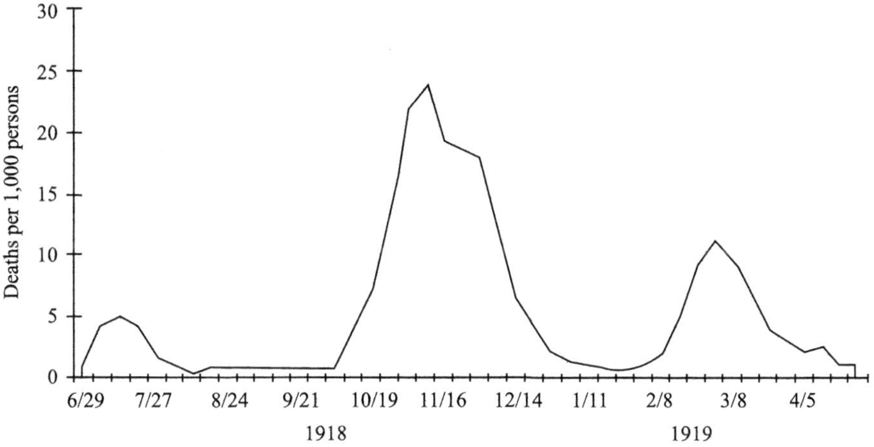

陆懋修指出这个甲子大势特点为热证："逮今同治三年，第七十七甲子（1864—1923年），又为阳明燥金、少阴君火用事。上海一隅霍乱盛行，尽为热证。时医以其手足厥逆，竟用丁、桂、姜，入口即毙，余于甲子年独以石膏、芩、连，清而愈之。"1918年的西班牙流感很快传到上海，发病众多，势甚猖獗，居民称之为"骨痛热""五日瘟"，当年死亡418人，翌年，又死亡483人。

对于传入的西班牙流感疫情，1918年11月6日定海县知事冯秉乾在上海《申报》发布《救治时疫之布告》，力荐银翘撒，"主治宜银翘散，有无咳嗽须分。药味照方加减，初起服之极灵"。

定邑城乡内外，近来疫症流行。由于天时亢旱，井河饮料不清，
加以人民习惯，多不讲究卫生，以致酿成疾病，性命危在俄顷。
民生疾苦如此，本县轸念殊深，特与医家考证，厥病是为风瘟。
主治宜银翘散，有无咳嗽须分。药味照方加减，初起服之极灵。
兹将各方列后，布告县属人民，凡有患此病者，不及延请医生。
赶紧照方买药，连服自可安宁。方药并非贵品，万勿吝惜钱文。
须知身命要紧，不可迷信求神，妄食香灰神水，转致误害己身。
按照清洁方法，大家认真实行，既于卫生有益，病患自然除根。
务望通人达士，解说不惜口唇，使彼无知乡愚，俾得一体遵循。

2009年同样出现甲流H1N1，同样是H1N1，虽然流行面广但病气温和，其根本原因在于运气条件不同。2009年土运不及，太阴湿土司天，太阳寒水在泉，大司天厥阴风木司天主事，实际气候持续偏低，加重运气的寒湿趋势，虽然流行面广但病气温和。可见应对疫病，我们应当更多地着眼于运气而不是局限于病毒。

1976年美国H1N1疫苗事件就是一个很好的例子，1976年丙辰太阳寒水太过，寒水司天，湿土在泉，时处于乙亥大运（1624—1983）六之气（1924—1983），主气即大司天寒水当令，大小周期都是寒盛，运气环境与1918年迥异，也许这才是导致该事件的关键因素。

四、宇宙尺度的元会运世大周期

1994年开始以自相似周期嵌套结构解读邵雍思想，并试图建立以一元为基础的宇宙大周期，这个宇宙大周期选用宇宙大爆炸为起点，当时解释能力不强，当时有研究极早期宇宙的朋友称之为玩具模型，事件时间、属性都对不上。后来发现新的数据对模型越来越有利，便以NASA的新数据为基础重新调整了大周期年表，发现很多重大事件发生在节气点上，从象数角度能够诠释很多现象，比如冬至与再电离、大寒与极低温、夏至与导致太阳系形成的恒星爆炸等等。现在处在秋分之后、白露之前，从现在看，宇宙已经步入暮年状态。

	子	丑	寅	卯	辰	巳
亿年前	137.98 冬至 130.98	123.9832 大寒 116.9848	立春 109.9864 102.988	95.9896 88.9912	81.9928 74.9944	67.996 60.9976
	午	未	申	酉	戌	亥
亿年前	53.9992 夏至 47.008	40.0024 大暑 33.004	立秋 26.0056 白露 19.0072	12.0088 秋分 5.0104		

另外，我们把宇宙大周期分成六十大甲子，一个大甲子管 2. 8 亿年，太阳系出现在丙申、丁酉之交。

亿年前	54. 00 ~ 51. 20	51. 20 ~ 48. 40	48. 40 ~ 45. 60	45. 60 ~ 42. 80	42. 80 ~ 40. 00
大甲子午会	甲午	乙未	丙申	丁酉	戊戌
亿年前	40. 00 ~ 37. 20	37. 20 ~ 34. 40	34. 40 ~ 31. 60	31. 60 ~ 28. 80	28. 80 ~ 26. 00
大甲子未会	己亥	庚子	辛丑	壬寅	癸卯
亿年前	26. 00 ~ 23. 21	23. 21 ~ 20. 41	20. 41 ~ 17. 61	17. 61 ~ 14. 81	14. 81 ~ 12. 01
大甲子申会	甲辰	乙巳	丙午	丁未	戊申
亿年前	12. 01 ~ 9. 21	9. 21 ~ 6. 41	6. 41 ~ 3. 61	3. 61 ~ 0. 811	0. 811 ~
大甲子酉会	己酉	庚戌	辛亥	壬子	癸丑

地球历史上有两个超级大冰期，一个是新太古代大冰期，一个是震旦纪大冰期，正好与亿年尺度运气寒水时段接近。未会的六之气太阳寒水（28. 3 亿年—26 亿年前），接下来是大甲子甲辰太阳寒水（26 亿年—23. 2 亿年前），连起来正好接近新太古代大冰期时段（28 亿年—23 亿年前，时段说法不一，仅供参考）。成冰纪即震旦纪大冰期（8. 5 亿 ~ 6. 35 亿年前），正好与大甲子庚戌太阳寒水（9. 21 亿年—6. 41 亿年前）接近。

<table>
<tr><td>大甲子</td><td colspan="6">庚戌
寒水司天
湿土在泉
金运太过</td></tr>
<tr><td>亿年</td><td colspan="6">9. 21 ~ 6. 41</td></tr>
<tr><td>大运</td><td>庚子</td><td>辛丑</td><td>壬寅</td><td>癸卯</td><td>甲辰</td><td>乙巳</td></tr>
<tr><td>亿年</td><td>9. 21 ~
8. 74</td><td>8. 74 ~
8. 28</td><td>8. 28 ~
7. 81</td><td>7. 81 ~
7. 34</td><td>7. 34 ~
6. 88</td><td>6. 88 ~
6. 41</td></tr>
<tr><td>成冰幻</td><td colspan="6">8. 5 亿年 ~ 6. 3 亿年
冰川覆盖地球表面大部分
7. 16 亿年赤道覆冰</td></tr>
</table>

8110 万年前进入大甲子癸丑（太阴湿土），前湿后寒，从 3400 万年前开始一路降温，可能将面临一个新的亿年尺度超级大冰期，我们正处于大冰期中的一个小的渐冰期中。下表为最近 12 个大运，红色代表温热，蓝色代表寒湿，下图为显生宙以来的北冰洋温度变化曲线①，不难发现温热的运气刚好对应高温时段，寒湿的运气对应低温时段。戊午大运是寒武纪以来最热的，寒武纪对应的戊申大运次之。己未、戊午是一个很明显的对照。

大运	戊申	己酉	庚戌	辛亥	壬子	癸丑
亿年	5.48～5.01	5.01～4.54	4.54～4.08	4.08～3.61	3.61～3.14	3.14～2.67
大运	甲寅	乙卯	丙辰	丁巳	戊午	己未
亿年	2.67～2.21	2.21～1.74	1.74～1.28	1.28～0.8113	0.8113～0.3448	0.3448～

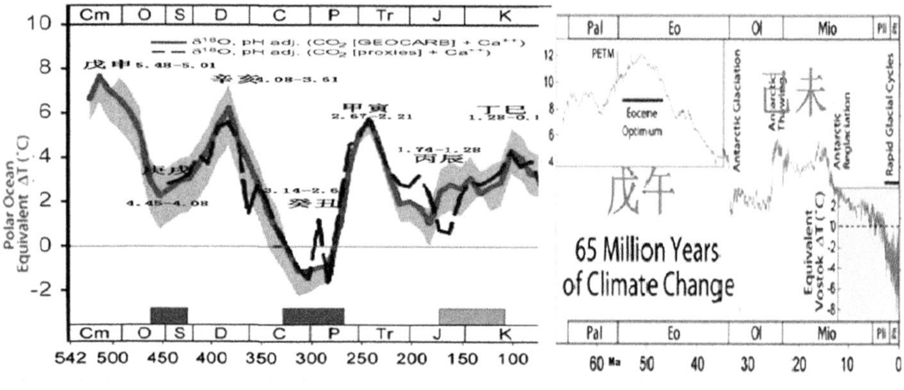

运气规律在大尺度表现明显，举两个特殊的例子说明。

甲寅大运庚午大世乙丑元（25201.14—25188.18 万年前），中点 25194.66 万年前相当大寒，25188.18 万年前相当立春。二叠纪、三叠纪之间的大灭绝是历史上最大的物种大灭绝，始于 25194.1 ±3.7 万年前，终于 25188.0 ±3.1

① https：//commons.wikimedia.org/wiki/File：65_Myr_Climate_Change.png

万年前，大约持续了6万年①，正好介于大寒、立春两个特殊节气之间。

6550万年前的恐龙灭绝事件②刚好处于戊午大运戊午大世甲子元丑会中点大寒前后（6550.08万年）。在年、日周期中，一年中大寒与立春之间往往是危重病人死亡高峰，也许年关的象义来自于此。一日丑时2—3点之间也是危重病人死亡高峰，2点对应大寒，3点相当立春。

宏观证据给我们一个信心，五运六气周期不决定于哪个具体的事件，它是一个周期节律，这种周期节律是可以从数学上推出来的周期嵌套。调整后的邵雍甲子周期运气结构可以粗略地解释最近几千年气候变化，比如冷事件、热事件。还有运气的细节，运气在不同尺度周期都有表现，大的周期表现大，小的周期表现小。用这个结构还可以解释这两千年来用药特点的变化，可以修正六气大司天理论。

综上所述，五运六气理论适合各个尺度的干支甲子体系，是自组织周期演化系统中的一个普适性理论。干支有理，运气有验，值得深入研究。

---

① Burgess：SD（2014）. *High-precision timeline for Earth's most severe extinction. Nature.* 111（9）：3316 – 3321. Bibcode：2014PNAS..111.3316B. doi：10.1073/pnas.1317692111. PMC 3948271? PMID 24516148.

② Schulte，Peter："*The Chicxulub Asteroid Impact and Mass Extinction at the Cretaceous-Paleogene Boundary*"：*Science. American Association for the Advancement of Science.* 327? （5970）：1214 – 1218. Bibcode：2010Sci...327.1214S. doi：10.1126/science.1177265. JSTOR 40544375. PMID 20203042.

自然国学评论

经典释读

《自然国学评论》第三号
第 073－106 页

再论《墨辩》之"侔"与"不是而不然"

——兼与诸葛殷同、周云之及谭戒甫先生商榷*

钱　爽　张耀南**

摘　要：《墨辩》之"侔"既需要满足《小取》篇的"比辞而俱行"，又需要满足《小取》篇的"有所至而正"。学界通说认为《小取》篇中"比辞而俱行"的情形有五，以理论说法总结分别是"是而然""是而不然""不是而然""一周而一不周"与"一是而一非"，并增补"不是而然"；而在《小取》篇原典中"比辞而俱行"的情形则并未把"不是而然"列入，这是有说法的。以诸葛殷同、周云之和谭戒甫先生为代表的学者依据学界通说的《小取》篇这五种"比辞而俱行"的情形中有"是而然""是而不然""不是而然"三种说法，衍生而出"不是而不然"这种说法，并主张增补"不是而不然"为墨"侔"正例或有效式（正确式）。如此则有必要回答如下问题："不是而不然"究竟是否属于墨"侔"正例或有效式、《小取》篇为何没有列出"不是而不然"、诸葛、周氏、谭氏三先生认

* 本文为国家社会科学基金重大项目"中华比较哲学文献资料编纂整理与研究"（项目号 19ZDA023）、北京市社会科学基金重点项目"中西哲学比较研究史论"（项目号 15ZXA005）、国家社科基金一般项目"中华比较哲学史论"（项目号 16BZX035）、全国文化名家暨"四个一批"人才项目"化西文献编纂及研究"（中宣办发［2015］49 号）的阶段性研究成果。因已有一文《〈墨辩〉之"侔"与"不是而不然"——兼与诸葛殷同先生商榷》刊于《中国哲学史》2018 年第 3 期，故本文称"再论"。

** 钱爽，比利时根特大学艺术与哲学学院南亚与东亚语言文化系暨荷兰莱顿大学人文学院哲学系博士研究生。张耀南，北京航空航天大学人文与社会科学高等研究院教授，博士生导师，哲学博士。

墨“侔”正例或有效式中有“不是而不然”之观点是否在论证与说明过程中本身就存在失误与偏差。

关键词：墨侔　比辞而俱行　有所至而正　同/异　不是而不然　诸葛殷同　周云之　谭戒甫

有学者发现《墨辩》，特别是其中的《小取》篇，在讨论“侔”的时候，虽然论及“是而然”“是而不然”“不是而然”这三种情形，但却缺少“不是而不然”。于是他们主张增补“不是而不然”作为墨“侔”的一种有效式，以弥补《小取》篇的不完整性。本文是对这一问题的探讨，拟解决以下三个主要问题：

第一，“不是而不然”究竟是否属于墨“侔”正例或有效式（正确式），还是属于墨“侔”反例或无效式（错误式）。

第二，《小取》篇原典为何没有列出“不是而不然”。事实上《小取》篇原典中只有“是而然”与“是而不然”，并无“不是而不然”，这又是为何。

第三，一些主张增补“不是而不然”为墨“侔”正例或有效式（正确式）的代表性学者，主张墨“侔”正例或有效式（正确式）中有“不是而不然”，此观点是否在论证与说明过程中本身就存在失误与偏差。

一、弁言：墨“侔”概况

《墨辩》① 中对“侔”的直接表述有两处，皆出现在《小取》篇中：先是“侔也者，比辞而俱行也”，再是“辞之侔也，有所至而正”。由这两句表述，便可大致得知何为“侔”，即具有“正”的性质的首辞与尾辞②相“比”且“行”的一种“说”（西洋逻辑之“推理”［inference］与之相当）的形式。由

---

① 本文中尽量以尊重《墨辩》原典为前提，不擅自篡改、增删或以既定之主观成见更订《墨辩》原典文字，藉此以符合笔者先定之大意。诚如沈有鼎所云：“注释《墨经》的书尽管越来越多，但是除了有时给人一些启发以外，一般说来都犯了一个极大的毛病，就是主观主义。《墨经》这书本来脱误极多，不易校勘。过去诂解《墨经》的人，除了早期的几位如孙诒让等不计以外，余者常常望文生义，先构成了一个主观成见，于是利用《墨经》一书脱误本来极多这话作为理由，任意改窜《墨经》的文字来适合自己的成见。”（沈有鼎：《墨经的逻辑学》，北京：中国社会科学出版社，1982 年版，第 1—2 页）

② “侔”的基本要素或单位是“辞”，一个“侔”要能够成立，必须首先保证至少有两个“辞”参与进来，而后才能将它们“比”且“行”在一起，并对它们进行“正”的性质考察，看看它们是否是“是而然”的情形。由于一个“侔”中可以至少有两个“辞”的参与，因此暂且假定一个“侔”中只有两个“辞”（两个上的“辞”参与的“侔”的情况与此大致相同），而一个“侔”中的两个“辞”是有先后出现顺序的，不妨称先出现的“辞”为“首辞”、后出现的“辞”为“尾辞”。

此可以看出，构成“侔”的基本要素或单位是“辞”，而“侔”要能够成立（即“侔”要能够“至”），就必须先满足两大条件：一是首、尾两辞须能够相“比”且“行”；二是首、尾两辞须符合“正”的要求。

学界通说认为，《墨辩》中首、尾两辞能够相“比”且“行”的情形总共有五种，亦皆出现在《小取》篇中：

> 夫物或乃“是而然”，或“是而不然”，或“不是而然”，或“一周而一不周”，或“一是而一非”也。①

“是而然”“是而不然”“不是而然”“一周而一不周”“一是而一非”这五种情形，从“辞”的层面来看，都可以满足“比辞而俱行”这一条件②，但并不能因此就完全保证上述这五种情形全都属于基于“比辞而俱行”建构起来的“侔”。还须考虑到“侔”得以成立的第二个条件——“正”。

《墨辩》中对“正”亦有相关表述。《经上》篇有云：

> 正无非。③

张之锐据《说文》中“正，是也”这一表述而曰“是必无非”④，张纯一

① 在《正统道藏》“太清部”的《墨子》原典中，《小取》篇的这句表述应为“夫物或乃‘是而然’，或‘是而不然’，或‘一周而一不周’，或‘一是而一不是（非）’也”。此处笔者所引用之表述乃学界通说的增闰“不是而然”这一内容后而成。

② 如“是而然”中，首辞“白马，马也”与尾辞“乘白马，乘马也”可以构成“白马，马也；乘白马，乘马也”（《小取》）的“比辞而俱行”；“是而不然”中，首辞“车，木也”与尾辞“乘车，乘木也”可以构成“车，木也；乘车，乘木也”（《小取》）的“比辞而俱行”；“不是而然”中，首辞“且斗鸡，非鸡也”与尾辞“好斗鸡，好鸡也”可以构成“且斗鸡，非鸡也；好斗鸡，好鸡也”（《小取》）的“比辞而俱行”；“一周而一不周”中，首辞“待周爱人”与尾辞“爱人”可以构成“待周爱人；（而后为）爱人”（《小取》）的“比辞而俱行”；“一是而一非”中，首辞“居于国，（则为）居国”与尾辞“有一宅于国，而不为有国”可以构成“居于国，（则为）居国；有一宅于国，（而）不为有国”（《小取》）的“比辞而俱行”。

③ 《经上》篇原典本作“缶无非”，但多数学者认为“缶”当作“正”解（参见杨俊光：《〈墨经〉研究》，南京：南京大学出版社，2002 年版，第 790、792—794 页），笔者此处从之。

④ 杨俊光：《〈墨经〉研究》，南京：南京大学出版社，2002 年版，第 793 页。

亦表示“非者是之反，背于正道也”①。若据此从墨“侔”的角度对这一表述进行理解，则墨“侔”中就必然只能含有“是”式表述而无“非”式表述在其中。再考虑“辞之侔也，有所至而正”这一表述，似乎就表明了“辞之侔也，有所至而‘无非’”之意。换言之，从构成形式上看，作为“侔”的基本要素或单位的（首、尾）“辞”中是不能有“非”或者添入“非”的情形出现的。这样看来，在“是而然”“是而不然”“不是而然”“一周而一不周”“一是而一非”这五种情形中，就只有“是而然”这一种“比辞而俱行”是无“非”的，而其他“是而不然”“不是而然”“一周而一不周”“一是而一非”等四种“比辞而俱行”都是有“非”的了。②

所以综合来看，既满足首、尾两辞相“比”且“行”，又满足首、尾两辞具有“正”的性质者，就只有所谓的“是而然”这一种情形。因此墨“侔”，也即墨“侔”正例或有效式（正确式），就是“是而然”本身；它也不存在所谓的“否定式”，一开始就是以“肯定式”的形式出现的。而之所以墨“侔”正例或有效式（正确式）即“是而然”情形，而非“是而不然”“不是而然”“一周而一不周”“一是而一非”等其他情形，关键就在于作为“侔”的基本要素或单位的“辞”的内部是否符合范畴“同”。笔者认为，“是而然”的情形只有在符合“同”的要求下才得以可能；只有符合“同”的要求的首、尾相“比”而“行”的两辞，才能符合“是而然”的情形，才是“侔”；首、尾相“比”而“行”的两辞不符合“是而然”的情形者不是“侔”，就是因为它符合范畴“异”的要求。因此，符合“同”就是属于肯定式的墨“侔”正例或有效式（正确式），无“非”；相反，不符合“同”（也即符合范畴“异”）则是属于否定式的误“侔”，也即墨“侔”反例或无效式（错误式），有“非”。范畴“同”（与范畴“异”）也由此成为衡量墨“侔”得以成立之标准。

---

① 张纯一：《墨子集解》，上海：世界书局，1936 年版，第 315 页。

② 在“是而不然”的情形中，有“非”或添入“非”者集中在“不然”这一部分；在“不是而然”的情形中，有“非”或添入“非”者集中在“不是”这一部分；在“一周而一不周”的情形中，有“非”或添入“非”者集中在“不周”这一部分；在“一是而一非”的情形中，有“非”或添入“非”者集中在“非”这一部分。

二、“不是而不然”：墨“侔”正例或有效式（正确式）？墨“侔”反例或无效式（错误式）？

《墨辩》中只提及有关“不是而不然”的具体例证（主要集中于《大取》篇），但并未将这些具体例证加以浓缩、概括并精炼为“不是而不然”这一情形的理论。因此，在《墨辩》中是找不到“不是而不然”这五个字的理论的，能够找到的则是诸如“求为之，非为之也；求为义，非为义也”（《大取》）、“专杀臧，非杀臧也；专杀盗，非杀盗也”（《大取》）、“昔者之虑也，非今日之虑也；昔者之爱人也，非今之爱人也”（《大取》）等符合“不是而不然”情形的具体例证。周云之先生根据《大取》篇列举的这些具体例证，自行归纳而得出“不是而不然”这一情形的理论，并认为这种“不是而不然”的情形不仅属于“侔”，而且更具体地说应当属于“侔”的否定式：

> “不是而不然”是《大取》篇中提出的“侔”式推论的否定式。即从否定的前提直接推出否定的结论。①

既然“不是而不然”是墨“侔”之一种，那么自然在周氏看来，“这种‘侔’式推论也没有违反‘侔’式推论的一般要求”②。不过在笔者看来，这种具有否定式的“不是而不然”之情形不能算是有效的“侔”，充其量只能算是形式上的“比辞而俱行”，因此它应当属于墨“侔”反例或无效式（错误式）。这是因为“不是而不然”之情形在内容上首、尾两辞都有“非”，可见“辞”中的内容项彼此之间存在着“异”、而非“同”（具体而言，“不是而不然”情形中首、尾两辞只符合“异”范畴，相较于“是而不然”“不是而然”“一是而一非”等情形虽有“异”但却在诸“辞”的内容项中至少有一“辞”符合“同”

① 周云之：《名辩学论》，沈阳：辽宁教育出版社，1996 年版，第 349 页。
② 周云之编著：《先秦名辩逻辑指要》，成都：四川教育出版社，1993 年版，第 188 页。

范畴的可能存在)。如“求为之”与“为之”、“求为义”与“为义”;“专杀臧”与“杀臧”、“专杀盗”与“杀盗”;“昔日之虑”与“今日之虑”、“昔日之爱人”与“今日之爱人”这些内容项之间都是有“异”而无“同”。既然不符合“同”范畴之要求,而是符合“异”范畴之要求,自然否定式的“不是而不然”就不是“侔”了,更非肯定式的“侔”之正例或有效式(正确式)。

或者从另一角度来看,既然“是而不然”“不是而然”“一是而一非”等既有符合“同”范畴又有符合“异”范畴之可能的情形都不属于“侔”,那么比这些情形“异”得更彻底的“不是而不然”就更不应属“侔”之列了。总之,“是而不然”“不是而然”“一是而一非”等与“不是而不然”,都无法像“是而然”那样,将“同”范畴在所有“俱行”之“比辞”中一以贯之而成“侔”。因此,“非”而“异”的“不是而不然”在笔者看来自然不属于墨“侔”以及墨“侔”正例或有效式(正确式),而应归入误“侔”以及墨“侔”反例或无效式(错误式)。

三、《小取》篇为何无“不是而不然”?——兼谈《小取》篇原典为何无“不是而然”?

在《正统道藏》“太清部”的《墨子》原典中,《小取》篇(以下简称“《小取》篇原典”)云:

> 夫物或乃是而然,或是而不然,或一周而一不周,或一是而一不是(非)①

---

① 有关该句表述究竟应依《小取》原典作“一是而一不是”,还是应采后人之说作“一是而一非”之讨论,可参见姚振黎:《墨子小取篇集证及其辩学》,台北:文史哲出版社,1978年版,第125—126页。在笔者看来,“一是而一不是”之表述可等价于“一是而一非”之表述,其中的“不是”可直接作“非”字解并转换之。笔者之所以有如此之观点,乃受后人释《经上》语“正无非”所启。张之锐据《说文》“正,是也”而曰“是必无非”(杨俊光:《〈墨经〉研究》,南京:南京大学出版社,2002年版,第793页),而杨俊光经考据校勘后认为“‘不非’也就是‘无非’”(杨俊光:《〈墨经〉研究》,南京:南京大学出版社,2002年版,第792页)。由“是”即“无非”、“无非”即“不非”,可得“是”即“不非”,则逻辑等值转换后自然得“不是”即“非”了。故“不是”可直接作“非”字解并转换之。但若引入“对分法”与“二分法”之别,则当另论。“是”与“不非”、“非”与“不是”为对分关系;“是”与“非”为二分关系。“不是”与“非”不得无条件转换。

也。(《小取》)

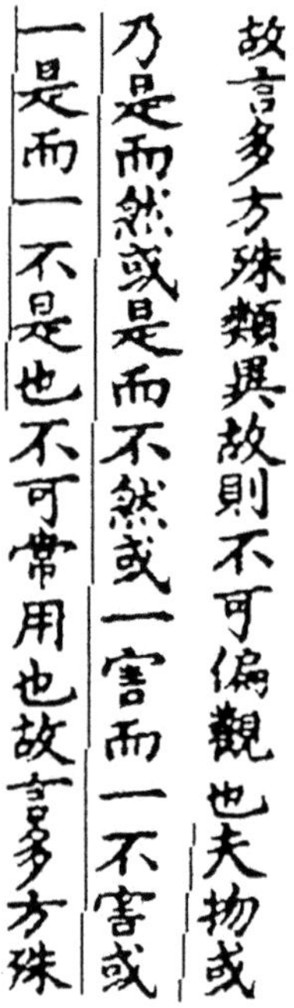
故言多方殊類異故則不可偏觀也夫物或
乃是而然或是而不然或一害而一不害或
一是而一不是也不可常用也故言多方殊

《正统道藏》“太清部”的《墨子·小取》原典中的相关表述

与前文所引学界通说不同，在《小取》篇原典这里，只有“是而然”“是而不然”“一周而一不周”“一是而一非”四种情形，没有“不是而然”这种情形，也没有“不是而不然”这种情形，但前文已述，在《大取》篇中却有着若干点到为止的“不是而不然”情形之具体例证。

诸葛殷同先生表示“《墨经》对‘不是而不然’的有效侔缺乏明确的陈述”①。诸葛视“不是而不然”为“有效侔”这一说法准确与否，此处暂不讨论（因为前文第二部分已述“不是而不然”为“无效侔”之种种理由，兹不赘述），但须要问的是：《小取》篇中为何会缺“不是而不然”这种情

① 诸葛殷同：《说侔》，载《中国哲学史研究》1989 年第 4 期。

形呢？为何在《小取》篇中未提及此情形、却在《大取》篇中有此情形之具体例证？究竟是《墨辩》思想之疏漏忽视，还是另有其原因？

笔者认为，这需要结合《墨辩》本身的具体语境才能得出解答。《小取》篇原典在论述“是而然”“是而不然”“一周而一不周”“一是而一非”这四种情形之前，是紧接着如下相关论述来说的：

> 是故辟、侔、援、推之辞，行而异，转而危，远而失，流而离本，则不可不审也，不可常用也。故言多方、殊类、异故，则不可偏观也。(《小取》)

上述论述中有关“侔”的部分论述表明，形式上看似是“比”的首、尾两辞，极容易因为一些偏误而无法实现“俱行”，最终亦因此而无法成为“侔”。那么是什么偏误会导致形式上相“比”之首、尾两辞会无法“俱行”、进而无法成为“侔”呢？就是“异”之使然。因此，上述论述中的“**行**而**异**”三字颇值玩味且应予重视，在笔者看来它是解读上述论述中有关“侔”的部分论述之关键——“行”与“比辞而俱行”之“行”有关、“异”与和“有所至而正”中符合“同”范畴之“正”相对的“非”有关。

换言之，《小取》篇谈及“是而然”“是而不然”“一周而一不周”“一是而一非”这四种情形，是为了说明首、尾两个相“比”之“辞”，若首辞无“非”且符合“同”范畴，并不能绝对地、必然地保证尾辞亦无“非”。在一些情形下尾辞（的内容项）可以正常“行”从而进入无“非”的、符合“同”范畴的境况中，进而可以实现“比辞而俱行”，最终成为“侔”；但在另一些情形下，倘若逻辑上稍有不慎，就会将尾辞（的内容项）“行”入有“非”的、符合“异”范畴的境况中，这时首、尾相“比”之两“辞”并不能实现真正意义上的“比辞而俱行”（即便能“行”，也是符合“异”范畴之“行”，而非符合“同”范畴的“正”之“行”，故说不能实现**真正意义上**的“行”），最终自然不能成为“侔”，反而是成了误“侔”/墨“侔”反例或无效式（错误式）。但是，人们在经验上却极有可能对这些实际上有“非”且符合“异”范畴的尾辞不易察觉，很容易将这些尾辞（的内容项）误认为是符合“同”范畴，从而不加“非”，最终不自觉地误把首、尾两辞归入“是而然”的情形中（当然不乏诡辩之徒有意、故意、刻意利用这一误解而视之为“是而然”的情形以利他用之情况发生）。

但如果首、尾相“比”之两“辞”，在首辞上就已经出现了有“非”的、符合“异”范畴的境况，那就已经无需赘言尾辞究竟是有“非”还是无“非”、符合“同”范畴还是符合“异”范畴了。这样首、尾相“比”之两“辞”必然无法实现“比辞而俱行”，最终必然不能成为“侔”。究其原因，就是因为首辞本身有“非”且符合“异”范畴，是否能实现真正意义上的“比辞而俱行”、是否能成“侔”的最终结论已然确定，不必对尾辞进行考察了，这样一来问题反而好办。但是，若首辞本身是无“非”且符合“同”范畴，就不敢这样轻易下定论，还须考察尾辞如何，而人们最容易出现“行而异”的情况，往往就是集中在考察尾辞这部分。尾辞一旦出现失误的问题，就比较棘手难办了。《小取》篇原典正是在这样的具体语境下，才只提出“是而然”“是而不然”“一周而一不周”“一是而一非”这四种情形的，其用意便在于提醒人们在逻辑上首辞若无“非”且符合“同”范畴，千万不要放松警惕，仍须注意尾辞依然会有有“非”且符合“异”范畴的可能情况出现。

这也就能够解释为何“不是而然”这一情形虽然本也应提及，但在《小取》篇原典的上述相关论述中却并未指出。许多学者认为是《小取》篇原典文字有脱漏，遂自行主张在原典的论述文字中增补“或不是而然”等字样①。这难道是《墨辩》之疏漏忽视吗？笔者认为非也，反倒是增补“或不是而然”等字样才是多此一举。究其原因，就是因为“不是而然”这一情形所表明的是一开始的首辞就是有“非”且符合“异”范畴者，那么尾辞具体而言究竟是有“非”且符合“异”范畴的“不然”，抑或是无“非”且符合“同”范畴的“然”，自然就不用费心思去深究了（《小取》篇中有“无难矣”三字，笔者认为这或许就意指如此）；而《小取》篇原典强调的则是首辞无“非”且

① 姚振黎：《墨子小取篇集证及其辩学》，台北：文史哲出版社，1978 年版，第 125 页。

符合“同”范畴者、尾辞如何如何云云。可见，“不是而然”之情形虽然的确存在，但终究与《小取》篇上述相关论述所言语境旨趣不合，故《小取》篇并未将此情形列入上述相关论述中而成为第五种情形，唯在《小取》篇后半部分有若干点到为止的“不是而然”之情形的具体例证，如云：

> 且夫读书，非好书也。且斗鸡，非鸡也；好斗鸡，好鸡也。且入井，非入井也；止且入井，止入井也。且出门，非出门也；止且出门，止出门也。若若是。且夭，非夭也，寿夭也。有命，非命也；非执有命，非命也。无难矣。(《小取》)

“不是而不然”这一情形未列入《小取》篇原典论述，与“不是而然”这一情形未列入《小取》篇原典论述，何其相似！二者都未在《小取》篇原典之理论或综论中加以说明而列为第五种、第六种情形，且二者在《墨辩》中皆有若干点到为止之具体例证（如“不是而不然”这一情形之具体例证出现于《大取》篇、“不是而然”这一情形之具体例证出现于《小取》篇后半部分）。若依笔者上述推断，用意自明矣！既然“不是而然”这一情形不符合《小取》篇原典相关之语境旨趣，那么首辞一开始本亦就是有“非”且符合“异”范畴的“不是而不然”这一情形自然亦不符合《小取》篇原典相关之语境旨趣了，遑论尾辞是“然”者抑或是“不然”者。可见，《小取》篇原典在说明“侔”本身及其误区时，是不考虑首辞有“非”且符合“异”范畴的所有情形的，因为这些情形及其理论说法的迷惑性和误导性要远小于“是而不然”“一周而一不周”“一是而一非”这些首辞无“非”且符合“同”范畴、但尾辞却有“非”且符合“异”范畴的错误情形及其理论说法。但是同时，并不能就此推断《墨辩》疏漏忽视了对“不是而然”“不是而不然”这两种情形本身的注意。事实上“不是而然”和“不是而不然”这两种情形在逻辑上毫无疑问是存在的，《墨辩》之《大取》篇与《小取》篇中也分别通过列举若干点到为止之具体例证表达出了对“不是而不然”“不是而然”这两种情形之关注，只不过《小取》篇原典相关之语境旨趣不必点明这两种情形而已。

所以，就“不是而不然”这一情形而言，可以说《小取》篇中未提及“不是而不然”之具体例证及其理论说法，但不能说《墨辩》中未提及“不是而不然”，因为《大取》篇中尚有“不是而不然”之具体例证，更不能用“疏漏忽视”等用语肤浅回应之。①

四、对增补“不是而不然”为墨“侔”正例或有效式（正确式）观点之商榷

有一些学者自行提出《墨辩》中并未出现的“不是而不然”这种情形，认为其也应当属于墨“侔”正例或有效式（正确式）。就笔者阅读之所及，这样的学者主要有诸葛殷同、周云之和谭戒甫先生。对于“不是而不然”是否属于墨“侔”正例或有效式（正确式），前文已经有明确结论——不属于。笔者在这一部分所要商榷的，是诸葛、周氏和谭氏三先生本身在论证与说明他们提出的“不是而不然”之合理性过程中所存在的失误与偏差所在。如若“不是而不然”之合理性在论证与说明过程中就已经出现失误与偏差，“不是而不然”属于墨“侔”正例或有效式（正确式）这一观点无须前文之学理分析，其本身亦就不攻自破了。

（一）与诸葛殷同先生商榷

诸葛殷同先生明确指出“有效的侔应有‘是而然’‘不是而不然’两

① 沈有鼎认为“不是而然”的情形“只是语言习惯的问题，并不见得特别合逻辑”（沈有鼎：《墨经的逻辑学》，北京：中国社会科学出版社，1982年版，第63页），而其他四种情形则逻辑性较强。以沈氏之观点来解释《小取》篇原典为何只提及“不是而然”这一情形之具体例证，似乎可以说是一家之言，但以此观点仍无法很好地解释《小取》篇原典为何未提及“不是而不然”这一情形之理论说法。

种形式”①，并且认为“《墨经》对‘不是而不然’的有效侔缺乏明确的陈述”②。那么，由诸葛提出的但《小取》篇中却并未以理论说法的形式提及的“不是而不然”本身究竟是否属墨“侔”正例或有效式？笔者认为，诸葛上述言论只说对了一半，即墨“侔”正例或有效式有“是而然”这一情形，但将“不是而不然”自行归入墨“侔”正例或有效式则颇值商榷。前文已述笔者所主张的“不是而不然”不应属墨“侔”正例或有效式之理由，兹不赘言，这里主要商榷的是诸葛对“不是而不然”应属墨“侔”正例或有效式在进行论证过程中本身就已经出现的逻辑失误与偏差。

且看诸葛所谓的“不是而不然”究竟是什么含义。诸葛列举了“马非牛；白马非白牛”作为“不是而不然”之范例③，并进行了如下说明：

> 如果把“马非牛”理解为“马是非牛”，运用“肯定式”附性法，应该得出结论“白马是白非牛”，不应该得出结论“白马是非白牛”。但由于“凡白非牛是非白牛”，因之还是可以得出结论“白马是非白牛”。④

诸葛由首辞“马是非牛”加“白”字而得尾辞“白马是白非牛”的这一推理过程，符合“加”的规则，这一点是没有问题的，但是却在整体的“说”的过程中出现了几处颇值商榷的地方。先看“马是非牛；白马是白非牛”这一诸葛所理解的“侔”能“说”的具体规则，在诸葛的思路中当经历如下四个阶段：

初阶——判断出“马”与“非牛”之间有符合“同”的情形（具体

① 诸葛殷同：《说侔》，载《中国哲学史研究》1989年第4期。
② 诸葛殷同：《说侔》，载《中国哲学史研究》1989年第4期。
③ 诸葛殷同：《说侔》，载《中国哲学史研究》1989年第4期。
④ 诸葛殷同：《说侔》，载《中国哲学史研究》1989年第4期。

而言符合“重同”或“类同”①)，故“马”与“非牛”之间无须有

① “重同”即“二名一实”，《经说上》篇就有“二名一实，重同也”之表述。“重同”，即虽然有“重”(即不同的两个或多个“名”，也可称作因“重”而导致的“异”，这是从“名”的层面来看的）的情形，但“重”中仍旧有“同”(即指称的是同一个“实”，而没有重复指称其他的“实”，也可称作因“同”而导致的“不重”，这是从“实”的层面来看的）的情形。简言之，“重同”之“重”在于“二名”、“重同”之“同”在于“一实”，这可谓“异”(“重”）中有“同”(“不重”)、“重”(“异”）中有“不重”(“同”)。“马”和“非牛”这两个不同的“名”是对同一种颈上有鬃、尾生长毛、四肢强健、善跑的哺乳动物对象之“实”的重复指称，此时就可以说“马”和“非牛”有同时指称同一种颈上有鬃、尾生长毛、四肢强健、善跑的哺乳动物对象之“实”这样一种“同”存在，此“同”也即“重同”。“类同”即“有以同”，《经说上》篇就有“有以同，类同也”之表述。“类同”，即实在之物之间存在着交叉的相同之处的这样一种“同”。设甲物与乙物为两个实在之物，则“类同”之情形当如下图所示有两种：

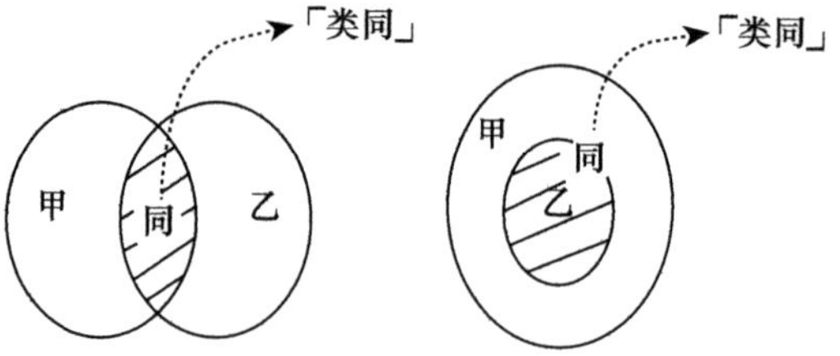

一种是如上左图的甲、乙两物有半交叉（部分交叉）关系，则此时“类同”存在于半交叉（部分交叉）部分；另一种是如上右图的甲、乙两物是含交叉关系，则此时“类同”存在于含交叉部分。甲、乙两实在之物由于是两物，因而这本身就说明了“异”是存在的（尽管在含交叉关系中一物包含于另一物中，甚至两物完全重叠，但两物毕竟是“两”物，因此还是有“异”的)，而相“异”之甲、乙两物又有交集部分，就交集部分而言又是存在着“同”的，自然可谓“异”中有“同”了。“马”与“非牛”是两类事物，但“马”属于“非牛”这一类中，换言之即“马”与“非牛”都有“马”的交集部分，因此可以说“马”与“非牛”有“同”，此“同”即“类同”。“马”与“非牛”有“马”的“类同”情形当如下图所示：

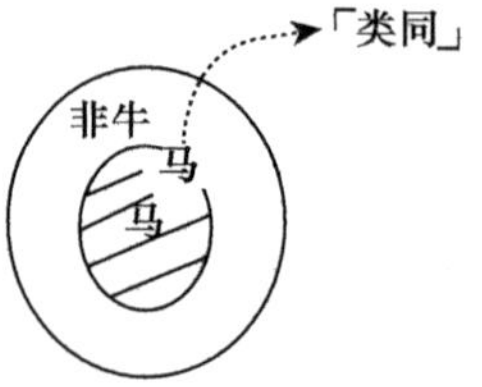

“非”。此时“马”与“非牛”之间就构成了**诸葛所认同的**“首辞”——“马是非牛”；

次阶——在**诸葛所认同的**“首辞”基础上，进行“加”字，使得作为主项的“马”加“白”字而成“白马”、作为谓项的“非牛”加“白”字而成“白非牛”，从而构成“白马是白非牛”；

三阶——判断出“白马”与“白非牛”之间有符合“同”的情形（具体而言符合“重同”或“类同”），故“白马”与“白非牛”之间无须有“非”。此时“白马”与“白非牛”之间就构成了**诸葛所认同的**“尾辞”——“白马是非白牛”；

末阶——将首、尾两辞相“比”而“行”，则**在诸葛看来**，首、尾两辞可共同构成一个“侔”，即“马是非牛；白马是白非牛”。

在这四个阶段中，次阶是有关“加”的步骤，所谓诸葛的推理过程符合“加”的规则，就是指在次阶这一阶段的推理步骤中诸葛是没有逻辑问题的。但是在初阶、三阶和末阶中，诸葛的逻辑问题就突显出来了，主要体现在以下几点：

首先，在“马是非牛”一辞中，“马”与“非牛”之间是用表示肯定性质的“是”联结的，如此可以从中引申出两大关键性结论：其一，确定无误的是“马是非牛”中主项与谓项分别为“马”与“非牛”，而非“马”与“牛”；其二，是作为首辞的“马是非牛”中“马”与“非牛”之间符合“同”范畴而非符合“异”范畴。第二个结论是建立在第一个结论的基础之上并与之紧密相连不可分的，因为若不是首先明确作为首辞的“马是非牛”中主项与谓项分别为“马”与“非牛”，而是明确主项与谓项分别为“马”与“牛”，那么“马”与“牛”之间必然是符合“异”范畴而非符合“同”范畴（具体而言符合“二”之“异”或“不类”

之“异”①)，如此一来就不必用表示肯定性质的“是”进行联结了，就可

① 《经说上》篇就有“二必异，二也”之表述。“二必异”之“二”，是相对于“重同”而言的一种“异”，即在“二名二实”的情形下所存在的一种“异”。具体说来，要出现这种“异”，其前提必须是先具备两“实”（彼“实”与此“实”）和两“名”（彼“名”与此“名”），而彼“名”只可用于指称彼“实”、此“名”则只可用于指称此“实”；且彼“名”与此“名”绝不相同，即不可用彼“名”指称此“实”，也不可用此“名”指称彼“实”。所以，“二”既是“名”有“二”，也是“名”所指称的“实”有“二”，万不可将其中的彼“名”此“名”与彼“实”此“实”（特别是彼“名”此“名”）都分别混淆视同（即认为彼“名”与此“名”都可以用来指称彼“实”或此“实”）。在这一前提下，若某甲面对彼“实”时，用指称彼“实”之彼“名”指称之，但某乙同时又用指称此“实”之此“名”亦指称之，这就“二”了，导致的结果就是“必异”。某甲面对一头趾端有偶蹄、头上有一对犄角的反刍类哺乳动物时指称其“名”为“牛”，但某乙则指称其“名”为“马”，那么此时某乙所指称之“名”——“马”就与某甲所指称之“名”——“牛”之间存在着“异”了（因为“马”这个“名”本来是不能用于指称一头趾端有偶蹄、头上有一对犄角的反刍类哺乳动物这个“实”的，它只能用来指称一匹颈上有鬃、尾生长毛、四肢强健、善跑的哺乳动物，而“牛”这个“名”则可以用来指称之)，此“异”即“二”之“异”。“不类”即“不有同”，《经说上》篇就有“不有同，不类也”之表述。“不类”，是相对于“类同”而言的一种“异”，即实在之物之间并不存在交叉的相同之处的这样一种“异”。设甲物与乙物为两个实在之物，则“不类”之情形当如下图所示：

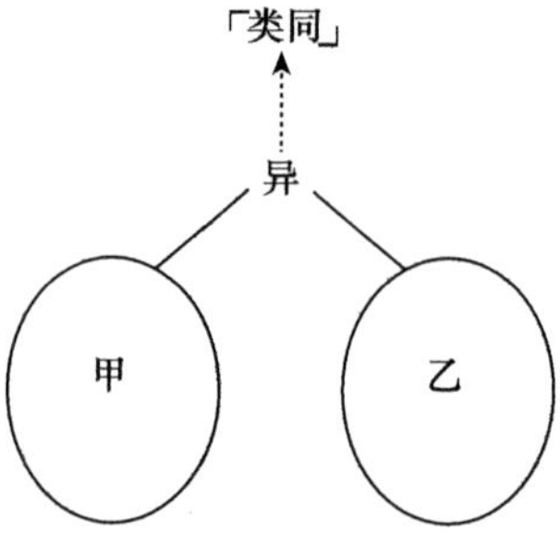

“马”与“牛”是两种完全相异的动物，换言之即“马”与“牛”二者本身并未有交集部分，因此可以说“马”与“牛”有“异”，此“异”即“不类”。“马”与“牛”有“不类”的情形当如下图所示：

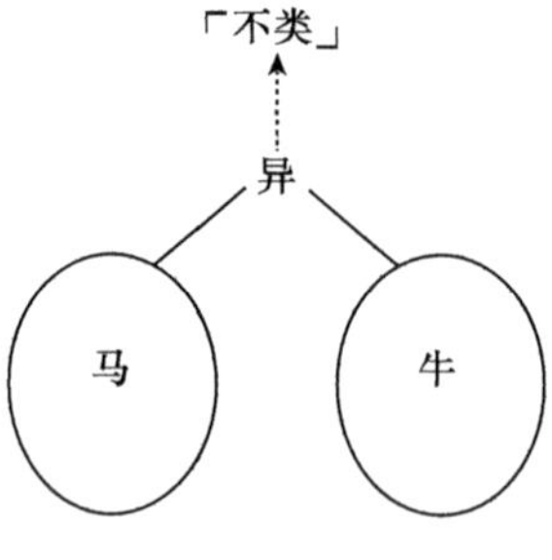

以直接表述为“马非牛”或“马不是牛”。因此总的说来，若在主项与谓项分别为“马”与“牛”、且二者之间符合“异”范畴而非符合“同”范畴的前提下，是不可能出现“马是非牛”这样的表述的①。既然用表示肯定性质的“是”进行联结，就表明首辞“马是非牛”中的主项与谓项之间无“异”、有“同”且无“非”，所以诸葛以“马是非牛”一辞作为首辞属“不是”之例在逻辑上就是有问题的了。同样，诸葛最后以“白马是非白牛”一辞作为尾辞属“不然”之例也存在如上所述的逻辑问题。

总之，诸葛把“马非牛”一辞作“马是非牛”解、把“白马非白牛”一辞作“白马是非白牛”解，实际上在这两辞上都采用“是”字解，就是将“马非牛”一辞视为形式上满足“是”或无“非”、将“白马非白牛”一辞视为形式上满足“然”或无“非”（此时“非牛”“非白牛”这类有“非”者之“非”，其实并非指形式上的有“非”，实乃本身含有“非”的内容在其中）。这样一来，诸葛所理解的“马非牛；白马非白牛”就应属“是而然”这一情形，而非其先定的“不是而不然”情形。

其次，“白马”与“白非牛”之间并不是绝对必然无“非”的，在某些情形下二者之间的确无“非”，但在另外一些情形下二者之间却存在着“非”。换言之，“白马是白非牛”这一辞并不是绝对成立的，用表示肯定性质的“是”字联结“白马”与“白非牛”这两个内容项并不是永远成立的。也就是说，“白马”与“白非牛”之间既有符合“同”范畴之情形，又有符合“异”范畴之情形，二者之间并不是永远都只有符合“同”的情形。“白马”与“白非牛”的关系之情形，当如下图所示：

① 由此亦可发现一则奥义，即“马是非牛”与“马非牛”这两辞，看似后者是由前者省略了“是”字转换而来，实际上两辞之间并非绝对等值转换的关系，这两辞之间严格说来也不允许发生“省略”这般的转换。

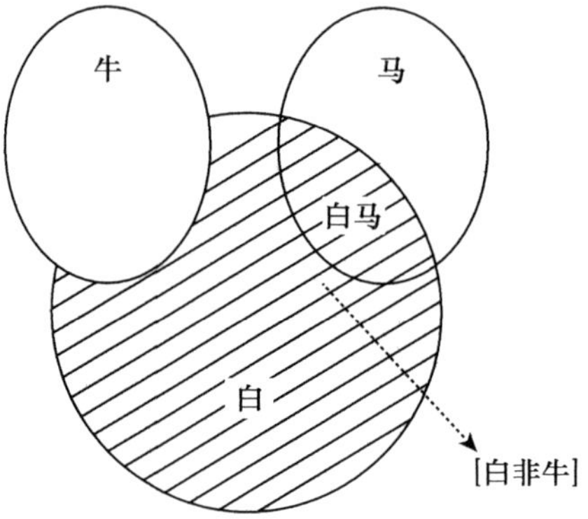

以“重同”之视角来看，“名”为“白马”者亦可以用“白非牛”这一“名”指称之（但反之，“名”为“白非牛”者却不可以用“白马”这一“名”指称之），故此时说“白马是白非牛”是成立的；

以“类同”之视角来看，“白马”包含交叉于“白非牛”中，换言之即“白马”与“白非牛”有“白马”这一交叉的相同之处，故此时说“白马是白非牛”亦是成立的。

这样，在“白马”与“白非牛”之间符合“重同”与“类同”的基础上，“白马是白非牛”一辞作为尾辞是成立的，再结合内容项“马”与“非牛”亦符合“同”的首辞“马是非牛”，可以得出如下结论：“马是非牛；白马是白非牛”应属“是而然”这一情形。

但若以“体同”① 之视角来看，虽然“白马”相对于“白非牛”而言

---

① “体同”即“不外于兼”，《经说上》篇就有“不外于兼，体同也”之表述。“体同”，即作为“体”的部分与作为“兼”的整体之间存在着某种或某些“同”，换言之也即“体”本身与“兼”本身存在着某种或某些“同”。“体”与“兼”本来是存在着“异”的两者——前者是部分、后者是整体，但彼此之间仍然还能存在着“同”，这也可谓是“异”中有“同”。例如，从一个整体的白色石头中分离出一个部分的白色石头，则分离出来的白色石头由于是部分、原来的白色石头由于是整体，因此前者可谓是作为“体”之石、后者可谓是作为“兼”之石，在“体”与“兼”这一层面上二者是有“异”的；不过，就颜色是白色的这一点而言，作为“体”的部分的白色石头与作为“兼”的整体的白色石头是有“同”的。换言之，即便作为“体”的白色石头由于分离从而脱离并独立于作为“兼”的白色石头而存在，但“体”与“兼”二者之间仍然有颜色是白色的这样一种“同”存在，此“同”即“体同”。

是作为“体”的部分，而“白非牛”相对于“白马”而言是作为“兼”的整体，然而“白马”与“白非牛”之间并不必然地存在某种或某些“同”，相反甚至可能存在某种或某些“不体”之“异”。例如，“白马”属“白非牛”“白犬”亦属“白非牛”，但“白马”并不等同于“白犬”。故此时说“白马是白非牛”是不成立的。这样，在“白马”与“白非牛”之间不符合“体同”却符合“不体”之“异”的基础上，“白马是白非牛”一辞作为尾辞是不成立的，尾辞应作“白马不是白非牛”方成立，再结合“马”与“非牛”符合“同”的首辞“马是非牛”，可以得出如下结论：“马是非牛；白马不是白非牛”应属“是而不然”这一情形。

总之，不管上述哪一种情况，按照诸葛的逻辑推理思路，“马非牛；白马非白牛”这一例只要解作“马是非牛；白马是非白牛”，就都不会出现属“不是而不然”的情形。倘若诸葛欲将“马非牛；白马非白牛”作“不是而不然”解，就应将“马非牛；白马非白牛”解作“马不是牛；白马不是白牛”，才能自圆其说。

再次，诸葛认为“凡白非牛是非白牛”，因此他原先将“马非牛；白马非白牛”作“马是非牛；白马是白非牛”解的例证中其结论本是“白马是白非牛”，在他看来又可以等值转换而衍生出另一个结论，即“白马是非白牛”。在诸葛的逻辑推理思路中，作为前提的“马是非牛”即前提具有“不是”的性质，作为结论的“白马是白非牛”虽然本身不具有“不然”的性质，但经等值转换而衍生出的作为结论的“白马是非白牛”便具有了“不然”的性质，如此则把“马是非牛；白马是非白牛”作为具有“不是而不然”的性质的例证便得以成立。

但是，诸葛的这一逻辑推理思路在笔者看来亦是有问题的。既然前提与结论的表述中都用“是”来联结，那么前提与结论中诸如“非牛”“非白牛”“白非牛”等有“非”者之“非”（特别是“非牛”与“非白牛”此二者），只能作为本身内容所含有之“非”。如此，则将诸葛原构的“马是非牛；白马是白非牛”和衍构的“马是非牛；白马是非白牛”这两种表述法稍加整理，其实便可以得出一组“是之同”与“然之同”① 之“辞”：

① 《大取》篇中所谓的“是之同”，即逻辑前提之间所存在之“同”（至于逻辑结论之间是有“同”还是有“异”，则不在“是之同”的考虑范围内）。这种“同”既是指逻辑前提之间有“同”（即都是发生在逻辑前提部分），也是指诸逻辑前提在形式上必须同时是“是”的形式，也即必须是无“非”的形式（逻辑前提在形式上若是有“非”者，则应表述为“不是”或“非”）。虽然在逻辑前提之间有“同”，但这些逻辑前提彼此又分属于不同的、相异的逻辑表述单位——“辞”中的一部分，故也可谓是“异”中有“同”。具体说来，逻辑前提之间形式上满足“是”或无“非”的情形有两种：一是内容相同、形式无“非”的逻辑前提。如：

> 盗人，人也；多盗，非多人也。（《小取》）
> 盗人，人也；爱盗，非爱人也。（《小取》）

便是形式无“非”，且内容都为“盗人，人也”的逻辑前提；二是内容不同、形式无“非”的逻辑前提。如：

> 车，木也；乘车，非乘木也。（《小取》）
> 船，木也；入船，非入木也。（《小取》）

便是形式无“非”，但内容分别为“车，木也”和“船，木也”的逻辑前提。《大取》篇中所谓的“然之同”，即逻辑结论之间所存在之“同”（至于逻辑前提之间是有“同”还是有“异”，则不在“然之同”的考虑范围内）。这种“同”既是指逻辑结论之间有“同”（即都是发生在逻辑结论部分），也是指诸逻辑结论在形式上必须同时是“然”的形式，也即必须是无“非”的形式（逻辑结论在形式上若是有“非”者，则应表述为“不然”）。虽然在逻辑结论之间有“同”，但这些逻辑结论彼此又分属于不同的、相异的逻辑表述单位——“辞”中的一部分，故亦可谓是“异”中有“同”。具体说来，逻辑结论之间形式上满足“然”或无“非”的情形亦有两种：一是内容相同、形式无“非”的逻辑结论。如：

> 乘白马；乘马也。（《小取》）
> 乘骊马；乘马也。（《小取》）
>
> 爱获；爱人也。（《小取》）
> 爱臧；爱人也。（《小取》）

便是形式无“非”，且内容都为“乘马也”或“爱人也”的逻辑结论；二是内容不同、形式无“非”的逻辑结论。如：

> 好读书；好书也。（《小取》）
> 止且入井；止入井也。（《小取》）

便是形式无“非”，但内容分别为“好书也”和“止入井也”的逻辑结论。

"是之同"——即逻辑前提同为"马是非牛"（内容相同、形式无"非"）的"辞"构成的逻辑结论之间存在着的"同"；

"然之同"——即由"白马是白非牛"与"白马是非白牛"这两个内容不同、形式无"非"的"辞"构成的逻辑结论之间存在着的"同"。

既然诸葛原构的"马是非牛；白马是白非牛"和衍构的"马是非牛；白马是非白牛"这两种表述中既有"是之同"，又有"然之同"，那么无论是"马是非牛；白马是白非牛"这种表述还是"马是非牛；白马是非白牛"这种表述，前提都具有"是"的性质、结论都具有"然"的性质。这样，无论是"马是非牛；白马是白非牛"这样的表述，还是"马是非牛；白马是非白牛"这样的表述（当然诸葛是想把关注重点放在"马是非牛；白马是非白牛"这一表述上，而非过多关注并侧重"马是非牛；白马是白非牛"这一表述），依诸葛的说法来看，都应当是"是而然"情形之典例，而非"不是而不然"情形之典例。由此可见，诸葛在阐述"不是而不然"情形之具体例证的过程中，逻辑上是存在着不恰当之处的。

又次值得商榷处，便在于诸葛所说的"凡白非牛是非白牛"这一表述。若这一说法**必然地**成立，则它是使得尾辞由原本具有"然"的性质（"白马［是］白非牛"）转变为具有"不然"的性质（"白马［是］非白牛"）之关键，亦是"不是而不然"这一情形得以必然成立之关键；若这一说法**并非必然地**成立，那么尾辞就不必然地具有"不然"的性质，进而"不是而不然"这一情形也就不是必然成立的了。

"白非牛"之情形，当如下图所示：

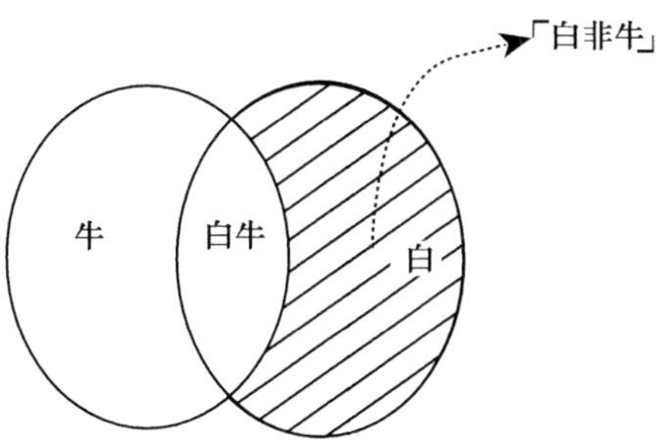

而“非白牛”之情形，当如下图所示：

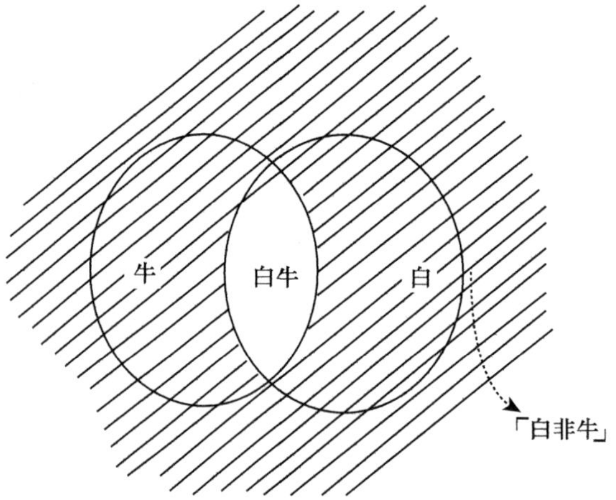

以“重同”之视角来看，“名”为“白非牛”者亦可以用“非白牛”这一“名”指称之（但反之，“名”为“非白牛”者却不可以用“白非牛”这一“名”指称之），故此时说“凡白非牛是非白牛”是成立的；

以“类同”之视角来看，“白非牛”包含交叉于“非白牛”中，换言之即“白非牛”与“非白牛”有“白非牛”这一交叉的相同之处，故此时说“凡白非牛是非白牛”亦是成立的。

但若以“体同”之视角来看，虽然“白非牛”相对于“非白牛”而言是作为“体”的部分，而“非白牛”则是作为“兼”的整体，然而“白非牛”与“非白牛”之间并不必然地存在某种或某些“同”的情形，相反甚至可能存在某种或某些“不体”之“异”的情形。例如，“白马”属“白非牛”者、“黄牛”属“非白牛”者，但“白马”并不等同于“黄牛”。故此时说“凡白非牛是非白牛”是不成立的。

所以综上来看，“凡白非牛是非白牛”在诸如“重同”、“类同”之视角下是必然成立的，但在如“体同”这样的视角下却并不必然地总是成立。因此，用“凡”冠以“白非牛是非白牛”这一命题或判断在西洋形式逻辑同一律思维下或许是恰当的，但在中华逻辑的“同”思维下却是不当的。诸葛只立足于且局限于西洋形式逻辑视角，未能从更宏大的中华逻辑语境下的“同”视角，来考虑其中的深刻内涵，自然其所得出之命题或判断会有不当之处。

（二）与周云之先生商榷

周云之先生表示"'有非之异，有不然之异'的'不是而不然'就是侔式推论的否定形式了"①，并列举了这种"不是而不然"的具体例证②：

> 人之鬼，非人也；兄之鬼，兄也。祭人之鬼，非祭人也；祭兄之鬼，祭兄也。

周氏指出，该例"肯定'人之鬼，非人也'和'祭人之鬼，非祭人也'这两个命题是同真的，而这两个命题之间则是一种完全有效的侔式推论否定式"③。换言之在周氏看来，首辞为"人之鬼，非人也"、尾辞为"祭人之鬼，非祭人也"的两辞可以构成一个"不是而不然"情形之"侔"。

若依周氏之思路，则该"侔"应属"加侔"④，理由就是周氏曾表示，"侔"式推论就"是指原命题的主谓词并非同类，附性（或关系）之后仍然没有改变主谓词之间的异类关系，那就可以由'不是'（否定命题）而推出'不然'（否定命题）"⑤。因此，**在周氏看来**，墨"侔"当属"复杂概念推理"或"关系推理"，即"在原命题中附加等同关系词的一种推理，这种推理也就相当于传统逻辑中的复杂概念推理"⑥。不过，此所谓"复杂概念推理"或"关系推理"，亦不过是属于具备"附"（或"加"）的特点之"加侔"。既然**周氏认为**所有的"侔"都是属于"加侔"的"复杂概念推理"或"关系推理"，那么周氏所举的"侔"的例证"人之鬼，非人也；祭人之鬼，非祭人也"**在**

---

① 周云之主编：《中国逻辑史》，太原：山西教育出版社，2004年版，第152页。

② 周云之主编：《中国逻辑史》，太原：山西教育出版社，2004年版，第152页。

③ 周云之主编：《中国逻辑史》，太原：山西教育出版社，2004年版，第152页。

④ 所谓"加侔"，即尾辞较首辞增加了一定的字词（这里说的"加侔"中增加的所谓"一定的字词"，本身并没有具体、明确而特定的词性规定或限制），使得尾辞总字数要多于首辞，且首尾两辞得以相"比"而"行"之"侔"。

⑤ 周云之编著：《先秦名辩逻辑指要》，成都：四川教育出版社，1993年版，第188页。

⑥ 周云之主编：《中国逻辑史》，太原：山西教育出版社，2004年版，第151页。

周氏看来亦是属于“加侔”的“复杂概念推理”或“关系推理”了。那么进一步推敲一下，**周氏所理解的**“人之鬼，非人也；祭人之鬼，非祭人也”这一所谓的“加侔”是否真的符合“加”的规则呢？

“人之鬼，非人也”这一“辞”中分别作为主项和谓项的“人之鬼”与“人”之间存在着“异”的关系（具体而言可以是“二”之“异”的关系，即“人之鬼”与“人”这两个“名”分别指称的是不同的两个“实”，且不可互换指称之；亦可以是“不类”之“异”的关系，即“人之鬼”与“人”不存在交叉的相同之处)，所以内容项“人之鬼”与“人”之间有“非”，从而使得“人之鬼”与“人”最终表述为“人之鬼，非人也”而成为首辞。这应当是没有什么问题的。

不过，按照“加”的规则，加字需要建基于首辞“人之鬼，非人也”本身才能进行“加”，故（加字后的）主项和谓项应当分别是“祭人之鬼”与“祭非人”（而不是“祭人之鬼”与“非祭人”）。而这两个内容项之间有存在着“同”的关系的可能（如存在着“重同”关系，或存在着“类同”关系①），所以无“非”，因而“祭人之鬼”与“祭非人”最终表述为“祭人之鬼，祭非人也”而成为尾辞；当然“祭人之鬼”与“祭非人”之间亦有存在着“异”的关系的可能（如存在着“不体”之“异”的关系，比如说属于“祭人之鬼”的“祭人之鬼”并不等同于属于“祭非人”的“祭天”)，所以此时则有“非”，因而“祭人之鬼”与“祭非人”最终表述为“祭人之鬼，非祭非人也”而成为尾辞。

总之，不论如何，严格按照“加”的规则，最终都不会出现“祭人之鬼，

---

① “祭人之鬼”与“祭非人”的图示分别如下：

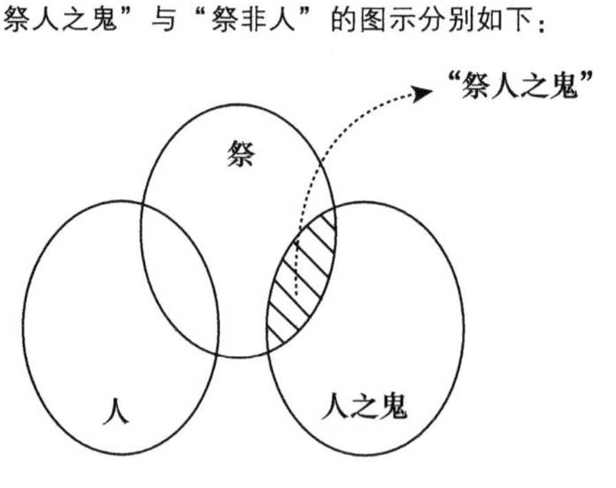

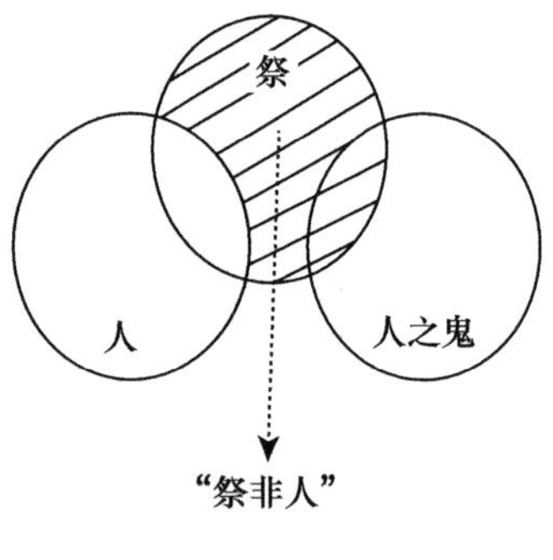

非祭人也”这样的尾辞表述。这样看来，与“人之鬼，非人也；祭人之鬼，祭非人也”和“人之鬼，非人也；非祭非人也”相较，“人之鬼，非人也；祭人之鬼，非祭人也”就不符合“加”的规则了①。换言之，后者的这种“不是而不然”的情形并非绝对必然存在的，事实上存在的且符合“加”的规则者应当是如前者“人之鬼，非人也；祭人之鬼，祭非人也”和“人之鬼，非人也；非祭非人也”这种“不是而然”的情形。②

此外，周氏举“人之鬼，非人也；祭人之鬼，非祭人也”之例以证明《墨辩》中有“不是而不然”之情形存在③，诚如诸葛殷同所云：“《小取》所说‘人之鬼，非人也……祭人之鬼，非祭人也；祭兄之鬼，乃祭兄也’之间还有一句‘兄之鬼，兄也’。掐头去尾地说‘人之鬼，非人也；祭人之鬼，非祭人也’乃‘不是而不然’的侔。根据似嫌不足”④。以笔者前文所述观之，完整的表述“人之鬼，非人也；兄之鬼，兄也。祭人之鬼，非祭人也；祭兄之鬼，乃祭兄也”实际上是由两组“换”字之“比”辞构成：一组是“人之鬼，非人也；兄之鬼，兄也”（把“人”替换为“兄”）；另一组是“祭人之鬼，非祭人也；祭兄之鬼，乃祭兄也”（把“人”替换为“兄”）；合成的完整表述亦是由“人之鬼，非人也；兄之鬼，兄也”和“祭人之鬼，非祭人也；祭兄之鬼，乃祭兄也”分别作为首、尾辞的“换”字之“比”辞所构成（把

---

① 至于“祭非人”是否可以必然地等价于“非祭人”，可参见笔者于前述正文中对“凡白非牛都是非白牛”并不总是能够成立之论述，得出“凡祭非人都是非祭人”亦非总是能够成立。

② 张家龙先生与周氏一样，承认“人之鬼，非人也；祭人之鬼，非祭人也”是“附加关系的‘不是而不然’的‘侔’式推理”（张家龙：《论〈墨经〉中“侔”式推理的有效式》，载《哲学研究》1998 年）。但该例正如笔者于正文中所述，并不符合“加”的规则，故张氏与周氏皆视其为“附加关系”是不恰当的。事实上该例乃至其他多数符合所谓“不是而不然”情形之例证在笔者看来较为符合“换”的规则，若以“换”的规则考察之，较能说得通。

③ 杨沛荪先生观点与周氏趋同，他表示“‘侔’式推论的否定式，即从否定的前提推出否定的结论……就是对这种由‘不是’而推出‘不然’之否定式的概括。《小取》篇中的‘人之鬼，非人也；……祭人之鬼，非祭人也’，就是‘侔’式推论否定式的具体表述”（杨沛荪主编：《中国逻辑思想史教程》，兰州：甘肃人民出版社，1988 年版，第 118—119 页）；张家龙亦表示“‘人之鬼，非人也；祭人之鬼，非祭人也。’这就是‘不是而不然’”（张家龙：《论〈墨经〉中“侔”式推理的有效式》，载《哲学研究》1998 年），此亦与周氏、杨氏观点同。

④ 张家龙：《论〈墨经〉中“侔”式推理的有效式》，载《哲学研究》1998 年。

“人”替换为“祭人”、把“兄”替换为“祭兄”)[1]。当然，由于“人之鬼，非人也；兄之鬼，兄也。祭人之鬼，非祭人也；祭兄之鬼，乃祭兄也”中有“非”的情形，因此在笔者看来，严格意义上这并不是肯定式的墨“侔”正例或有效式（正确式），而是墨“侔”反例或无效式（错误式）。

与上述这种“掐头去尾”而“似嫌不足”者类似的情况，还有张家龙举“多盗非多人也，恶多盗非恶多人也”和“无盗非无人也，欲无盗非欲无人也”两例以证明此例亦属“不是而不然”情形之列[2]。《小取》篇原典之完整表述当为“盗人，人也；多盗，非多人也；无盗，非无人也。类以明之。恶多盗，非恶多人也；欲无盗，非欲无人也”。故由完整之行文逻辑观之，张氏也是将原本符合“加”的规则（“盗，人也；多盗，非多人也”，增加“多”字；“盗，人也；无盗，非无人也”，增加“无”字）或符合“换”的规则（“多盗，非多人也；无盗，非无人也”，把“多”字替换为“无”）的“比”辞情形“掐头去尾”而得。

更有篡改《墨辩》原典以使其文本内容强行符合自身所提“不是而不然”之说者。如周云之先生云“《小取》篇中由‘盗，非人’而推出‘恶盗，非恶人’也是一个有效的侔式推论否定式”[3]，其中就完全无中生有了所谓的《小取》篇原文（因为《小取》篇原文中根本就不存在所谓的“盗，非人”这样的论述，存在的原文只有“盗，人也”）；杨沛荪先生云“《大取》篇还有‘臧，非其亲也；爱臧，非爱其亲也。利臧，非利其亲也’，也是‘侔’式推论的否定式”[4]，这就将《大取》篇原文“以臧为其亲也而爱之，非爱其亲也；以臧为其亲也而利之，非利其亲也”本符合“换”的规则（把其中的“爱”替换为“利”）之“比”辞情形篡改为符合“加”的规则之“比”辞情形。

---

① 当然，周氏自己也深知，“这里虽然不是直接讨论侔式推论否定式的有效形式的，而是讨论由‘人之鬼，非人也’不能有效地推出‘兄之鬼，非兄也’所包含的规则问题”（周云之主编：《中国逻辑史》，太原：山西教育出版社，2004 年版，第 152 页），但他仍肯定“‘人之鬼，非人也’和‘祭人之鬼，非祭人也’这两个命题是同真的，而这两个命题之间则是一种完全有效的侔式推论否定式”（周云之主编：《中国逻辑史》，太原：山西教育出版社，2004 年版，第 152 页），在笔者看来这确实有断章取义之嫌。

② 张家龙：《论〈墨经〉中“侔”式推理的有效式》，载《哲学研究》1998 年。

③ 周云之主编：《中国逻辑史》，太原：山西教育出版社，2004 年版，第 152 页。

④ 杨沛荪主编：《中国逻辑思想史教程》，兰州：甘肃人民出版社，1988 年版，第 119 页。

此外，周氏与杨氏还表示，“不是而不然”这一说法实出自《大取》篇原文①，此亦是无中生有之谈②，读者务必明辨而慎察之。

（三）与谭戒甫先生商榷

谭戒甫先生在解读完《小取》篇中的“是而不然”和“不是而然”两种情形之后，遂提出了他所持的“不是而不然”观点，其云：

> 上节“是而不然”，本节“不是而然”，皆即大取篇之“不是而不然”，所谓“有非（即不是）之异，有不然之异”；盖起句承句皆为辞各异也。”③

然而在《大取》篇原典文字中，是无法找到“不是而不然”这五个字的原版表述的，那么谭氏又是因何而得出“大取篇之‘不是而不然’”这一说法的呢？在谭氏的上述论述中，他本人已经说明了他所认为的《大取》篇中“不是而不然”这一说法的来源所在：“上节‘是而不然’，本节‘不是而然’，皆即大取篇之‘不是而不然’”，加之谭氏有“盖起句承句皆为辞各异也”这一说法，由此便可以推断“不是而不然”一说在谭氏这里实乃“是而不然”与“不是而然”的择一情形（即要么择“不是而然”构成其中之“不是”，要么择“是而不然”构成其中之“不然”），而非“是而不然”与“不是而然”的结合情形（即将“是而不然”中的“不然”与“不是而然”中的“不是”相结合）；又由于谭氏表示“……大取篇之‘不是而不然’，所谓‘有非（即不是）之异，有不然之异’”，故具体说来所谓“不是而不然”是“是而

① 如周氏云“‘不是而不然也’（《大取》）就是‘侔’式推论的否定形式”（周云之编著：《先秦名辩逻辑指要》，成都：四川教育出版社，1993年版，第188页），杨氏云：“《大取》篇中的‘不是而不然也’，就是对这种由‘不是’而推出‘不然’之否定式的概括。”（杨沛荪主编：《中国逻辑思想史教程》，兰州：甘肃人民出版社，1988年版，第118页）

② 诸葛殷同就明确表示“《墨经》并没有提出‘不是而不然’的侔来”（诸葛殷同：《说侔》，载《中国哲学史研究》1989年第4期）。

③ 谭戒甫：《墨辩发微》，北京：中华书局，1964年版，第400页。

不然”与“不是而然”的择一情形也就是《大取》篇中的“有非之异”① 与“有不然之异”二者中择其一而成（即要么择“有非之异”中的“非”［或“不是”］构成其中之“不是”，要么择“有不然之异”中的“不然”构成其中之“不然”），而非“有非之异”与“有不然之异”二者结合而成（即将“有非之异”中的“非”［或“不是”］与“有不然之异”中的“不然”相结合）。

那么，在谭氏眼中，“不是而不然”是“是而不然”与“不是而然”的择一情形，或者说“不是而不然”是“有非之异”（或“有不是之异”）与“有不然之异”的择一情形，其具体意思究竟是什么呢？谭氏通过举例的方式对该问题作出了明确回答②。所谓“不是而不然”，在谭氏看来即：

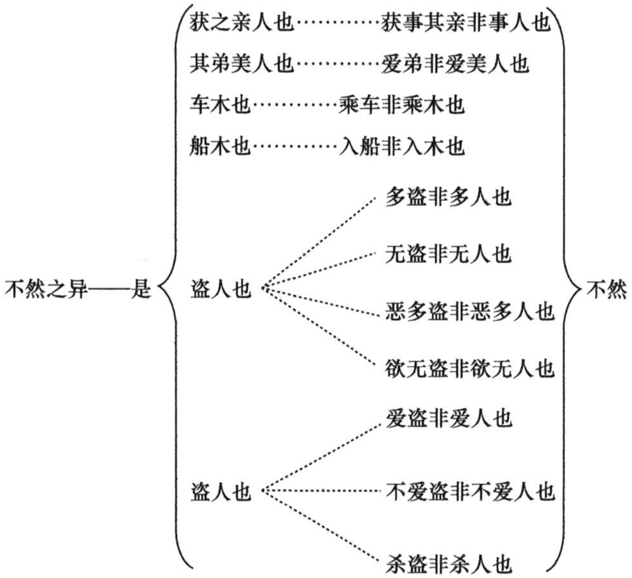

① “非”本身可以转换为“不是”这一表述，《小取》篇原典文字中在前半部分采用“一是而一不是”这一表述，而在后半部分举例说明“一是而一不是”这一表述时其实又将“一是而一不是”作“一是而一非”解，可见“不是”与“非”在《小取》篇中可作等值互逆转换。笔者在前述脚注中已经有对“不是”可直接作“非”字解并转换之加以说明，这里意在表明“非”亦可直接作“不是”二字解并转换之。故“有非之异”亦可作“有不是之异”解，谭氏在“非”字后标注“即不是”三字，其道理及用意亦在于此。如此，则“有不是之异”对应强调的是“不是而然”这一情形中的“不是”部分，而“有不然之异”则对应强调的是“是而不然”这一情形中的“不然”部分。引入“对分”与“二分”之异，则“非”与“不是”不可作等值互逆转换。

② 谭戒甫：《墨辩发微》，北京：中华书局，1964 年版，第 400—401 页。

不是之异——不是

- 且读书非读书也…………好读书好书也
- 且关鸡非关鸡也…………好关鸡好鸡也
- 且入井非入井也…………止且入井止入井也
- 且出门非出门也…………止且出门止出门也
- 且夭非夭也…………寿非夭也
- 有命非命也…………非执有命非命也

然

由谭氏上述对他所认为的“不是而不然”情形所进行的举例说明，可以发现诸例中有“是”的同时**有且只有**“不然”的情形，或者有“不是”的同时**有且只有**“然”的情形。由此便可以推知谭氏所谓的“不是而不然”实际上指的要么是“是而不然”的情形、要么是“不是而然”的情形，而非指的是“不是”与“不然”并存在一起的情形。换言之用“不是**或**不然”① 这一表述来理解谭氏的“不是而不然”会更准确②，也就是说，谭氏所认为的“不是而不然”中的“而”字当作“或”字解。

然而笔者却认为，若基于《墨辩》之整体语境，“而”字并不能作“或”解，或者说“而”并不能等同于“或”。理由有二：

1. 首先，《墨辩》中虽未见有“不是而不然”这样的五字表述，但却有与之相仿的其他表述出现，如“是而然”“是而不然”“不是而然”“一周而一不周”以及“一是而一非（不是）”（《小取》）这些表述，它们都是用“而”字进行前后联结的，其所表达的意思分别是：

---

① 《小取》篇中对“或”有相关解释，即“或也者，不尽也”，而“尽”在《墨辩》中释为“尽，莫不然也”（《经上》）。所以“或”的意思即“不尽”，也即“不‘莫不然’”之意。

② 若具体分析，“不是或不然”意即“不是”与“不然”这两种情形**至少出现其中的一种情形**，则“不是或不然”原则上应当包含如下三种以“而”的方式联结的情形在内：（一）“不是而然”；（二）“是而不然”；（三）“不是而不然”。又由于本来就欲以“不是或不然”替换表述“不是而不然”，加之谭氏所举诸例中要么只单方面出现“不是”、要么只单方面出现“不然”，没有“不是”与“不然”双方同时出现的例证，故笔者将第（三）种情形舍去，保留第（一）（二）两种情形。这也是笔者得出“‘不是而不然’实际上指的要么是‘是而不然’的情形、要么是‘不是而然’的情形，而非指的是‘不是’与‘不然’并存在一起的情形”这一推理的理由所在。

（1）“是而然”意即“是”与“然”并存在一起的情形；

（2）“是而不然”意即“是”与“不然”并存在一起的情形；

（3）“不是而然”意即“不是”与“然”并存在一起的情形；

（4）“一周而一不周”意即“周”与“不周”并存在一起的情形；

（5）“一是而一非（不是）”意即“是”与“非（不是）”并存在一起的情形。

谭氏本人亦专门对其中的“是而然”做过详细解读，他认为：

> 此“是而然”者，起句承句同为正辞，盖即大取篇所谓“是之同，然之同”也。①

并亦举例说明之：

是之同：
- 白马马也…………乘白马乘马也
- 骊马马也…………乘骊马乘马也
- 获人也…………爱获爱人也
- 臧人也…………爱臧爱人也

：然之同

由谭氏上述对“是而然”情形的举例说明，可以发现诸例中有“是”的同时**有且只有**“然”的情形。由此便可以推知所谓的“是而然”实际上就是笔者上文所说的“是”与“然”同时存在的情形，因此这里的“而”字并不能用“或”来解（也即不能把“是而然”解读为：要么是“是而不然”的情形、要么是“不是而然”的情形，而非指的是“是”与“然”并存在一起的情形”）。再反观谭氏对“不是而不然”的举例说明，便会发现他在解读“是而然”与“不是而不然”时所使用的解读手法和解读程序虽然都相同，但却在分别解读“是而然”与“不是而不然”二者时采用了双重标准，并不能连贯一致地将二者统一说明：谭氏在解读“是而然”时是视“是”与“然”**能**

① 谭戒甫：《墨辩发微》，北京：中华书局，1964 年版，第 393 页。

够并存的，中间用“**而**”字前后联结；而在解读“不是而不然”时谭氏却视“不是”与“不然”是**不能并存**的，中间却依然用“**而**”字前后联结。再进一步对《墨辩》(特别是《小取》篇）原典中诸如“是而然”“是而不然”“不是而然”（该情形在原典中有具体例证及由具体例证归纳而得的该情形之理论说法)、“一周而一不周”“一是而一非（不是)”等表述之具体例证进行考察，亦会发现《墨辩》原典本身用“而”字将前项与后项相联结时，其所表达出来的含义是前、后两项是**可以并存**（而不是不能并存）的。从这一点便可以看出，谭氏在举例说明过程中自己就出现了双重标准和前后矛盾，故由此可推得谭氏将“不是而不然”中的“而”字作“或”解是不恰当的。

2. 其次，《小取》篇中有两段表述对“而”与“或”二字之含义有清晰之界定，即：

> 马四足者，一马而四足也，非两马而四足也。(《小取》)
>
> 马或白者，二马而或白也，非一马而或白。(《小取》)

第一段表述中的“一马而四足”便是用“而”将前项“一马”与后项“四足”相联结，旨在表明作为前项的“一马”与作为后项的“四足”是同时并存的，意即在正常情况下“一马”必定与“四足”相搭配而成立（[正常情况下] 一马有四足)。而第一段表述中的“非两马而四足”中添加了“非”，则表明作为前项的“两马”与作为后项的“四足”无法同时并存，意即在正常情况下“两马”并非与“四足”相搭配而成立（而是应当与“八足”相搭配而成立，[正常情况下] 两马有八足)。

如果说《小取》篇中的上述两段表述中第一段表述说明了“而”字具有联结前、后两项并使之相搭配而同时并存的含义，那么第二段表述则不仅说明了“或”字所具有的含义，还突显出了“而”与“或”这两个概念之间的关系。

“二马而或白”用“而”将前项“二马”与后项“或白”相联结，旨在表明作为前项的“二马”与作为后项的“或白”是同时并存的，意即在正常情况下说“二马”有“或白”则会有三种成立之可能存在——此马有白**而**彼马无白；此马无白**而**彼马有白；此马有白**而**彼马有白。每一种可能中的前、后两项因为用“而”字联结，故都是必然相搭配而同时并存的。简言之，即只有在具备至少两匹马的前提下，说“其中至少有一匹马是白的”这一表述才是能够成立的。

由上述分析，便可以得出基于《墨辩》之整体语境，“而”与“或”概念分别之学理含义。“而”概念的学理含义即具备前、后联结**至少两个要素**的功能，且使得前、后联结的这至少两个要素**同时并存成立**；“或”概念的学理含义即具备前、后联结**至少两个要素**的功能，且使得前、后联结的这至少两个要素其中**至少要有一个要素成立**。[①] 若以彼、此两要素为单位来举例具体言之，则“彼而此”指的是彼与此**同时并存成立**；而“彼或此”则指的是彼与此**至少有一个成立**，具体即要么彼成立此不成立、要么彼不成立此成立、要么彼成立此也成立。这样便会发现，当“彼或此”作“彼成立此也成立”这一可能情形解时，“彼或此”方才与“彼而此”相等同。换言之即“而”（“彼而此”）只能表示出一种情形，且这种情形只是“或”（“彼或此”）所能表示的三种情形中的一种，故由此可推得“而”（“彼而此”）乃“或”（“彼或此”）之特例或特殊情形。

再反观谭氏所谓的“不是而不然”说法及其所列举之诸例，便会发现这些例证要么是属于“彼成立此不成立”者（即“不是”成立、“不然”不成立的“不是之异”），要么是属于“彼不成立此成立”者（即“不是”不成立、“不然”成立的“不然之异”），总之应做除将“不是或不然”做“不是而不然”解之外（即除做“不是”与“不然”都成立的“彼成立此也成立”者解之外）的其他“不是或不然”之情形解，这就恰好将“而”与“或”相等同的这一可能性排除。故此时谭氏所谓的“不是而不然”中的“而”字是不能作“或”字解的。

---

① 当然，“或”的意蕴可能还更为丰富，有待另撰文详论之。这里对“或”的分析是基于对《小取》篇中“马或白者，二马而或白也，非一马而或白”这两段表述的分析而做出的结论，但这一结论用于本文之说理足矣。

除上述两大理由可反驳谭氏之“不是而不然”说法不确切外，还有另外一确实之证据可与之商榷，即在《大取》篇中虽然并未出现“不是而不然”这五个字的精确表述，但是却的确出现了“不是”与“不然”并存在一起的“不是而不然”情形的具体例证，如：

求为之，非为之也；求为义，非为义也。(《大取》)

专杀臧，非杀臧也；专杀盗，非杀盗也。(《大取》)

昔者之虑也，非今日之虑也；昔者之爱人也，非今之爱人也。(《大取》)

笔者以为，谭氏切不可罔顾《大取》篇原典文字这一客观事实，而另造、别造、生造“不是”与“不然”无法并存在一起的“不是而不然”情形而以为然。因此，“不是而不然”应当指的不是“是而不然”与“不是而然”的择一情形，亦不是“有非之异”（或“有不是之异”）与“有不然之异”的择一情形，而指的就是“不是”与“不然”并存的这样一种唯一情形。这是笔者务必指出并与谭氏进行商榷之处。

五、结语

综上所述，墨“侔”的界定必须严格围绕《小取》篇中的“侔也者，比辞而俱行”和“辞之侔也，有所至而正”这两句表述之界定切入。前者是从形式上对墨“侔”进行界定，后者则是从内容上对墨“侔”进行界定，可谓是形式与内容兼重。由这两句表述之界定切入，经由全文之论述，便可以对本文开头提出的三个主要问题进行回答：

第一，墨“侔”正例或有效式（正确式）唯有“是而然”这一种肯定式，其余的否定式如“是而不然”“不是而然”“一周而一不周”“一是而一不是（非）”乃至“不是而不然”皆属墨“侔”反例或无效式（错误式）。

第二，《小取》篇原典中无“不是而然”及“不是而不然”这两种情形之说法，实际上是与《小取》篇中与“行而异”相关之语境旨趣有着密切关联，而非《小取》篇之疏漏所导致之不完整性。

第三，以诸葛殷同、周云之和谭戒甫先生为代表的学者，主张增补“不是而不然”为墨“侔”正例或有效式（正确式），认为墨“侔”正例或有效式（正确式）中有“不是而不然”。此种观点是否在论证与说明过程中本身亦存在着或多或少之失误与偏差，对这些失误与偏差进行商榷亦是十分必要的。①

---

① 参考文献：[1] 沈有鼎：《墨经的逻辑学》，北京：中国社会科学出版社，1982 年版。[2] 杨俊光：《〈墨经〉研究》，南京：南京大学出版社，2002 年版。[3] 张纯一：《墨子集解》，上海：世界书局，1936 年版。[4] 周云之：《名辩学论》，沈阳：辽宁教育出版社，1996 年版。[5] 周云之编著：《先秦名辩逻辑指要》，成都：四川教育出版社，1993 年版。[6] 姚振黎：《墨子小取篇集证及其辩学》，台北：文史哲出版社，1978 年版。[7] 诸葛殷同：《说侔》，载《中国哲学史研究》1989 年第 4 期。[8] 周云之主编：《中国逻辑史》，太原：山西教育出版社，2004 年版。[9] 张家龙：《论〈墨经〉中“侔”式推理的有效式》，载《哲学研究》1998 年增刊（《“中国名辩学与方法论研讨会、道家与西方研讨会、冯友兰哲学思想研讨会”优秀论文精选》）。[10] 杨沛荪主编：《中国逻辑思想史教程》，兰州：甘肃人民出版社，1988 年版。[11] 谭戒甫：《墨辩发微》，北京：中华书局，1964 年版。

《自然国学评论》第三号
第 107 - 133 页

《墨经》中光学八条研究述略
——“三款六式”框架下的解析

高牧原*

摘　要:“三款六式”作为一种分析和认知框架，常见于《墨经》和诸多中华文本当中。本文对《墨经》中光学八条及其相关理论做出较为系统的研究和梳理，并试图在“三款六式”范式下对其进行分析，以期充分挖掘《墨经》科学思想及其意义，亦欲推动“三款六式”理论的进一步发展。

关键词:《墨经》　光学八条　三款六式　景　鉴

* 高牧原，河北邢台人。中国科学院大学人文学院科学技术史专业博士研究生，研究方向为中国近现代科技史，科学思想史。

一、绪论

1. 墨子与《墨经》

墨子（生卒年不详），名翟，墨家学派的创始人，也是战国时期著名的思想家、教育家、科学家、军事家。他提出了“兼爱”“非攻”“尚贤”“尚同”“天志”“明鬼”“非命”“非乐”“节葬”“节用”等宝贵的思想，并创立了以数学、物理学为突出成就的一整套科学理论，均载于其著作《墨子》中。现存《墨子》一书，由墨子自著和弟子记述墨子言论两部分组成，原书共计15卷71篇，宋朝多散佚，至清代编《四库全书》时，仅存53篇，遗失了18篇，其中8篇只有篇目而无原文。文章由小及大、连类比譬、逐层推理，典型如《非攻》，语言质朴无华，造句遣词口语化。

《墨经》约完成于周安王十四年（耶前388年）。《墨经》，又称《墨辩》，《墨子》的一部分，指今本《墨子》中的《经上》《经下》《经说上》《经说下》《大取》《小取》6篇，是后期墨学作品，主要是讨论认识论、逻辑和自然科学等问题，是对先秦时代科学成就的重要记录。

2. 光学八条及其研究

《墨经》光学八条是现代科学家对战国时的思想家墨子所著《墨子》一书中，关于《经下》及《经说下》（意即对《经下》的解释）中关于光学的记载（包括光影关系、小孔成像、面镜成像三部分）的称法。由于此类记载在《经下》与《经说下》中各为八条，故称光学八条。此八条文字表达简洁，内容深刻，体现了物理学研究中的实验法，为中国乃至世界历史上最早的体系化的光学论述。李约瑟评：“比任何我们所知的希腊的为早。印度亦不能比拟。”① 钱临照评：“这八条文字的本身是经作者缜密考虑，把它排成一个很合乎科学意义的次序，这绝不是偶然的事……这样有条理的完整记

① ［英］李约瑟：《中国之科学与文明》（第七册），台北：台湾商务印书馆，1980年版。

载，文虽前后仅八条，确乎可称为两千多年前世界上伟大光学著作。”①

除了对《墨子》或《墨经》的各家整体校注中对光学八条有所涉及外，清代冯澂的《光学述墨》是第一本专门注解《墨经》中的光学条目的书，也是第一本直接运用大量西方光学知识注解《墨经》的书，首次实现了系统的墨家光学理论综述。李约瑟《中国科学技术史》中物理学部分着重提及了《墨经》的光学部分，但一些解读不尽明晰。建国和改革开放时期，随着民族自信的回升，钱临照、方孝博之后又另有徐希燕、叶兴浩、寇培林等以论文形式进行了专门化的研究。

3. 作为分析框架的“三款六式”

张耀南在比较中西哲学的基础上，由问答学和逻辑学生发，提出“三款六式”这一具有普适性的“公共哲学框架”②，钱爽则运用这一框架对《墨经》中的“知源”问题进行了细致梳理和分析③。

“三款六式”之“三款”为直款、不款和绕款，每款又分为死活二式，共计六式，合称“三款六式”，亦可称为“中华格式”，或曰“中华操作系统”。张云：“总之，在文、史、哲不分之时代，三款六式框架普遍存在；在文、史、哲分治之今天，这个框架依然普遍有效；比较研究兴起之后，更是逃不出此框架。”④

张耀南、钱爽进一步运用“三款”框架解析《墨经》之“侔”，强调中国哲学中形式、内容与实质的兼顾，指出了西洋逻辑分析中国经典易出现顾此失彼之过。⑤ 此外，张耀南、张伟伟利用“三款六式”框架解析中国干群关系，丰富了干群理论的内涵，体现了“三款六式”思维范式的现实指

---

① 钱临照：《古代中国物理学的成就Ⅰ论墨经中关于物理学力学和光学的知识，物理通报》1950年第1卷第3期。

② 张耀南：《“三款六式”：一个“公共哲学框架”之构建》，新视野，2015年5月。

③ 钱爽：《〈墨经〉“知源”之“三款六式”框架新解》，新视野，2015年5月。

④ 张耀南：《“三款六式”：一个“公共哲学框架”之构建》，新视野，2015年5月。

⑤ 张耀南、钱爽：《也谈〈墨经〉之“侔”——墨“侔”三款之我见兼商榷》，《贵州民族大学学报》（哲学社会科学版）2016年第3期。

导意义。①

事实上，墨家所涉领域甚杂，在整个墨辩的逻辑体系之下，“三款六式”同样可见于逻辑学之外其他领域的研究，《墨经》中的数学、物理学、工学亦不例外。以下笔者便以其中著名的“光学八条”为例，以“三款六式”为框架，对其光学理论及其各家注说进行系统的理析。

二、光学八条之章句分解

分解，是为逐个理析此八条之要义与前贤诸论，并附笔者之案。如我们所见，其研究注释之庞杂实在难以在一项研究中尽数展现，加之许多文献的遗失或难于获得，故本文之采择主要以较为权威、完整或观点独特、鲜明为标准，多家解读意义相近者仅取其一，表意不清、考证难度较大或佚名氏之言均不做收录，以期梳理较为清晰的脉络，可得大体，但难免不足，但求通解。所列经文默认均为学界内认可度较高的校注，相对异端又存在理论价值者于经文后各家解说中特别注明。

1. 光影的形而上意义

〔经〕景不徙，说在改为（住）。

〔说〕（景）光至，景亡。若在，尽古息。

此条言影之运动与静止、存在与灭亡的关系，有别于其他七条的一点在于，其哲学意味尤为显著，因此常被认为是具有提纲挈领作用的一条。主修的文史的研究者受其专业局限，自此条开始多表现出谨慎的态度，如梁启超：“某说释某经，略可考见。至其理之说明，则当俟诸专门家也。”②

（1）孙诒让依王引之之校为如今广泛认可的“景不徙”定调。他解“景”为“日光所照，光蔽成阴”，“徙，移也”。孙引《庄子·天下》篇“飞鸟之

① 张耀南、张伟伟：《“三款六式”：用“中国哲学”解析干群关系》，《前线》（理论研究·政治）2016年12月。

② 梁启超：《饮冰室合集》专集之三十八，北京：中华书局，2015年版。

景未尝动也”及其释文中司马彪“鸟动影生，影生光亡，亡非往，生非来”、《列子·仲尼》篇“景不移者，说在改也”及张湛注“影改而更生，非向之影”等诸说解经，提出“景不徙”处之“改为”，其本质在于运动过程中新影的产生和旧影的灭亡，并解“尽古息”之“息”为“不徙”之义也①，强调影与物的相伴关系。梁启超、伍非百、吴毓江等家在此处的表述大体沿用了孙解，梁将“住”字归于“说在改为”一句，即“说在改为住”②，但没有影响整体理解。许孔璋在此基础上，结合《墨子》中的时空理论，对“尽古息”另加一款：“倘若说此影已经消逝，但消逝不能消逝曾经存在过的存在。就这个意义说来，例如历史上的某个事件，虽然随着时代的转移，它已消逝，但在史程上的存在，谁也不能抹去，影及某个史实作为一种信息永恒储存。”③

案：值得一提的是，许所结合的时空观与光学八条临近的一组经说形成了呼应：

〔经〕在诸其所然，未者然，说在于是推之。

〔说〕在尧善治，自今在诸古也。自古在之今，则尧不能治也。

此两条前后呼应，是以解事物与时空的辩证关系：旧影可以存储在人的认知当中，正如唐尧构建华夏共同体不可磨灭的功绩；影之更生，又如唐尧之法不能用了来治今之民。这体现了《墨子》既要求我们承认历史事件的存在，又要保持时代思维，与影之更生的新陈代谢有着异曲同工之妙。

（2）栾调甫基于现代物理学的绝对运动和相对静止理论对上文的主流之论作出了进一步解读：“景不动者，因景本由光线遇阻改变光度而引起差别所致。盖光自光源直射而来，一遇物体迫使反耀，其光度便与固有光度成强弱，而物体阻光前进，所蔽之处，亦与两旁光度生差别，因其强弱差别之关系，乃见物相物影。藉令物动，则其反耀与遮蔽之光度，亦必因之改易改作，反之光徙亦然。（光徙者，物相时时改为，人不知者，因其前因、后相，其相同故。）

---

① （清）孙诒让：《墨子闲诂》（上），北京：中华书局，2001年版。

② 梁启超：《饮冰室合集》专集之三十八，北京：中华书局，2015年版。

③ 许孔璋：《墨经新义》，北京：中国科学技术出版社，1995年版。

是故物动而人见相影一若随之而动，其实皆光线之改为也。”①

案：栾在事实上认为经文承认了物影同样需要光的反射方能进入人眼，影和非影的差别不仅在光至与否，而是由于物体遮住主要光源所致的光的亮度差异，将“有无”问题转化为“强弱”问题，完成了以眼观影的“绕款”建构。其“三款六式”为：直款，光（全）至，景（全）亡，视觉界面中全亮；不款，无光，类似于小黑屋中，视觉界面全黑，无影；绕款：光源首先照亮整个视觉空间，由于透明度较低的物体遮蔽核心光源，成影亮度低但仍可形成视觉信息，构成了“光、物、影”并列为三的视觉界面；根据物体与光源间是否存在相对运动，又可将每款分为死活两式，为此六式。

（3）姜宝昌、任继愈等则运用心理学“视觉暂留”效应对栾的物理学解释进行了补充，其中任以芝诺“飞矢不动”说类比之②；姜将“为”字“引申为作、造以及人之作为、行为”，并进一步此延伸，认为墨家揭示了电影的原理③。

（4）关于此条经文的各项研究中，当以谭戒甫之论最为异端。首先，谭提出的校法便与以往大不相同：

〔经〕景徙，说在改为。

〔说〕景　光至，景：——亡，若在；尽，古息。

谭删去“不”字，释之“景徙”为普通的人眼所简单观察到的影动现象，影的静止状态应为“景不移”，尽管其注中承认了“飞鸟之景未尝动也”，但其坚持“不徙”之表述有误，认为仅存在“景徙”“景不移”两种说法，故而校为“景徙”。另以“光至”一句中“古”作“姑”，将“姑息”解为灯芯高速旋转时，“这些赤圈原只一点炷光，因旋转迅速，当它无时好像全有；看似全有，其实是节节暂休的”④。

案：谭之“景徙”，或属经文应有之义，即无论原文为何，“徙”与“不

① 栾调甫：《墨子研究论文集》，北京：人民出版社，1957 年版。
② 任继愈：《墨子与墨家》，北京：北京出版社，2016 年版。
③ 姜宝昌：《墨经训释》，济南：齐鲁书社，2009 年版。
④ 谭戒甫：《墨经分类译注》，北京：中华书局，1981 年版。

徙”的辩证关系是被墨家所发现的；谭之校“光至”一句，可以看作一个小型的“三款”，影的至、亡、尽三种状态分别为直款、不款和绕款；“炷光旋转”的状态若作为实验审视之，一方面“炷光”难以区分光源和物体，实验不严谨，另一方面“高速旋转”在彼时颇难操作，基本可以认定“炷光”说法没有依据。

（5）徐希燕驳“视觉暂留”论：“既然‘甲影犹存而乙影复生’，就不是‘景不徙’了，因为乙影已生；再者，‘视觉暂留’效应的时间极短，在墨子时代，要做这样的实验，恐怕难度是较大的。故姜说以‘视觉暂留’效应解释‘景不徙’实不可取也。姜由此进而认为墨家揭示了电影之原理，此实在缺乏充足的根据，不可主观夸张曲解墨子本义。”同时举反例说明物体和光源的相对位置改变未必导致光影状态的改变，即光源不变时物体垂直于投影面向光源方向移动，投影面中影长不变。另驳冯友兰“后期墨家”之说，认为“事实上根本没有所谓的后期墨家”①。

案：徐否认墨子时代难以进行视觉暂留实验之说显然错误，尽管不能考证彼时墨家是否进行了这个实验、进行了多少，但实验本身确实存在可能性：《墨子》已有关于车的研究，当车轮快速旋转时将车轴进行投影，即可观察视觉暂留效应，以车轮旋转实验替代上文之“炷光旋转”实验，谭戒甫之论证或许更为合理。徐之反例的不严谨之处在于，其模型中的影并非绝对不变，只是由于作为太阳的光源其大小几乎无限倍于物体，光源与物体间距离亦可视作无限，使得肉眼看不见影子的变化。但这个不严谨的反例可以给我们以启发，即试图突破绝对的变化与不变的二值逻辑。

（6）李约瑟对比墨家与古希腊光学，认为此条“说明墨家已经清楚地认识到光的直线传播现象”，但又云“他们的想法更接近于古希腊的少数派伊壁鸠鲁学派”，即“物体本身会发光，其光呈放射状，其中的部分光线进入人的眼睛后形成了视觉”②。

---

① 徐希燕：《〈墨经〉光学四条阐微》，《自然辩证法研究》2000 年第 16 卷第 7 期。

② ［英］李约瑟：《中华科学文明史》（上），上海交通大学科学史系译，上海，上海人民出版社，2010 年版。

案：就原文的“光”“景”“改为”来看，墨家显然认识到了光源、物体和物影是为三者，李约瑟之对比应是犯了没有完全理解文本的错误。他在随后文本的阅读中疑似纠正了这个错误：“况且，在‘经说’中墨家清楚地说到了‘好像’，这表明他们知道人发出的是反射光。”①

综上，笔者认为“景不徙”一句实则内含一个四句教。“徙”和“不徙（息）”之义在上述两种校法中已经说明，徐希燕的“物动影不动”揭示了“非徙非息”的“双非”句。认知心理学将注意分为基于物体的注意和基于位置的注意，谓之“徙”是基于物体的注意，而光影更生一说便是强调某点的光线存亡，是基于位置的注意，但又将影质点化了，徐希燕强调物体在某种移动方向下影之不变，还是基于质点模型的讨论。

研究表明，基于物体的注意和基于位置的注意是同时存在的，我们只有在二维空间内进行动态观察才能发现“景不徙”的双亦句式。如图 2.1，在某物体的影子所在投影面上建立平面直角坐标系 xOy，假设该物体在 xOy 上的投影为平行四边形 ABCD。在光源不变的前提下，将该物体沿 x 轴正方向水平移动，移动距离为该物体水平长度的一半，这时该物体在水平面上的投影为平行四边形 A′B′C′D′，如我们所见，是一个形状大小相同但有别于平行四边形 ABCD

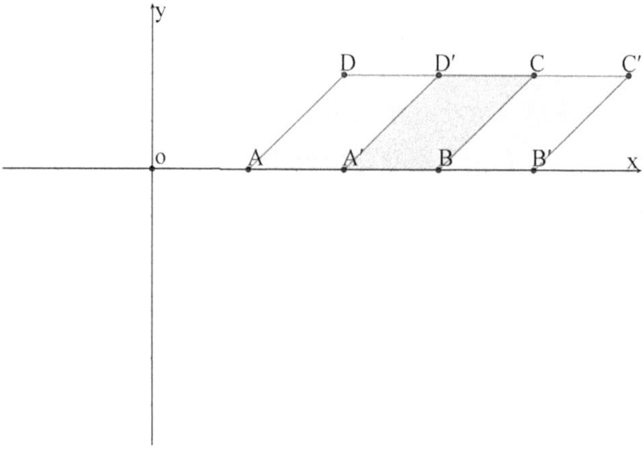

图 2.1　景之“亦徙亦息”状态示例

① ［英］李约瑟：《中国科学技术史》第四卷第一分册，北京：科学技术出版社，2003 年版。

的投影。“徙”“不徙”“非徙非息”的考察均着眼于AD向A′D′的移动，所差的“亦徙亦息”的考察需要我们关注平行四边形A′BCD′。平行四边形A′BCD′完整的参与了物动和影动的过程，但该区域既没有光线的强弱变化，亦没有发生影子的状态迁移。遮光物的改变，在于同一物体的不同部位，这里假定物体不透明且连续。

由此，平行四边形A′BCD′的状态，就是“景不徙”之“双亦”状态——“亦徙亦息”。如此，我们方能完整的、全面的理解“景不徙”一句的意义。

2. 重影说

〔经〕景二，说在重。

〔说〕（住）景，二光夹一光，一光者景也。

相比于上条，此条的各家说法更为统一，即言光源与阴影的一一对应关系。

（1）毕沅校经文为“住景二，说在重”①，孙诒让亦同之，并解“住”疑当作“位”，与立字同，对于“二光夹一光”一句，孙首推“回光之义”，又补充“或谓‘重’指二景重累，即光学家所谓光复深浅义，亦通，而与说不相应，恐非”②。其后多家就“住”字是否归于该句争议颇多，但对经文大体意思的解释均为光源数量的增多导致重影，即本影与半影的生成问题，现在普遍认为“住”字不在此句之中。

案：重影与半影之所以有深浅之别，是因为重影处两重光源皆被物体所遮挡，半影处一重光源被遮挡，另一光源实在打在影壁上，使得物体遮挡对立光源所成之影变浅，但仍在，即“此光生，此景亡，但彼景未亡”。

（2）伍非百之校，与各家差异最大。

〔经〕景位二，说在重。

〔说〕景：二光夹。一光一。光者景也。

伍解：“景立二，谓二光对立。一光影独，二光影重。影重则影复生影，可至无数。影独则一而已矣。故曰‘景立二，说在重’。《说》曰‘二光夹，

① （清）毕沅：《墨子》，上海：上海古籍出版社，1997年版。

② （清）孙诒让：《墨子闲诂》（上），北京：中华书局，2001年版。

一光独’。”①

案：通过伍之“影复生影”论，笔者疑其本意指两块对立的平面镜中倒影相映而成无数，即对立的平面镜夹住光线反复反射而成的镜像。就经文而言如此解可通，但目前普遍的考证结果是“住”字应归于“一少于二而多于五，说在建住”一章，仍讹作“位”，从而完善该句的宾语更为合乎《墨经》的结构，如此则伍之校难以成立。

（3）钱临照将此条经说断句为“景二，光夹。一，光一。光者，景也”，并注曰：“影者何如有二，光夹故也。夹者兼也。因光源之有重故。影一，光则唯一。末句‘光者景也’，此‘景’字训为前述三义之第三义。”② 后人在《中国科学技术史・物理学卷》中评：“钱将‘二’‘一’之数定为影之多寡……在钱的标点中，缺少标谍字；若以‘景二’为标谍字，则它通常并不能与正文通解直下。”③

案：《经说下》中全部条目的标谍字均是单个，故《中国科学技术史・物理学卷》分析较为严谨，钱虽博闻与物理科学，然经学基础有限，方有此误。

（4）周才珠、齐瑞端认为“二光夹一光”的后一“光”当为“物”，即将原文校为“二光夹一物”来释义④，徐希燕举光源虽夹二光线未至之反例证其非是。⑤

案：周、齐之校缺乏依据，但徐之反例不妥，因经文中已然默认光源发出的光线可以被物体吸收，不然随后的讨论就没有意义了。

综合1、2两条，笔者发现此两条有相互补充的关系。第一条讲“光至＝景亡”，第二条中一光打到另一光源所成之影上该影仍在，只不过成了半影，在事实上说明了“光至≠景亡”。是否存在第三句“光至≈景亡”的格式，以俟下文。

---

① 伍非百：《中国古名家言》，成都：四川大学出版社，2009年版。

② 钱临照：《释墨经中光学力学诸条》，载《科学史论集》，合肥：中国科学技术大学出版社，1987年版。

③ 戴念祖主编：《中国科学技术史》（物理学卷），北京：科学出版社，2001年版。

④ 周才珠、齐瑞端：《墨子全译》，贵阳：贵州人民出版社，1995年版。

⑤ 徐希燕：《〈墨经〉光学四条阐微》，《自然辩证法研究》，2000年第16卷第7期。

3. 小孔成像

〔经〕景到，在午有端，与景长，说在端。

〔说〕景，光之人煦（照）若射，下者之人也高，高者之人也下。足敝下光，故成景于上；首敝上光，故成景于下。在远近有端与于光，故景库（𢈔）内也。

此条言小孔成像原理，考据中的“煦”与“照”、“库”（暗箱）与“𢈔”（光屏）的差别对整体理解影响不大，由于各家理解均为小孔成像相关学说，在此不做多解。

（1）邓高镜释：“午，相交也。端即光线相交之点也。库，易也。光线各点恒依直线进行。故光至人煦照若射也。者经过相交之点，如今之摄影镜匣，或密室小孔漏光。其所成之像，上下方适与相反，故曰光易内也。”① 此说承毕、孙、梁多家文本，较为一致。

案：此释较为精炼的概括了主流观点，拟采用。

（2）谭戒甫、姜宝昌注释的图示中出现烛影，其他各家均以物影作图示例，有光源和物影之倒像的差别。《中国科学技术史・物理学卷》对比了徐克明和李志超对于“景”的理解，认为“成像、成影皆可通……对成影说似乎更为顺理”②。

案：彼时中国还没有开始使用蜡，故以烛影举例，断不可取，仅成影之说于史可通。光屏上的亮出为整个太阳的倒影，难辨正倒，但个人的头和足可以分辨，墨家进行“倒影”的实验更为可行。

（3）钱临照由“若射”推断出本条体现了墨家已有光速思想。③

案：非是，光速不能以肉眼观测，“若射”依李约瑟“光沿直线传播”解说为宜，或为修辞手法。

此条说明，墨家已经能够设计出暗箱实验，即承认了暗箱中的“无光无影”。首条又有“光至，景亡”，则为“无光有影”和“有光无影”，次条

① 邓高镜：《墨经新释》，北京：商务印书馆，1931 年版。
② 戴念祖主编：《中国科学技术史》（物理学卷），北京：科学出版社，2001 年版。
③ 周才珠、齐瑞端：《墨子全译》，贵阳：贵州人民出版社，1995 年版。

"景二，说在重"则为"有光有影"状态，加之小孔成像，此三条又成四句之款矣。

4. 光的反射

〔经〕景迎日，说在摶（转）。

〔说〕景，日之光反烛人，则景在日与人之间。

这是传世原文，除"摶"之校外，各本均同。本条借朝向日光的物影解释了镜面反射现象，其观察角度是非常难得的。

（1）经文校正方面，孙诒让以"博""抟"等说法难通，"以形声校之，疑当作'转'，谓鑑受日之光，转以射人成景，亦即反烛之义也"①。后世此处基本沿用孙校，其他处则无争议。

案：其他说法难以和经说匹配，故孙校是也。

（2）谭戒甫认为此条已经揭示光的反射定律，即"凡光线的反射，其射入角常常等于射出角，而二角必在同一个平面内"②，任继愈从之。戴念祖主编的《中国科学技术史·物理学卷》虽承认墨家进行了反射实验，但认为"墨翟为首的墨家再次对反射定律竟无任何反映"③。

案：墨家彼时难以通过实验发现精确反射定律，但并不意外，因彼时未有光滑的平面镜之故。

（3）对经说意义的解读中，唯有伍非百完全偏离孙诂："景迎日，位回光也。人受日光，转以射日，则人与日二光之间，更生一影，远射空隙。故曰'景迎日，说在转'。"④

案：与各家不同，伍非百并不认为此条对应实验中存在平面镜，他将人本身看作反射体，人与镜一样有"回日之光"的能力。人与镜的反射均遵循反射定理，其实质差别是镜面反射与漫反射之别。但依伍解"日与人之间"，所成之影在空隙中，一般来说影还是基于镜面或者影壁的，故伍解不妥。

---

① （清）孙诒让：《墨子闲诂》（上），北京：中华书局，2001年版。

② 谭戒甫：《墨经分类译注》，北京：中华书局，1981年版。

③ 戴念祖主编：《中国科学技术史》（物理学卷），北京：科学出版社，2001年版。

④ 伍非百：《中国古名家言》，成都：四川大学出版社，2009年版。

（4）许孔璋进一步以白话详解：“日光照射在人体后的平面反射镜上，但平面反射镜反射的日光，其强度必比日光减弱，必须在‘日’与‘人’之间，树一遮壁，形成较小的光阈，影出现在这一较小的光阈之内，则实现‘景在日与人之间’。”①

案：许所言之“遮壁”于原文无据，但很有可能出现在墨子的实验当中，即墨子既观察了有遮壁所成之影，又观察了无遮壁所形成的迎日区域中的微小的光线的明暗差异，最终在经说中得出了综合性的结论。

（5）陈高佣佐之以月影例：“影迎日的现象，最好的例子就是物体在月亮下的影子。月亮本身是无光的，它的光是太阳在它上边的反照。物体在月亮下是有影子的，这影子就在太阳和物体之间，就是迎着太阳而不是背着太阳的。”②

案：虽然不能由此定论墨子已经发现“月本无光”，但陈为我们提供了“反照之影”的理想模型。月影在方向上迎日，但未尝与日光交汇。墨家的实验则很可能是通过不尽光滑的镜面观察到了“迎日”的浅影，而当本源光线无限强或反射面足够粗糙时，这个浅影便难以被视觉所识别了。

综上，我们可以推断，墨家在这个实验中发现的是光影浅影若隐若现的谱系现象，而这个现象因迎日之故。上文提到，光学之前两条已经分别展现了“光至＝景亡”“光至≠景亡”两式，则本条在承继前两条原理的基础上完成了第三式——“光至≈景亡”，则于《墨经》中存在“光至，景亡”的三款建构。

5．影长问题

〔经〕景之小大，说在地（迤）缶（正）远近。

〔说〕景：木柂，景短大。木正，景长小。大（火/光）小于木。则景大于木，非独小也。远近。

此条综合论说了物、光源、投影面间角度、大小和相对位置关系对影长的

① 许孔璋：《墨经新义》，北京：中国科学技术出版社，1995年版。
② 陈高佣：《墨辩今解》，北京：商务印书馆，2016年版。

影响，所对应的是一个进行了变量控制，依毕沅“以表言”之说①，其揭示了圭表的原理，即已经构成了严格意义上的定量测量。经说中“远近”一句疑言犹未尽，颇有争议。

（1）孙诒让校“地”为“迆”，并讹作“迤”②，意为斜，与“正”相对，此校基本为后世沿用，但将“远近”归为下一条经说，非议较多。伍非百补“远近”一句为“远近斜正异”③，于整体理解可通。对于“大小于木”，孙评“疑当非光小于木”④，而曹耀湘之校为“火小于木”⑤。

案：“光”在《墨经》中多指抽象的光源，此处需要具体的光源，从概念来讲以“火”区分为宜；“远近”疑为前文已经列举斜与正、大与小的论述模式，此处的“远近”则为仿前文格式而不赘述简化所致。孙将“远近”归为下文与《墨经》格式中的标谍字原则不符，于下文详细讨论。

（2）谭戒甫等人以“远近”一句缺字，即原文应为“远……近……”推测前文言物体斜正，体现出“光度”理论，“远近”则为“照度”理论，并大胆推测，原经中对光度和照度有着详尽的说明，只是在后人的删述中遗失了。⑥

案：谭之大意可以作为对经文的补充解读和形象说明，但推测墨家的实验中存在“光度”“照度”无据，就彼时的测量精度而言，在“光度”、“照度”这种较为抽象的概念中得出公式性的结论几乎不可能。

（3）钱临照认为，经文所言大小亦含影色深浅之义，并认为《经》的实验利用日光，《经说》的实验用的是灯火、透镜等人工光源⑦。

案：相较于谭，钱之深浅说更加谨慎。就其光源区分说，笔者认为每种位置和角度情况在各个光源条件下均进行了实验。就彼时的制造精度而言，墨家

---

① （清）毕沅：《墨子》，上海：上海古籍出版社，1997 年版。
② （清）孙诒让：《墨子闲诂》（上），北京：中华书局，2001 年版。
③ 伍非百：《中国古名家言》，成都：四川大学出版社，2009 年版。
④ （清）孙诒让：《墨子闲诂》（上），北京：中华书局，2001 年版。
⑤ （清）曹耀湘：《墨子笺》，南昌：江西官书局，1904 年版。
⑥ 谭戒甫：《墨经分类译注》，北京：中华书局，1981 年版。
⑦ 钱临照：《释墨经中光学力学诸条》，载《科学史论集》，合肥：中国科学技术大学出版社，1987 年版。

即便对透镜有所研究，亦难以将其作为实验器材。

（4）当代研究方面，徐希燕结合前人观点，基于校“大”为“光”，提出“大小于木”一句为“光小于木，则景大于木。光非独小于木也，光大于木，则景小于木”的省略形式，并释义：“光源小于标木，那么所成的影子（像）就大于标木本身；但是，光源不会独独小于标木，如果光源大于标木，那么所成的影子（像）就小于标木本身。”① 雷一东则基于校“大”为“木”，断句为“火小于木，则景大于木。非独小也，远近”，并译：“光源小于木，则景大于木。不仅是光源小的问题，光源的远近也会影响影的大小。”②

案：两解皆通，但雷一东的解读中，末句的意思暗含了交互作用（interaction）原理，即在承认光源的大小、远近都会影响影长的基础上，两自变量（大小、远近）对因变量（影长）的影响存在如下现象：某一自变量在不同水平时，另一自变量对因变量的影响力受这种水平变化的影响。比如，物体离影壁无限接近时，需要极大的光源才能形成更小的物影，反之或改变另一自变量的不同水平亦可进行类似推理。显然地，墨家已经尝试进行了许多控制变量的实验，发现交互作用描述其为“非独”，是存在可能性的。若如此，则《墨经》中又现一“三款”格式：“大于木”、“小于木”、“非独”，由“非独”绕至“远近”问题。

6. 镜像争端

〔经〕临鉴而立，景到（倒）。多而若少，说在寡区。

〔说〕临：正鉴，景寡。貌能（态）、白黑、远近、柂正，异于光（鉴）。鉴景当俱，就去余当俱，俱用北。鉴者之臭于鉴，无所不鉴。景之臭无数，而必过正。故同处，其体俱然，鉴分。

由此条开始，对墨家所言之“景”的意义，由物影转为镜像。此条所言主题比之其他各条，争议最大。除断句之外，关于其内容究竟是论平面镜成像，还是论球面镜成像，各名家之间亦难以统一，甚至难决多数，亦有学者持透镜成像说。

---

① 徐希燕：《〈墨经〉光学四条阐微》，《自然辩证法研究》，2000 年第 16 卷第 7 期。

② 雷一东：《墨经校解》，济南：齐鲁书社，2006 年版。

（1）平面镜成像之说

①尽管持有平面镜之观点，栾调甫谨慎地认为难于考证：“惜本章经文稍晦，说复难读，无以详解。第撰以下二章为洼突镜理，疑此为释平面镜也。”① 事实上，持平面镜观点者，思路多为先行审视经文结构而非字句校注，由平面镜之结论返诸文本进行反解所得。

②邓高镜以“正鉴”特指小方镜，则经文意为：“遥望小方镜则见四方上下之像所见甚小，状态亦异，故曰说在寡区。”② 则邓认为经文中的变量仅为人眼距各物体虚像的实际距离，“遥望”似在说控制人镜距离自变量，所言因变量未明。

③钱临照解：“这是说，平面镜只有一个不变的像。这像的形状、颜色、远近、斜直程度都跟阴影不一样。人走近镜子，像也走近；人离开镜子，像也离开；人与像的方向老是相反。”③

④对于此条，高亨校经力度较大。以与经文一致为缘由，高校经之“区”为“匹”，“分”为“少”，经说首句为“临：临鉴立”，“臬”则为“复”，其将“寡匹”归因为目力有限，经说后句则为“人立于两镜之间”情形。④

⑤谭戒甫不仅认为《墨经》中已经体现了虚像理论，还将经说的实验解读为不同个数、夹角的平面镜所成像是情况，这是基于他之前所认为的墨家已经发现反射定律的基础上。⑤

⑥徐克明在坚持认为墨家此条言平面镜的基础上，校“臬”为“糗”，并认为墨家揭示了像素的原理：“值得注意的是，墨家将物析为物点（‘鉴者之糗’）将像析为像点（‘景之糗’），这是一个重要的理论创造，这种观念至今在光学上还在沿用。为什么墨家将点称为‘糗’呢？因为糗就是炒面粉或炒

① 栾调甫：《墨子研究论文集》，北京：人民出版社，1957 年版。
② 邓高镜：《墨经新释》，北京：商务印书馆，1931 年版。
③ 钱临照：《释墨经中光学力学诸条》，载《科学史论集》，合肥：中国科学技术大学出版社，1987 年版。
④ 高亨：《墨经校诠》，北京：科学出版社，1958 年版。
⑤ 谭戒甫：《墨经分类译注》，北京：中华书局，1981 年版。

米粉，它是些炒熟的粮食粉粒。”①

⑦雷一东将谭之反射定律与徐之像素结合起来，直接得出了“这一研究方法 现代几何光学的研究方法相一致”的结论。②

案：邓、钱、高皆忽视一点，即一个实验可以有多个实验者，即当一个人相对镜面前后移动时，可以有另一人进行静止观察。前文已经说过，就制镜工艺而言，难以直接对入射角和反射角进行测量，但不排除墨家对其进行了感性观察，谭、雷之言难获支持。就物理学原理而言，事实上成像与镜之大小没有必然联系。假设一小方镜平铺地面，某物远离镜之垂直区域时，只要有光线能够反射至镜面，人趴在另一侧相对于入射光的反射光所在线路上，依旧可以见像。若作“寡区”，当为泛指人眼视域（含所有实验者）。徐之解能够构成对“景不徙”一条的对应，与其学理一致，可取。

（2）球面镜成像之说

①孙诒让此处经说之校不再遵循标谍字原则：“远近临正鉴，景寡、貌能（态）、白黑、远近、柂正，异于光鉴。景当俱就，去佘当俱。俱用北。鉴之者臬，于鉴无所不鉴。景之臬无数，而必过正。故同处，其体俱，然鉴分。”③在孙的解读中，“远近、柂正”一句被腾挪作“景之小大，说在地缶远近”的经说，“而必过正”之“正”被视为焦点（原文作“交点”），“鉴分”统说焦点内外之有别。

②范耕研之疏言此条单论凹面镜成像：“此说回光凹鉴之理也。人物临鉴，回光见景，宜肖其本状。苟鉴面内曲，则所回之光，敛聚于一。物理家言名曰焦点。如是得景者，必倒。与密室小孔之理同。惟正在焦点处得正景。过此皆倒。点内景大，点外景小。故曰‘多’‘少’也。寡区之义未详。”④

③球面镜说支持者中，较为系统的论述来自方孝博，他认为该条为球面镜成像之总论，概述了凹面镜和凸面镜。方之论述极为详尽，笔者此处试图摘取

① 徐克明：《墨家物理学成就述评》（续），物理，1976 年第 4 卷。

② 雷一东：《墨经校解》，济南：齐鲁书社，2006 年版。

③ （清）孙诒让：《墨子闲诂》（上），北京：中华书局，2001 年版。

④ 范耕研：《墨辩疏证》，台北：台湾商务印书馆，1967 年版。

其核心三论点以析。其一在操作："由于当时的技术水平限制，这种金属镜不可能磨得非常平，更不可能获得物理学上的光学平面。"就此，方直接否认了平面镜成像论的可能性。其二在解字，方解"多寡"为大与小，"梔正"为倒与正，"正"为面对着，"黑白"为暗与明，构成其全文解读的基础。其三，驳徐克明："按古今中外恐怕没有任何人是把镜子放在平地上，自己站在旁边居高临下这样来照镜子的。这个人怎么会看见自己呢？而且平面镜中成的像总是和物体一模一样大，怎么会多而若少呢？由于硬要把这一条说成是平面镜成像理论，在全部条文的解释中，牵强附会，矛盾百出，是不足为奇的。"①

案：孙以"正"为焦点，可后文经文中定义焦点为"中"，注重概念的墨家不太可能一词二意，故孙说非是。范之说不仅不合乎全文结构，与"寡区"亦未能自圆其说，不取。对于作为物理教学研究人员的方孝博之论，我们应辩证看待。其论点一正确，有考证依据。论点二，"多少""多寡"视作"大小"，谬，经文在影长部分以言"大小"，以墨家之严谨，此处着实不大可能更改表述方式。最后驳徐，体现了前两条的综合。但是，由于生活经验的缺乏，方没有意识到，彼时恰恰是由于制镜工艺的落后，人们照镜子的主要方式正是"把镜子放在平地上"，水的倒影才是"临鉴"的不二选择！解开这一关节，则平面镜之论全通。水面之回光，固然不能测量，但可以在一方水面之四角进行观察，观察到倒影的多少，取决于观察角度，勾连像素之说亦通。方虽非是，却为我们得出正确结论提供了重要思路。

（3）其他说法

吴毓江将本条视作凸透镜成像，与小孔成像联系在一起："本条与第二十条学理相同，惟彼无鉴，此有鉴耳。所论与今之摄影镜箱颇似，或当时墨家已经能利用透明矿石作透光镜欤？惜书缺有间，无从验证矣。"②

案：彼时无透光之镜，且将透镜与小孔成像视作同一原理，当为没有充分掌握物理学基本原理之谬。但其"多犹大也，少与寡犹小也"被多家用作支持凹面镜论的论据。

① 方孝博：《墨经中的数学与物理学》，北京：中国社会科学出版社，1983 年版。

② 吴毓江：《墨子校注》（上），北京：中华书局，1993 年版。

综上，笔者已立平面镜之论。依上文，徐之言可合乎“景不徙”，则“景不徙”之三款在平面镜成像中亦通：有“多”“少”“多而若少”，有“远”“近”“远而若近”等等，通过观察角度的调整，即可达到这些状态。

7. 凹面镜成像

〔经〕鉴位，量（景）二。一小而易，一大而正，说在中之外内。

〔说〕鉴，中之内，鉴者近中，则所鉴大，景亦大；远中，则所鉴小，景亦小。而必正，起于中，缘正而长其直也。中之外，鉴者近中，则所鉴大，景亦大；远中，则所鉴小，景亦小。而必易，合于中（缘正）而长其直也。

此条言凹面镜成像原理，各家相对统一，惟少许字句校注之差。

（1）孙诒让基于王校，以经文首句为“临鉴立”，解说为凹面镜。① 毕沅之“鉴立”②、邓高镜引张说校之“鉴注”③、谭戒甫之“鉴低”④、高亨之“鉴弧”⑤，皆以为通凹面镜之理也。

案：难辨哪家为宜，以解为凹面镜者皆通。

（2）吴毓江校为“鉴位景二”，自将上文“临鉴而立”前的“二”字移于该处［30］，大意不变。

案：再依墨家语言简洁之特点，以吴非是。

（3）伍非百校经说时，将“鉴分”移作该处，则“鉴：分鉴中之内”，其解为“景之大小，关于与鉴距离之远近，而其斜正，则关于鉴面之凹凸”⑥，疑似将此条作为球面镜总论。

案：球面镜成像无关斜正，且伍前后矛盾，当为未详物理学原理之谬。

（4）关于释义，古代、近代大多粗糙言之，谓焦点内外成像，至于“合于中而长其直也”之校，无具体意义之别，遂不论。至现当代，物理学者研究经文略见疑点。

---

① （清）孙诒让：《墨子闲诂》（上），北京：中华书局，2001 年版。
② （清）毕沅：《墨子》，上海：上海古籍出版社，1997 年版。
③ 邓高镜：《墨经新释》，北京：商务印书馆，1931 年版。
④ 谭戒甫：《墨经分类译注》，北京：中华书局，1981 年版。
⑤ 高亨：《墨经校诠》，北京：科学出版社，1958 年版。
⑥ 伍非百：《中国古名家言》，成都：四川大学出版社，2009 年版。

①钱临照对经文存疑："当烛炬在凹面镜前自无穷远处向凹面镜面移到凹球面中心之前，镜中所成的烛像小而倒，'易'就是倒的意思，这似乎可通的。但当烛炬过球面中心更向镜面前移，在达焦点之前，烛像是比物大而倒；烛炬自焦点更向镜面前移动，于是方见一个比物大而正立的像成于镜后。照此说来，在'一小而易'之后和'一大而正'之间应当有一句'一大而易'的文字，方和实验相符；而'中之外内'四个字更难于解释了。"①

②徐希燕解钱疑："墨经这条实验记载是丝毫没有错误的，只是当时作实验的人没有用烛炬作发光体而就把他自己的脸作发光体，把自己的眼睛作观察的仪器罢了。"②

③寇培林基于上述研究，进一步提出墨家已经可以精准测量凹面镜曲率半径，并认为"所鉴大、所鉴小是物对人所张视角大小而产生表观的大小，景的大小是指实像与虚像的大小而言"③。

案：前文提到彼时还没有蜡烛，但徐说有缺，当为该实验有两个实验者，一动一静观察，所得经文为综合结论。就彼时"阳燧"的制造工艺而言，发现寇所言各物理量间相关关系是有可能的，寇说虽待进一步考证，但为我们提供了进一步研究的思路。

此条中，"中之内""中之外""合于中"亦可作三款，其各自死式和活式为动态观察和静态观察，则可成六式矣。

8. 凸面镜成像。

〔经〕鉴团，景一。(说在……)

〔说〕鉴，鉴者近，则所鉴大，景亦大；亓（其）远，所鉴小，景亦小。而必正。景过正（故招）。

本条言凸面镜成像之原理，为八条之最后一条。

---

① 钱临照：《释墨经中光学力学诸条》，载《科学史论集》，合肥：中国科学技术大学出版社，1987年版。

② 徐希燕：《〈墨经〉光学三条阐微》，《平顶山师专学报》2001年第16卷第3期。

③ 寇培林：《〈墨经〉中关于测定凹球面镜曲率半径方法的记载》，《物理通报·物理学史与教育》2011年第7期。

（1）关于经文，解者有两派，其一认为此处文缺，补字而解；另一认为没有缺失，随文而解。

①自明嘉靖癸丑陆稳刊本、正统道藏本始，至毕沅、孙诒让，基本依照经文“鉴团，景一”而释。栾调甫说：“鉴团：团，圆起也。鉴面圆起，即今突面反光镜也。”① 徐希燕综述：“因为对于凸面镜，其所成之像永远是正立的虚像，而‘鉴团，景一’已经将此意义说得明白无疑，根本无需再累赘。经文之末之所以未加‘说在……’是因为本条经文情形简单，没有‘中之内’与‘中之外’的区别，再者对于成缩小之像的原因也无法进一步说明，故未加‘说在……’”②

②梁启超未补经，但疑经需补，理由为与前条对应：“言立则若彼团则若此也。”③ 伍非百从之，但草草作结，没有说明理由。④

③邓高镜补为“鉴团，景一小而必正，说在得”，后文“为正立较小实物之假象”，疑补充说明之。⑤

④吴毓江释义、理由与邓相同，但补为“夭而必正”，此处“夭”联结后句，由“天”校得⑥，姜宝昌从之。

⑤谭戒甫依据曹笺，补“说在荆之大”，是为将“不坚白”一句中的字调整的结果。考据时，谭认为“荆之大”被后人误删。其翻译为：“凸面镜成像只有一个，以光体总是较大故。光体移近于镜，则所照的光强，而所成的像也大……”⑦

⑥任继愈直接腾挪下条经文：“鉴团，景一，不坚白，说在荆（形）之大。”⑧ 任未详解，其“形”疑为形容凸面镜的形状导致光线散射。

⑦李约瑟直接以经文作为“形之大小”，解释为“形状的大小”，言凸面

---

① 栾调甫：《墨子研究论文集》，北京：人民出版社，1957 年版。
② 徐希燕：《〈墨经〉光学三条阐微》，《平顶山师专学报》2001 年第 16 卷第 3 期。
③ 梁启超：《饮冰室合集》专集之三十八，北京：中华书局，2015 年版。
④ 伍非百：《中国古名家言》，成都：四川大学出版社，2009 年版。
⑤ 邓高镜：《墨经新释》，北京：商务印书馆，1931 年版。
⑥ 吴毓江：《墨子校注》（上），北京：中华书局，1993 年版。
⑦ 谭戒甫：《墨经分类译注》，北京：中华书局，1981 年版。
⑧ 任继愈：《墨子与墨家》，北京：北京出版社，2016 年版。

镜内物体形状扭曲。[1]

案：就经说的描述而言，无“说在”可通，若有“说在”，可能是与“景一”现象对应，总言凸透镜成像原理，但由于目前没有证据表明墨家发现了虚像，故只留“鉴团，景一”为宜。梁认为凸透镜和凹透镜的成像有对应关系，乃未通物理学远离之谬。邓、吴等论于经文可通，但凸透镜的“成像较小”是相对的，也可以理解为成像扭曲，不能比较。成像大小与光源强弱无关，故谭谬矣。任未自圆其说，不可取。李约瑟之释义可通，然未经考据。“说在”或有，但所见之解未能全通，尚待进一步考证，没有“说在”亦可通。

（2）《经说》方面，孙诒让校亓（其）字：“元旧本作亦。张云衍。王引之云，亦远当作元远。元，故其字。与亦相似又因上下文亦字而误。按王校是也，今据正。”[2] 唯最后“故招”二字是否归为此条及当作何解存疑，但大多无整体理解上的分歧。

①孙诒让将“故招”移作后文“故招负衡木”，解为“桥”，“景过正”与上文“而必正”重复。[3]

②梁启超认为孙非是，案曰“‘招’乃‘柂’之伪耳”[4]，陈高佣等从之。

③范耕研认为“故招”二字是伪作，驳梁启超曰：“梁谓‘招’乃‘柂’字，伪，按凸镜之景无侧倒者，则作‘柂’难，不可通。”[5]

④邓高镜释：“设过其正当相应之点。则所现景象招摇恍惚，所曰景过正故招。”[6] 其“正当相应之点”义未详，但对“招”字的释义为谭戒甫、詹剑锋等采择，姜宝昌将“招”讹作“柖”，其义仍与邓同。[7]

⑤高亨校“景过正故招”为“景遇招故正”，并诠墨家发现了凸透镜的虚

---

① ［英］李约瑟：《中国科学技术史》第四卷第一分册，北京：科学技术出版社，2003 年版。
② （清）孙诒让：《墨子闲诂》（上），北京：中华书局，2001 年版。
③ （清）孙诒让：《墨子闲诂》（上），北京：中华书局，2001 年版。
④ 梁启超：《饮冰室合集》专集之三十八，北京：中华书局，2015 年版。
⑤ 范耕研：《墨辩疏证》，台北：台湾商务印书馆，1967 年版。
⑥ 邓高镜：《墨经新释》，北京：商务印书馆，1931 年版。
⑦ 姜宝昌：《墨经训释》，济南：齐鲁书社，2009 年版。

焦点。[①]

⑥雷一东参《通训》，假“招”为“昭”，意为明显、清楚，译作“因为生成的像在镜面后方，所以它清晰”[②]，这与邓、谭等说完全相反了。

⑦任继愈直接去掉“景过正故招”，以“而必正”收束。[③]

案：依墨家语言简洁的特点，孙恐非是。梁未能自圆其说，陈亦然。凸透镜不涉及“正当相应之点”的问题，笔者疑此处邓未通物理知识。若删“故招”，则“景过正”难解；若矫“招”，则莫衷一是，其关键在于“过正”难解，结合经文，笔者疑为墨家可能发现了虚像或虚焦点，但经与说皆缺，难以考证，实为可惜。

至此，光学八条分解工作暂告段落。

三、关于“第九条”之众说

在“鉴团，景一”经文前后，原本中出现了一些相对混乱的字句部分，又有“不坚白”等疑似应归为他处的字句混杂，自古考证极难。由此，有学者认为《墨经》的光学研究八条之外或另有一条。

1. 伍非百说

伍非百在“景迎日，说在转”后撰一条：

〔经〕光而必正，说在敫。

〔说〕光：于鉴，景就当俱，俱用比鉴者之敫。于鉴所无不鉴。景之敫无数，而遇必正。故同处，其体俱然。

伍之解释大意为，光的入射是直线，其反射亦是直线，进入人眼的光线都是直线，只不过可以向四面八方反射罢了。[④]

---

① 高亨：《墨经校诠》，北京：科学出版社，1958 年版。

② 雷一东：《墨经校解》，济南：齐鲁书社，2006 年版。

③ 任继愈：《墨子与墨家》，北京：北京出版社，2016 年版。

④ 伍非百：《中国古名家言》，成都：四川大学出版社，2009 年版。

案：伍虽可通，然其挖走“临鉴而立”一章太多字数，使得光学八条中非常重要的平面镜成像原理不能充分说明，从这一点来看，是不合理的。

2．李志超说

李志超在“鉴团，景一”后加一条：

〔经〕荆之大，其沈浅也。说在具（见）。

〔说〕荆：沈，荆之贝也，则沈浅非，荆浅也。若易五之一。

李猜测：“六朝之前，旁行格式犹未失传时，在‘鉴团景一’四字后，于方块处简编断烂，缺了字，又散落，重编出错。再写者不知细情，以意整理说文，致成今状。”①

案：李说或是，由光学八条可以确定的是，墨家已经具备折射的观测条件。

关于第九条之说，我们在以后的研究过程中应当予以参考和重视，或许在更加详细的考证后又可由此发现新的“三款”范式。

四、墨家光学理论之合解

合解，是以探究作为整体的《墨经》光学理论中，可以体现的论证思路和逻辑关系，以其“三款六式”为尤。

1．光影关系三款六式

对于光影之“三款六式”，除分解中所言之外，另有“体”之三款：光体、物体和人体（视觉系统）。文本虽未直接点出人体，但已然隐含的体现了。比如“景之小大”一章，其“远近”非仅言物光，亦含人之位置；再比如临鉴成像的双人实验，对镜像变化的考察，直接将人作为自变量了。运动和静止两种状态，又可成死活两式。

---

① 李志超：《〈墨经〉光学第九条——折射的定量观察》，《自然科学史研究》，2002 年第 21 卷，第 1 期。

2. 光的传播方式三款六式

对于光的传播之“三款六式”，除了分解中的微观解析外，还可以将李志超之第九条纳入而成三款：

（1）直款：直射

①活直射：景二、景之小大。

②死直射：光至景亡、小孔成像。

（2）不款：反射

①死反射：平面镜反射，成原像。

②活反射：球面镜反射，成扭曲像、倒像。

（3）绕款：折射

①死折射：光由一介质到传播到另一介质产生的折射，即李之水的折射定量测量。

②活折射：凸透镜、凹透镜等折射，由于时代所限，墨家未能得出，但其“三款”是明晰的。

3. 景的体量三款六式

景之大小亦各有死活式及双亦双非情况，这里的大小是和原物体相比。大、小的死式在斜正远近，而球面镜的扭曲实际上是大、小的活式。“景二”和“临鉴而立”，分别对应亦大亦小、非大非小。

五、墨家光学理论之绕解——由“知源”看墨家光学研究

钱爽（2015）将《墨经》所论之“知源”划分为直接知识、间接知识及直接与间接知识交互这样三种途径，“而《墨经》的三款‘知源’，每款又可细分为‘活’‘死’两式，构成一个‘三款六式’框架”①。然钱所举之例皆为人文与逻辑知识，在墨家的科学实验中，特别是本文所论光学实验中，“知

① 钱爽：《〈墨经〉“知源”之“三款六式”框架新解》，《新视野》，2015年5月。

源”的“三款六式”框架仍得到了普遍运用。以下简析之，对此“三款六式”框架的建构，详见钱之文献。

1．“亲知”款

①活”亲知：朴素的观察，“光至，景亡”、“临鉴而立”等，不再枚举。

②“死”亲知：设计实验，进行测量观察，如小孔成像，“景迎日”“景之小大”等。

2．“闻知”款

①“活”闻知：基于《考工记》的生产经验及《经上》《经说上》的理论定位，对光学理论体系进行初步建构。

②“死”闻知：看似墨家光学理论已是鼻祖，不涉及传闻，但实际实验中，仍需要“传闻”的方法进行研究，如一人一鉴，临鉴而立，则镜中人景（指镜中所映背景，非通假也）俱静，行走则人动景静，抱鉴而行则人静景动，要想得到人静俱动的情况，则须另一实验者持镜与原实验者差速而动，方可得知，由此可有“闻知”。当然，上述案例并非直接书于《墨经》中，但经文在事实上揭示了传闻的存在——临鉴，一人静一人动，动者观镜中静者，静者观镜中动者，所观结果，非易地而处，本人不能得知，惟两人实验后，相互印证，方有“多而若少，说在寡区”的实验结论。

3．“说知”款

①“活”说知：发现所有光学现象，是光线在无数点处的汇集、遮蔽、反射等，“鉴者之臬于鉴”为据，再如寇、李等人推测的墨家可能发现的反射率、折射率等。

②“死”说知：将对光影认知在经文中进行高度概括，便是我们今日看到的首条中“景不徙”一句，揭示光影之本质。

可见，《墨经》对光学的研究过程中，不仅充分运用了“知源”三款，还实现了极大的交互，实验、测量、对比、推理等手段，是你中有我、我中有你的。

六、结语

应当认识到，在时间和篇幅有限的情况下，本文的研究还是有许多不足的。首先是考证上的不足，偏僻之说虽未收录，但未必没有它的价值，如果能够进一步深挖，或许会有新的发现。

其次是分析的深度有限，很多解读未必能够完全体现“三款六式”分析框架的价值。

另外，所论与《墨经》其他部分缺乏联系，也许很多的“三款六式”未必能在光学八条中体现，但存在于整个《墨经》当中，这还有待更多的研究去发现和证明。

尽管如此，本研究还是在一定程度上继承和发展了光学八条的研究结果，这也有利于进一步挖掘《墨经》中积极的科学思想，弘扬传统文化，增强民族自信。到目前为止，对“三款六式”的研究和应用多集中于《墨经》，在中华传统文化以儒门为主流的情况下，是否可以称其为“中华格式”，还需更多、更深的考证研究，但是其独树一帜的分析方法和科学思想的价值是不容忽视的。

自然国学评论

哲学批评

《自然国学评论》第三号
第 137－179 页

固执于定义 悬空于生活

——评邓晓芒《苏格拉底与孔子的言说方式比较》一文*

李浦群**

摘　要： 邓晓芒文集中对比了古希腊苏格拉底的对话与孔子在《论语》中的对话在言说方式上的区别（formal difference），而忽略乃至割裂两者各自言说方式与其言说内容、言说目的之间的密切联系，是一种仅就方式（或形式）做对比的片面比较；邓文以苏格拉底的对话为对话之对错标准，强加于孔子的伦理教学实践，抱怨孔子的"二胡"为什么没有拉出苏格拉底之"吉他"的音色；邓文在多处曲解、篡改《论语》中的语句，严重违背对文本解读的宽容原则（principle of charity）。通过研究言说的标准问题、对话的性质问题、讨论的效果问题可知，孔子的言说（包括形式和内容）是好东西，苏格拉底的言说（包括形式和内容）也是好东西，关键看我们怎么学，怎么用；它们都不是适用于一切领域的、不能有任何修改完善的"金科玉律"，不是包医百病的"万能药"；要正视它们，承认它们各自的积极意义和作用，让"二胡"与"吉他"和谐地各鸣其鸣，不要用一方去压倒另一方，诋毁另一方。

关键词： 苏格拉底　孔子　言说方式　片面比较　比较研究

---

* 所有嵌入评论均采用黑体字，以示区分。请读者稍微花点时间，通读邓晓芒的文章（网上链接 http://www.aisixiang.com/data/3604.html），然后再看我嵌入邓文的评论。直接读我的评论可能会错过感受邓文原有韵味和吸引力的机会。在通读邓文之后，读者可能会比较明显地感受到邓文与我的评论之间的鲜明对比。［注：邓文最初发表于《开放时代》2000 年第 3 期，其讲座版（观点没有变化）收入邓晓芒的《哲学史方法论十四讲》，重庆大学出版社，2015 年版，第 331—362 页。另：本文省略了邓文中的尾注。

** 李浦群，加拿大昆特兰理工大学哲学系。

邓晓芒：本文通过对古希腊苏格拉底的对话与孔子的《论语》在言说方式（logos）上的比较，证明苏格拉底的对话把言说标准确立于言说本身，具有向对话双方自由开放的性质，孔子则把言说标准放在言说之外的个人情感体验之中，是一种任意独断的权力话语，由此而形成了中西两千多年传统思维方式和言说方式的根本区别。

李浦群：总评论：

1）邓文集中对比了古希腊苏格拉底的对话与孔子在《论语》中的对话在言说方式上的区别（formal difference），而忽略乃至割裂两者各自言说方式与其言说内容、言说目的之间的密切联系，是一种仅就方式（或形式）做对比的片面比较。

2）邓文以苏格拉底的对话为对话之对错标准，强加于孔子的伦理教学实践。如果我们把苏格拉底的言说形象地比喻为“弹吉他”，把孔子的言说比喻为“拉二胡”，那么邓文就是在抱怨孔子的“二胡”为什么没有拉出苏格拉底之《吉他》的音色。

3）邓文在多处曲解、篡改《论语》中的语句，严重违背对文本解读的宽容原则（principle of charity）。

邓晓芒：我在《论中国哲学中的反语言学倾向》

李浦群：根据《维基百科》，语言学（linguistics）包括“语言结构（语法）研究与意义（语义与语用）研究”。根据《百度百科》：“语言学是以人类语言为研究对象的学科，探索范围包括语言的性质、功能、结构、运用和历史发展，以及其他与语言有关的问题。语言学被普遍定义为对语言的一种科学化、系统化的理论研究。并且语言是人类最重要的交际工具，是思想的直接现实。”

根据 Webster 网上字典，语言学是“the study of human speech including the units, nature, structure, and modification of language.”根据网上 Oxford Dictionaries，语言学是“The scientific study of language and its structure, including the study of grammar, syntax, and phonetics.”

中国（传统）哲学也许没有发展出系统的语法（包括词法、句法、语音等）和意义（包括语义和语用）研究，但是不能因此断言中国哲学是“反”语言学（即语法和意义）的，因为中国哲学基于古汉语，古汉语并不反对语法和意义。

邓晓芒：一文①中曾说过：“中国哲学对语言的追索

李浦群：确切的意思是什么？是追索语言的起源吗？是追索语法、语用和意义吗？无论这两者的哪一个，既有这样的“追索”，就不能说是“反语言学”的。

邓晓芒：可以说是一开始就自觉到了的，但也是一开始就采取了蔑视语言本身或使语言为政治服务的态度，从未把语言当作人与世界本体之间的必经中介，更谈不上将语言本身及其逻辑当作本体和客观规律了。

李浦群：什么叫“蔑视语言本身”？在什么意义上中国哲学“蔑视语言”了？是蔑视“语法”——即不按语法胡言乱语吗？是蔑视“意义”，不承认语词、语句是有意义的，有功用的吗？另外，“蔑视语言本身”与“使语言为政治服务”是完全不同的两回事，不能混为一谈。

再者，“使语言为政治服务”的确切含义是什么？(1) 是用语言探讨政治问题吗？柏拉图（《理想国》等）和亚里士多德（《政治学》）都用语言探讨政治问题。(2) 是为政治或其他目的不惜否定或扭曲语法或者语义，比如，混淆“党”“国”；再比如，某警官的高论：“带套不算强奸”吗？中国哲学哪一派这么做了？(3) 在“一开始”的中国哲学“百家争鸣”，有那么多派，不是每一家都把政治问题作为核心问题，不是每一家都以同样的程度关心政治问题（尤其是名家、阴阳家、小说家等），怎么可以一竿子打死一大片呢。

邓晓芒：“从未把语言当作人与世界本体之间的必经中介”。

李浦群：第一，难道中国的哲学家会否认“桌上有一杯水”这个句子（“语言”）反映或再现了（represents）桌上有一杯水这一事实（姑且称这个事实是“世界本体”的一例)?

第二,这种“从未……”的说法似乎基于如下的可疑假设:即把“人”与“世界本体”割裂开来,当成“两撅儿”,好像一撅儿在“桥”(语言中介)这头,一撅儿在“桥”那头。但是,脱离了人的活动,包括人的言说,所谓“世界本体”只能是一个“noumenon”“thing in itself”。

第三,这个说法只是对语言的一种理解(或理解之一),一种派生的、抽象的肢解——把“活的”、应用中的语言从语境中剥离出来的语言。活的语言是海德格尔所说的与存在源本地(“primordially” or “onto-logically”)“打成一片”的语言,是维特根斯坦所说的与人的活动密不可分的“语言游戏”(参见《哲学研究》第7节)。

邓晓芒:“更谈不上将语言本身及其逻辑当作本体和客观规律了。”

李浦群:这一句是不是想说:“更谈不上将语言本身当作本体,将(语言)逻辑当作客观规律”?分开说好一些。因为“将语言(A)以及逻辑(B)当作本体(C)和客观规律(D)”可能出现逻辑歧义:是 A + B = C + D?还是 A 是 C,B 是 D?

即便如此,问题仍在。什么叫“更谈不上将语言本身当作本体”?“本体”是指“主要议题”吗?还是指“世界的本体”?若是后者,那么如何与“从未把语言当作人与世界本体之间的必经中介”之中的“世界本体”区分开来?(那样的话,就会出现:“从未把[世界的本体]当作人与世界本体之间的必经中介”这样莫名其妙的句子。“更谈不上将(语言)逻辑当作……客观规律”?这个“逻辑”具体指什么?是语法吗?难道中国历史上的哲学家都在不讲语法地胡言乱语?这个“逻辑”是指概念在使用时的确定性(clarity or definiteness)及一致性(或连贯性,consistency)吗?这一点,邓文须要更明确一些。

邓在《论中国哲学中的反语言学倾向》一文中说,老子的道是“不愿意赋予一个词单一的确定意义……也就是不愿意承认“词”(名)经过解释、规定,可以获得其固有的概念内涵,因而可以成为这一内涵(意义)在实体上的等价物和全权代表……”

“道可道也，非恒道也。名可名也，非恒名也。无名，万物之始也；有名，万物之母也”（《道德经》第一章）。“道”作为万物之“母”算不算对道这个词的“确定意义”？还要怎么确定？

让我们对比一下老子的“道”与柏拉图的“善”。柏拉图的“善的形式”（the Form of Good）是“[每个灵魂]直觉或推理出善是某种事物，但是灵魂[对此]却是迷惑的并且不能恰当地把握这个事物到底是什么……”，这是不是像老子的道一样，不可名，不可道，因而“不愿意赋予一个词[The Form of the Good]……确定的意义”？可是，柏拉图又写到，“善的形式使可知事物真实呈现而且赋予知者知的能力”。这是不是给“善”这个词了一个“确定的意义”？作为万物之母，老子的“道”可以“生”万物，亦即使万物生，这是不是也算给“道”这个词了一个“确定的意义”？

中国哲学注意到概念在不同语境中因用法差别造成的语义差别，例如，老子之“道”不同于孔子之“道”，难道我们必须强迫他们“道”字只能是客观的道的“单一的”“在实体上的等价物和全权代表”？再比如，“2 + 2 is 4”“The rose is red”。这里在“is”的两次出现因用法不同而意义不同，难道我们必须说这两个“is”意义必须相同吗？因为是一个字嘛？但是：请试着把“is”换成“equates”或者“is identical to”，看看你会发现什么。

邓文（《论中国哲学中的反语言学倾向》）还说，“中国古代哲学总的来说忽视语言的中介作用，强调体验的直接性，具有强烈的反语言学倾向。语言总是在尚未来得及定形时即已被扬弃，语言与意谓（名与实、言与意）的关系从未遭受过真正的颠倒，因而语言的逻辑本性始终未能得到发挥和实现。”

什么叫“语言总是在尚未来得及定形时即已被扬弃”？当然，所谓语言“定形”，我推测，邓文指的是普遍必然性，在欧几里得几何学或代数学的意义上，是可以这么说的，比如，三角形的定义，毕达哥拉斯定律 $a^2 + b^2 = c^2$，都可算作语言的“定形”，但直接把这种“定形”的概念观移植到伦理、政治、艺术等领域，往往不是澄清而是遮蔽了问题本身。

这里需要用一些实例，做具体分析。比如“游戏”（game）一词，与“三角形”一词相比，就有（允许）一定的模糊性：一个图形是三角形，或不是三角形，界限分明；一个活动算不算游戏，则有（允许）边缘模糊性，得看具体语境。什么才算奥林匹克运动项目（Olympic games）会随时间变化，当然，这不能证明边缘模糊的概念不是“概念”（见维特根斯坦《哲学研究》第71节），也不能一劳永逸地画出一条超越具体语境的固定界线，决定什么是游戏，什么不是。不过，也不能因此说游戏这个概念的使用是毫无确定性、毫无规则可言的（同上，第68节）。

“美”“善”“合法”“正义”等美学、伦理、政治概念，也不能像“三角形”这个概念那么被认为是超地域、文化、历史时期等那样界限截然分明的。一个图形是三角形，在三千年前的古希腊如此，在三千年后的中国仍然如此。可是，同性恋合不合法，合不合道德，吃狗肉合不合法，合不合道德，则因国家地域、历史时期而不同。别忘了，苏格拉底那时奴隶制是合法的，妇女、黑人有投票权也是现代社会才有的事情。但是，特别值得注意的是：这绝不意味着，这些概念都模糊得一塌糊涂，一盆糨糊，人们（特别是当权者）可以任意扭曲、玩弄。在特定国家、文化、历史时期，什么是合法，什么是不合法，比如什么算强奸，什么不算强奸，一定得有明确的标准—虽然该标准不是几何学式的。

还有一点值得一提：指出语言（字面）所能达到的以及所不能做到的，即指出语言文字的“界限”（比如，指月之指非月本身，“巧言”不等于行仁），不是在蔑视语言，恰恰是在正视语言（及其局限），这正如康德讲知识的界限不是在蔑视知识，反而恰恰是在正视和重视知识。

邓文中“语言与意谓（名与实、言与意）的关系从未遭受过真正的颠倒”的确切含义是什么？举例说明为什么这个“颠倒”是重要的？这种“颠倒”使用于一些领域和学科吗？这些问题不搞清楚，是不能拿“颠倒”为标准（无论它确切所指是什么）去评价孔子以及中国哲学的。

邓晓芒：为了进一步展开这一观点并说明其意义，我想在此以孔子的《论语》为例，将它与古希腊苏格拉底的言说方式作一对比。苏格拉底常被誉为“西方的孔子”，而且与孔子一样，也没有留下自己亲自撰写的著作，而只有由弟子们所记述的言论；在孔子，这是由于他“述而不作”

李浦群：就行文的平衡及公允起见，是否可以考虑加上：“他［孔子］认为自己的使命是通过言行启发人们去关心和思考如何安身立命，成己成人，即如何活得好、活得有意义。”

邓晓芒：在苏格拉底则是由于，他认为自己的使命是通过谈话启发人们去关心和思考真理，追求智慧；两人都以口头对话的形式阐述了自己的思想，且都把关注的重点集中于伦理道德问题，但他们不论是在伦理道德的内容还是在对话的方式上都有极大的区别。本文拟只就他们对话的言说方式来做一比较。

李浦群：我完全同意这一点：即对比孔子与苏格拉底的言说方式很有意义。这里提到孔子与苏格拉底各自的口头对话“在伦理道德的内容还是在对话的方式上都有极大的区别”，但“只就他们对话的言说方式来做比较”，这是否仅仅是该文聚焦讨论的需要，还是也自觉或不自觉地暗示或预设一个议题（subject matter）的言说“方式”可以与其“内容”割裂开来？

一、言说的标准问题

邓晓芒：任何言说，如果要人有所获的话，都必须要有标准。孔子和苏格拉底可说是中西方传统言说标准的确立者。然而，苏格拉底把言说的标准最终确立于言说本身，孔子则把言说标准放在言说之外，从而最终取消了言说的标准。“苏格拉底把言说的标准最终确立于言说本身”。

李浦群：这句话的确切意思是什么？一般来说，一个事物的标准与该事物应该是两个不同的东西：用尺子去量桌子的高度，“尺子”是独立于“桌子”的。作文的评分标准也不同于作文本身。所以，所谓“苏格拉底把言说的标准最终确立于言说本身”这一句，不知道在讲什么。苏格拉底自己没有这么讲（请用苏格拉底的文本依据反驳我这一点），邓文也是胡解释。

邓文这里是不是说言说本身不能是自相矛盾的（self-contradictory）？必须是自我一致或一贯（self-consistent）和自我融贯的（self-coherent）？但“自己为自己立标准”与“逻辑一贯”是两个完全不同的概念。

当然，不可否认，若要建立一套（理论性的 theoretical）普遍概念，其逻辑一贯性是重要的。以“正义”为例，对其的言说不能是：“正义是 A（有 A 属性），又不是 A（不具有 A 属性）。”正如罗素所说：

> 只要所争论的是逻辑的事情而不是事实的事情，那么争论就是发现真理的一种好方法。例如，假使有人说，民主制是好的，但凡是具有某种意见的人却应该不许投票；那么我们就可以断定这个人是不一贯的，并且可以向他证明，他的两种说法之中至少有一种必定或多或少是错误的。逻辑的错误，我以为，要比许多人所想象的具有更大的实际重要性，它能使犯这种错误的人轮流地在每一个题目上都采取为自己所惬意的见解。任何一套逻辑上一贯的学说都必定有着某些部分是令人痛苦的，并且与流行的成见是相反的。辩证的方法，或者，更广义地说，无拘无束地辩论的习惯——是有助于增进逻辑的一贯性的，因而在这方面便是有用的。①

苏格拉底关心的是如何获得对伦理概念的定义，这一点邓文在后面第三部分第一段是承认的：“苏格拉底在对话中……执着于一个明确的目的，这就是要找到一个事物的‘定义’。”也就是说，归根到底，如罗素所言，苏格拉底是在求“语言学上的发现”：

> 柏拉图最早的一些对话是被公认为最近于苏格拉底的，这些对话主要是从事于探讨伦理学名词的定义。《沙米底斯篇》是谈论节制和中庸的定

① 罗素：《西方哲学史》，何兆武、李约瑟、马元德译，商务印书馆，2005 年版，第 82 页。

义的；《李西斯篇》是谈论友谊的；《拉什斯篇》是谈论勇敢的。所有的这些对话里，都没有得出结论，但是苏格拉底明确表示了他认为探讨这些问题是重要的。

苏格拉底的处理方法所适用的，乃是那些我们对之已有足够的知识而可以达到正确结论的事物，但由于我们思想混乱或者缺乏分析的缘故而未能对于我们所知的东西加以最好的逻辑的使用。像“什么是正义”这样一个问题，显然是适于以柏拉图式的对话来加以讨论的。我们大家都在随便地使用“正义的”或“非正义的”这些字，只要考查一下我们使用这些字的方式，我们就可以归纳出来最能与习惯相符合的那种定义。这里所需要的，只是关于问题中的这些字应如何使用的知识。但是当我们的探讨得出了结论时，我们所做出的只不过是一桩语言学上的发现，而并不是一桩伦理学上的发现。

比如，所谓的关于“正义”的言说本身，在苏格拉底看来，不是指日常生活中多种具体的个别的关于“正义”的实际用法，而是指经过反思的、理想化的关于这些实际用法中（可能存在的，或相信存在的，理论性的）共同的本质属性。在澄清预设概念，组织（整合）已知知识，测试假说会不会遇到反例等方面，苏格拉底对话法对后来的西方逻辑思想都有重大启发和影响。

邓晓芒：“孔子则把言说标准放在言说之外，从而最终取消了言说的标准。”

李浦群：孔子言说的议题（subject matter）不同于苏格拉底的议题——寻求伦理概念的理论性的普遍定义。孔子在给学生提具体的行为指导（instructive）和建议，是在具体场景和具体语境下的，是多点透视下的“一步一景”，不是苏格拉底式的跳出具体语境的、从一个想象的立足点（“a point from nowhere”）的单点透视—探索并期望导出一个普遍的定义。如果勉强说“孔子则把言说标准放在言说之外”，这应该被理解为在话语、字面之“外”［因为用言说、用文字都已经是行动］的具体行动，并不以为言说标准藏在神秘的主观个人内心。孔子的指导和建议（言说）对不对（标准）不在字面，比如，“己所不欲，勿施于人”，而在学生的思考的结果及其具体实践行为的效果。如果孔子弟子思考后发现孔子的话有道理，照此去做了，活得更好了，他们就会更加坚信不疑；如果他们思考后发现孔子的话没有道理，或者照此去做了，活得不好，甚至更糟了，他们会怀疑和抛弃孔子的言说。归根结底，标准在于实践，怎么能随便说“从而最终取消了言说的标准”呢？

就孔子的教学内容来说，他对不同学生，甚至同一学生在不同场景下的问题给予不同的回答（参见《论语·先进》第22节》，看上去好像是自相矛盾的，好像是违反逻辑一致性的，其实恰恰是具体伦理实践的需要（“对症下药”：一个人的“病”是具体的，药方也该是具体的，有针对性的。开一个包医百病的普遍性药方，即便可能，也是蒙病人的）。苏格拉底式的期望中的普遍定义，即便能够达到，其本身也难以指导具体个人的伦理行为。

邓晓芒：拿苏格拉底的一篇著名的讨论美德的对话《美诺篇》来说，苏格拉底在与美诺的讨论中总结出了这样一条规则：“一条原则如果有某种正确性，它不应该只是此刻，而应该永远是站得稳的。”如何才能“永远站得稳”呢？苏格拉底主张，应当抛弃“任何一个用未经解释或未经承认的名词来说明的答案”。例如“美德”，如果我们要谈论它，首先要解决的一个问题就是：“什么是美德？”而不是“美德是否可教？”（或“美德是什么样的？”）因为，“当我对任何东西，不知道它是‘什么时，如何能知道它的‘如何呢？如果我对美诺什么都不知道，那么我怎么能说他是漂亮的还是不漂亮的，是富有的而且高贵的，还是不富有不高贵的呢？”

李浦群：“是什么”（What is it?）——可分为在具体语境下“是什么”以及跳出具体语境的“是什么”（后者是本体论意义上的“是什么”）。一把通常意义下的厨用菜刀，在特定情境下，是一把凶器，犯罪物证；在某个情境下，可能是历史文物；而在本体的意义上是什么，是物（thing），是存在（being）。

“怎么样”（How is it?）：罗素（摹状词理论）、维特根斯坦（意义/本质在于用法）、蒯因（存在即有限变量的值）等等都从“怎么样”的角度去理解“是什么”。这些西方哲学家所讲的是不是也有道理，或更有道理？离开“是如何”的“是什么”只存在于理性的抽象中。无论苏格拉底多么强调本体论的“是/在”的优先性，我们凡人都是从属性的角度理解及界定事物，从属性的角度理解及界定概念的。我们是在美诺是漂亮的或者不漂亮的，富有且高贵的，或者不富有不高贵的……等等诸如此类的属性（“是如何”）的意义上理解他“是什么”样的人，而不是相反。

“如何做”（What or how to do?）：实际的行动只能是具体的。如果你的绘画老师叫你画［具体行动］一朵摆在桌上的花，你一定得画一朵具体的花（牡丹、玫瑰、郁金香），而不是一朵一般的、抽象的花。但是，你如果用文字讲到“花”，就可能笼统地概括了一大片，没有落到实处。那个概念之“花”只是多种、多个具体之花在思维和语言中的抽象。不是“先”有了这个抽象，然后才有了具体，而是“先”有了诸多具体，然后才有了抽象。同理，先有各个具体的行动，才成为这样或那样的人；而不是先有一般的抽象的人，然后才有这样或那样的具体的人。

不可在没有反思、评判苏格拉底的言说方式是否有道理，是否有局限之前，就把它拿来作为评判孔子言说方式的标准。必须警惕以下的推理：

1）苏格拉底的言说方式是对的。（对比：马克思主义哲学放之四海而皆准的真理。）

2）孔子的言说方式不同于苏格拉底的方式。（对比：孔老二的思想不同于马克思主义哲学。）

3）所以，孔子的言说方式是错误的（或，至少是有缺陷的）。（对比：所以，孔老二的思想是错误的。）

从逻辑可能性上讲，若有A与B两种不同的观点，可能出现的情况是：（1）A与B都对（同一问题不同解法在各自的意义上对）；（2）A与B都不对（无关，或无效，或无意义等）；（3）A对，B不对；（4）B对，A不对。

邓晓芒：也就是说，苏格拉底非常注重言说本身的逻辑层次，在言说中所使用的任何概念都必须建立在这概念的明确和严格的“定义”之上，否则一切描述都无以生根。

李浦群：这是否意味着在言说一把常用的菜刀时，我必须先说它是一个存在“being”，一个物（“thing”），然后才能说这把菜刀是铁的，重的，生了锈的，否则“一切描述无以生根”？有谁在实际生活中会认为在没有查到或找到了“菜刀”这个概念的“明确和严格的‘定义’”之前是“无根”地说出了“这把菜刀是铁的，重的，生了锈的”这样的描述的？是生活在先，还是定义在先？这是哲学家需要思考的重要问题。

邓晓芒：这种要求是言说本身的要求，而与所言说的对象或内容无关。

李浦群：苏格拉底的言说有这个要求，那是他的工程和他的希望——找到概念的普遍必然的定义，但孔子的言说针对的是不同的工程，要达到的是不同的目的。对孔子而言，言说方式与“所言说的对象或内容”密切相关。正如祝平次就苏格拉底和孔子之言说所指出的：

> 观察两者的内容，却也多少可以发现两边所关心的议题不同，《柏拉图对话录》关心的是如何建立起普遍的知识，而《论语》中的孔子及其弟子则是找到合宜的行为指导。而问答之中关心的议题不同似乎也和问答的形式有密切的关系。①

邓晓芒：就是说，即使你言说的内容再好，如果不遵守这一原则，只会连自己也不知道自己说出来的是什么，或者是陷入自相矛盾。

李浦群：孔子有没有在同一个意义上针对同一个对象同时说“A并且非A”？再者，邓文如何看待孔子的如下言论：“父母之年，不可不知也。一则以喜，一则以惧。”这既喜又惧（既“A”又非“A”）算不算自相矛盾？还是对

① 祝平次：《权威、言行关系与仁：论〈论语〉中的问答形式》，《东吴哲学学报》2008年8月第18期。

人生情感的真实的（或理想的）描写？

邓晓芒：这正是美诺在与苏格拉底讨论时语无伦次、处处被动的原因。苏格拉底提出的这一原则，也是后来亚里士多德建立形式逻辑的同一律和不矛盾律、并将"实体"作为最基本的"是"本身（即"作为有的有"）置于言说的首要地位的根据。在亚里士多德那里，这一形式逻辑的原则同时也是本体论的原则，或者说，言说的原则就是存在的原则，什么东西是最基本的存在，什么东西就是最根本的言说：苏格拉底虽未进到这一层，但他为言说规则的"本体论化"即客观化提供了前提，在他那里，言说的规则是不以人的好恶为转移的客观规则，不是人说语言，而是语言说人。

李浦群：对个人，语言有"客观性"（确定性、规则性），对具体的人种、文化、社会、历史，语言又有一定的相对性（不确定性或可变性）。语言是相对稳定但保持演化的有机体。如果"不是人说语言"中的"人"指"个人"，并且这句话的意思被理解为"私人语言是不可能的"，这话有道理（参见维特根斯坦《哲学研究》243—309节，这里不再展开）；如果"不是人说语言"中的"人"指种族、群体——人的统称，这句话，不知所云。"不是人说语言"，难道是"石头说语言"？

邓晓芒：所以，当美诺回答苏格拉底"什么是美德"的问题说，美德就是男人懂得治理国家，女人善于管理家务等等时，苏格拉底讽刺他说："当我只问你一种美德时，你就把你所留着的一窝美德都给端出来了"，并开导他道："美德不论它们有多少种，而且如何不同，它们都有一种使它们成为美德的共同本性，而要回答什么是美德这一问题的人，最好是着眼于这种共同本性。"

这就意味着，在回答"什么是美德"这个问题时，必须提出一个具有普遍性的本质定义，也就是这个"什么"必须是一个适用于美德的一切场合的概念，而不仅仅是美德的一个实例（"部分的美德"）。这样，苏格拉底引导着美诺一步步推导，先是撇开感性经验的具体例子，然后剔除了那些仅仅构成美德概念的一部分的概念（正义、勇敢等等），直到推出美德是一种"知识"，即美德的“种”（本质）。“知识”是一个不在“美德”概念之下，而是在它之上的概念，因而可以用来给美德归类、使之得到更高的规定和理解的概念。当然，后来亚里士多德把定义的规则规定为“种加属差”，即不但要知道美德是“一种”知识，还要知道它是一种“什么”知识，而且这个“什么”还必须是最近的属差，所以定义就是正位；苏格拉底还未意识到这一点，他所做到的只是使思想摆脱具体经验的束缚而上升到逻辑的（合乎理性的）言说，但这正是最困难的一步。由此就形成了西方思维对任何一个概念寻根究底进行追溯的理性传统。

现在我们来看看《论语》。孔子在《论语》中与弟子们讨论的最重要的一个问题就是“仁”的问题，“仁”也是孔子思想的核心。然而，这些讨论全都是建立在未给“仁”下一个明确定义的前提下的。

李浦群：定义可有很多种：

（1）实例定义（definition by example）。什么是game？足球就是一个game。

（2）同义词定义（definition by synonym）。什么是obligation？“Obligation”就是“duty”的意思。

（3）直指定义（ostensive definition）。什么是大提琴？看那里（指向一把大提琴）！

（4）报告定义（reportive definition）或字典定义（lexical definition）。什么是“二奶”？泛指男人除原配夫人外，保持情人关系的女人，或称“情妇”。

（5）规定性定义（stipulative definition）。我将“唯一正确答案综合征”（“single correct answer syndrome”）定义为“认为对任何学科中的任何问题都有唯一正确答案的一种思维疾病”。

（6）苏格拉底式定义（Socratic definition）。“永远是站得稳的”超时间、超空间的定义。比如，三角形是“由同一平面内不在同一直线上的三条线段‘首尾’顺次连接所组成的封闭图形。”（互动百科）。再比如，“美德是……（可能但并未明确的、如此这般的限定语）的知识”。苏格拉底相信并希望能得到这样的关于美德的定义，但从来也没有达到这个目的。

邓晓芒：“孔子在《论语》中未给‘仁’下一个明确定义。”

李浦群：这要看你要求的是什么样的定义，如果是苏格拉底式的，孔子当然没有。但是，第一，这并不意味着孔子没有给“仁”下其他的定义；第二，这并不意味着只有苏格拉底式的定义才算定义，才是唯一正确的定义方法。况且，苏格拉底式的定义方法，针对伦理学的概念，是没有确切结果的。从“美德是……知识”中我们只是得到了一个大致的概念归类，类似于说，“足球是……游戏”。

第三，孔子关心的问题不是“仁”（作为‘普遍共性”的、苏格拉底式的概念）“是”什么，而是每个具体人该如何“做”才算“仁”，他关心的是“行仁”的问题。孔子如果本来就想搞苏格拉底式的定义，但没搞成，你可以这么批评他；可他本来就没有想搞苏格拉底的那一套，为什么要强加于他呢？打个比方，孔子想拉二胡，也拉得不错，你是欣赏吉他的，你非说，孔老二呀，你怎么拉不出吉他的音色呢？这完全是强加于人。

第四，问问家长和老师，伦理概念（比如美德，正义，善良，勇敢）必须先找到苏格拉底式的定义，然后才是“可教的”吗？这样的话，苏格拉底的学生要等到猴年马月才能开始学习伦理概念。正义、善良、勇敢等都必须先找到苏格拉底式的定义，然后才是“可行（可做，可操作）的”吗？设想一下，如果子路问仁，孔子说，“仁乃人之全德也”（对“仁”和“全德”之间的概念归类），也无不可，但是这里孔子的言说，如果不基于其他关于“仁”的具体可操作性指导，就只是漂在文字上的“穿求”。当一个人还不知道什么是具体水果（苹果、橘子、香蕉……等等）时，你企图教他“水果是食物之一种”将是徒劳的。

邓晓芒：谈话中，弟子们向孔子问仁”共有七次，每次都各不相同。现论列如下。

1。颜渊问仁⑥。可以看出，《论语》中凡“问仁”“问政”“问君子”等等的意思，都不限于问“什么是仁”“什么是政”“什么是君子”，而是**笼统地**“问关于仁、政、君子等方面的事”，这样我们才能理解孔子对这些提问的回答为什么那么多种多样，且把不同层次的事情放在一起。

李浦群：事实是：从《论语》文本看，具体的人（学生或其他）在具体语境中的发问（虽然这些语境在《论语》文本中有些并没清楚记录下来），所以这里的“笼统地”一词让人莫名其妙。如果“笼统地”在此意思是“抽象地”或者“不加区分地”，那么这个词就用错了，因为孔子没有“抽象地”，也没有“不加区分地”讨论仁、政、君子等方面的事。如果“笼统地”意指“不具体、不明确、含混”，那为什么孔子与学生基本上都达到了有效的沟通？你以什么标准来评价孔子，得出结论他的那些讨论都“不具体、不明确、含混”？是苏格拉底式的（关于“仁、政、君子”的可能定义）吗？那样的话，你又回到了前面讲的“强加于人”。

邓晓芒：孔子对颜渊的回答有三句话，代表三个不同的层次。“克己复礼为仁”，这一命题类似于美诺对“什么是美德”的问答，即“男人的美德是治理国家”；但美诺还有一种想要进行归纳的意向，因此他还列举了女人、老人、奴隶等等其他一些他所能想到的美德，孔子却连这种欲望都没有，只举了“克己复礼”一例（别的例子他要留着对别的人讲）。

李浦群：孔子“克己复礼为仁”对仁的“定义”，不同于“男人的美德是治理国家”对美德的“定义”。孔子的“定义”是对颜渊的有针对性的建议、规劝，美诺的“定义”是美德这个概念外延之内的列举。既然是列举，所以尚不周全或完全，所以他试图进一步列举，“进行归纳”，孔子“连这种‘归纳的’欲望都没有”，因为他本不是在追求苏格拉底式的定义，而是在给颜渊的个人修行提建议，所以没有这个欲望不是孔子的错。试想，若孔子给颜渊一个完全的、普遍的苏格拉底式的关于仁的定义（姑且假设这是可能的），那对颜渊的实际修行有何益处呢？“仁是……的美德”，或者“仁是……的知识”，但是我（颜渊）到底具体该如何做呢？

5岁的小明问妈妈：“什么是好孩子？”（即：“做到什么才算好孩子？”）妈妈的一种可能回答是：“好孩子就是爱学习，爱思考，尊敬长辈，等等”[这里妈妈的回答可能有，但也不一定必然有明确的针对性；“等等”包含很多，甚至是难以穷尽的，但这绝不意味着妈妈这个回答（定义）没有用，不意味着小明与妈妈的沟通和理解没有发生]。妈妈的另一种可能回答是："好孩子就是不说脏话。"（针对最近小明身上的一个问题而发，对你目前的情况而言，不说脏话，是你需要当下努力做到的。）

邓晓芒："一日克己复礼，天下归仁焉"，这一命题讲的是克己复礼与天下、仁三者之间的关系。从"一日"来看，这是一个全称假言命题，前提和结论之间有种必然性，但结论却并不是"仁"，而是"天下归仁"，即天下的人都会称许你是仁人。它所针对的问题已不是"什么是仁"，而是"怎样才能使天下归仁"了。

李浦群：孔老夫子本来就不是在探讨苏格拉底式的"什么是仁"的问题。但这并不证明孔子错了。

邓晓芒："为仁由己，而由人乎哉?"这是第三个层次，谈的是"为仁"（即仁的行为）的根据，它回答的是"实践仁单凭自己，还是也要靠别人?"

李浦群："也"字完全多余，稀释了孔子对"为仁由己"的强调。

邓晓芒：这一问题上述三个层次当然还是有联系的，它们就像一个德高望重的老者对年轻人说：你们要克己复礼啊，克己复礼做到了，人家都会说你们是仁厚之人呢！

李浦群：严格来讲，孔子在此只是针对颜渊一个人，没有泛化为对所有"年轻人"。从《论语》看，孔子的"课堂"是一对一或一对几的私人辅导（private tutoring）式的，不是集体大礼堂做报告式的。当然，也没有理由认为，孔子会反对报告式的讲学，只是在他看来，有针对性的"小班上课"效果会好些，当然还有客观教学条件的局限——孔子当年还没有大礼堂，没有扩音喇叭。

邓晓芒：只要你们想做，这是不难的啊！换言之，如果连贯起来看，这些话后面包含的意思是劝说，而不是证明。

李浦群：没错。他在“劝说”，而不是“证明”。问题是他要不要证明？若要，要什么样的证明？数学里的证明吗？如一个三角形，其中一个角是90度，另一个30度，那么第三个角是多少度？证明：180度－90度－30度＝60度。这是自然科学里的证明。通过观察、测量，水在一个大气压下摄氏100会沸腾吗？如果孔子说，“2＋2＝5”，或者“人血是黑的”，相信他的学生们当然会质疑他，反对他，纠正他。如果孔子说（1）一只猫有四条腿；（2）一只狗有四条腿；所以，（3）猫就是狗（或者狗就是猫），他的学生一样会反驳他。

设想一下，如果颜渊向孔子要证明，他怎么问，孔子又会怎样答。问：“为什么‘克己复礼’就是‘为仁’呢？”答：“因为对你来讲，礼可以给你一个适度，不可对己太苛刻，也不可放纵。”这里的‘答’与其说是证明（justification），不如说是解释或说明（explication or illustration）。

再设想如下场景。小明问：“为什么不说脏话就是好孩子呢？”答：“因为说脏话不好”“因为没有人想听脏话”“因为说脏话不尊重人”。同样，这些回答与其说是证明，不如说是说明。这里涉及的将是言说者和听者的体知，验证，亲证，是去实践还是不去实践，承当不承当。“虽有佳肴，弗食，不知其旨也。虽有至道，弗学［习实践］，不知其善也。”（《礼记·学记》）［另参见维特根斯坦《论确定性》第204节：“证明”命题（propositions）的最终根据，不是“看”（*seeing*）出来的，而是在于实际的“做”（*acting*）。］当然，孔子没有强迫学生，他只是建议、规劝、提供参考意见。有的学生就承当了［“请事斯语矣”《论语·颜渊》］，有的质疑了［“三年之丧，期已久”（《论语·阳货》）］，“子见南子……”［《论语·雍也》，“苟有过……”（《论语·述而》）］，有的甚至对言说者启发了［“起予者商也”（《论语·八佾》）］。

邓晓芒：劝说也是有一个内在的标准的，但它不体现在言说本身上，而是包藏在一问一答的意思中，这就是：想要做到仁，或想成为一个仁人。

李浦群：请问“一问一答”算不算“言说本身”？如果算，何言“不体现在言说本身”而是“包藏在一文一答的意思中”？再者，“劝说”有无道理（“内在的标准”）的问题怎么会变成了“想成为一个仁人”？这里是不是把

“前提”（想成为一个仁人）与“标准”（劝说的对与错）混淆起来了？

邓晓芒：“问仁”本身就意味着：想要仁，而问怎么做？没有这个前提，对话根本就形成不起来。孔子的教导只对于那些想要成为一个“仁人”（君子）的人**才有意义**，对那些甘做”小人”的人则不存在对话的基础。

李浦群：“才有意义”是模棱两可的：是“才有效果、作用、价值”，还是“才有字面的意义”？从前面评论举出的小明的例子看，小明可能完全听懂了妈妈说的如何“做”（也同时可以是“什么是”）好孩子的话语（字面意思），但是他可能不愿实际上那么做，他甘愿做坏孩子。在双方都了解字面的意思的情况下，可以说小明与妈妈存在“对话的基础”，但这样的对话不一定具有小明妈妈期望的积极效果。

邓晓芒：颜渊听了以上回答还不满足，于是“请问其目”，即具体实施办法。孔子说：“非礼勿视，非礼勿听，非礼勿言，非礼勿动”，把视、听、言、动都落在一个“礼”字上。但问题是，他为什么不说“非礼勿想”？“想”难道不是一切视听言动的出发点吗？回答只能是，非礼勿想是用不着说出来的前提，如果连这点都还有疑问，那就不用说什么了，要说也只有“鸣鼓而攻之”或骂人了。

李浦群：因为“礼”表现在“视、听、言、动”；从真实生活的动态现实看，没有脱离“视、听、言、动”的“纯思想”，不存在这样的一个抽象的、空洞的“出发点”。即便你设想在某一瞬间一个人有“非分之想”，若没有在“视、听、言、动”上有任何表现，我们也无法谈论或判断那个“想”是否合乎礼。“前提”“出发点”的说法要小心：不可把“想”理解为只对自我开放（对他人封闭，不可进入）的“黑箱子”。颜渊问如何操作，孔子答如何操作。有什么问题？

邓晓芒：“鸣鼓而攻之”或骂人了。

李浦群：典型的移花接木，断章取义。“鸣鼓而攻之”（《论语·先进》）

有其特指的人和事，岂可随意拿来乱用！

邓晓芒：《论语》中很多地方都是以骂人告终，如“不仁”“小人”“德之贼”等等。

李浦群：注意：“骂人”这个词在此使用不恰当。孔子使用这些词（“不仁”“小人”“德之贼”）不等于他在骂人。“德之贼”也许勉强可以叫作“骂人”，但是它的性质与通常意义上的“骂人”（比如：国骂）是不同的。比较不容易引起误解的说法是把“不仁”“小人”“德之贼”这些语词、语句当成责备，批评，评价，而不是“骂人”。

邓晓芒：不过，虽然“想要仁”是一切对话的潜在的标准

李浦群：“标准”是一个东西；“前提”则是另一个东西——它们不是同一个东西。岂可把它们混淆起来变成同一个“东西”！一个美国人和一个中国人都想当哲学家或哲学学者（philosopher），这是前提，但是在美国什么算作哲学家的标准可能与中国哲学家的标准不同，或不完全相同。

邓晓芒：它却不可能成为讨论的对象⑧。言说的标准是有的，但它不进入言说之中，而是在言说之外；它不受言说的检验，而是言说的前提；它是每个谈话的人预先默认的，并在谈话中时刻认可的。

李浦群：“仁”在《论语》中出现了105次，超过任何其他概念（比如礼、德、道等），怎么不可能成为“讨论的对象”？什么叫“不受言说的检验”？邓文是不是想说，“不可能成为质疑的对象”？但孔子的一些学生也的确“质疑”了。

设想以下情景。老张（作为父亲）对孩子小张说：“你对同学要有爱心（仁），不可欺凌他们”。小张质疑：“为什么？”“因为‘仁者’要爱人，‘己所不欲，勿施于人。’”这里“质疑”了，对“质疑”也回答了。小张如果要继续发问呢？“怎么具体实践‘己所不欲，勿施于人’”？老张会举个实例。假如再问：“为什么非要‘己所不欲，勿施于人’？”老张可能会说（如果他熟悉

维特根斯坦的思想)："任何解释都有到头的时候。"("Explanation comes to an end somewhere"，维特根斯坦《哲学研究》第1节）再比如，耶稣说："要爱你的邻人。"问："谁是我的邻人?"答："请听撒玛利亚好人(Good Samaritan)的例子……"问："为什么要爱我的邻人?"答一："因为所有人都是上帝的孩子"(思考：这是一种证明吗？是一种解释吗？还是一种"说辞"，一种荀子所说的"文")；答二："因为这是正义的事，或这是应该做的事"。

"预先默认的"并"时刻认可的"不是"仁"的具体内容，否则为什么还要明知故问?"预先默认的"并"时刻认可的"是一方想了解，想学习怎么去"行仁"，另一方愿意去解释和教授怎样去"行仁"。"仁"的意义，不是孔子一拍脑袋瞎编出来的，而是有其客观历史根据、并通过概念联系、思考创造出来的(尽管孔子自称"述而不作")。这可以从几个方面来理解：(1)尧舜禹周公等的言行，(2)孔子对《六经》等典籍的提炼；(3)仁与礼、德、道、忠、信、敬、孝等的概念关系网络。

邓晓芒：仲弓问仁⑨。回答仍然是三个层次："出门如见大宾，使民如承大祭"，这是指外部表现出来的举止；"己所不欲，勿施于人"，这是指主观对客观(他人)的态度；"在邦无怨，在家无怨"，这是指内心的心情。前面的分析也完全适用于此，即：1)没有给仁是什么下一个定义，只是描述了仁在不同场合下所表现出来的特征和标志；2)没有指出这些特征和标志哪一个是本质性的，尽管"己所不欲勿施于人"比起其他两条来重要得多，唯有它是"有一言而可以终身行之者"，但孔子却将这三条作为"一窝"仁端给了仲弓。

李浦群：前面的评论也完全适用于此。要看你要的是什么样的定义。如前所述，我们的生活(行动)并不是在给出苏格拉底式定义之后才开始的。在日常生活中，就"仁"之具体实践而言，"描述了仁在不同场合下所表现出来的特征和标志"就可以给学生道德指导。但这不是说，孔子的"仁学"思想就不需要再发展了(想想宋明理学、心学对孔子"仁学"的发展)。

邓晓芒：“没有指出这些特征和标志哪一个是本质性的。”

李浦群：什么是“本质的”要看语境。“本质”在用法中表达出来（“*essence* is expressed by grammar”）。所谓“本质性”是随语境和用法而变的，但这不是说概念就此失去确定性，概念就此变成任意玩弄的橡皮泥，playdough（例如：带套不算强奸）。参见上文关于菜刀的例子。

邓晓芒：“但孔子却将这三条作为‘一窝’仁端给了仲弓。”

李浦群：那好吧，你用苏格拉底的方式端出来“一个”完整普遍的“仁”让我们大家看看。端得出来吗？用苏格拉底的方式端出来的“定义”，是不能“行”的，不可操作的。即便得到了定义，却完全无关于个人的具体生活！抱着那个定义酣睡吧，狂欢吧，看你能有哪怕一丁点真正的（言行上的）道德进步！但是，这并不意味着苏格拉底的辩论和探讨本身是无价值的，只是：他求定义的方法不是用来指导个人的具体道德实践的。就如何做人而言，苏格拉底的贡献不在于追求政治伦理概念的普遍必然定义，而在于他勇敢捍卫自己的自由言论权利，为自己无罪辩护，宁死不屈，视死为灵魂从身体的解放，并且在被判死刑的情况下遵守判决，从而维护了法庭程序正义。

邓晓芒：司马牛问仁⑪。回答只有一句话：“仁者，其言讱也。”司马牛正当地发问道：“其言讱也，斯谓之仁已乎？”也就是说，难道只要言语迟钝就可以说是仁了吗？意思是对这一命题的周延性提出疑问。孔子的回答则是答非所问：“为之难，言之得无讱乎？”人家问的是难道凡是言语迟钝的人都是仁人吗？孔子却答道，做起来不容易，言语当然就迟钝了。撇开这种驴唇不对马嘴不谈，孔子这句话本身也是经不起推敲的，说时容易做时难、或做起来并不难但说不清楚的事太多了。注者说孔子这是针对司马牛多嘴的缺点而说的，但人家问的是“仁”，而不是什么别的小事情，怎么能把“多嘴”随意上纲到如此高度？可见这里表面上是一种对话，实质上是一番教训，是很不容分说的。

李浦群：司马牛问：“其言也讱，斯谓之仁已乎？”意思是，只要做到“言讱”就够（算，叫作——“谓”）仁了吗？不错，这是对这一命题（“仁者，其言也讱”）的“周延性提出疑问”，“仁”当然不仅仅包含这一个方面，但是对于孔子来说，司马牛这个疑问透漏了一个倾向，就是他不愿去脚踏实地在自己言语修行上用功，而是在文字上（即概念的周延性上）“穿求”：你这个毛病还没去掉，别急着言其他。所以，孔子把司马牛拉回生活，说，做到仁是不容易的，所以不可轻言。

设想课堂里的一个情景。

小明：“老师，在您这门课里不缺课就算好学生吗？”

老师答法一：“平时成绩，还有期末考试，（等等）也都很重要。”［注意：老师这句话仍然是端出“一窝”“好”学生的实例或方面，不是给出一个苏格拉底式的定义——属加种差的定义。这样的定义只给你概念的归类（类似于：“狗是最早被人类驯养的、常见的犬科哺乳动物。”），不提供具体的道德指导。］

老师答法二：“‘不缺课’对你很重要，先做到这一点，就算好学生。”或者加上一句：“然后再说别的。”

邓晓芒：樊迟问仁有三次，每次得到不同的回答。第一次是在《论语·颜渊》中，孔子的回答最短，只有两个字：“爱人”。但这未免太简单了，爱什么“人”，如何“爱”，都没有交代。

李浦群：前文中讲到苏格拉底所定义的“美德是知识”。邓文为什么不说，“这未免也太简单了，什么‘知识’，都没有交代？”

邓晓芒：爱什么“人”，如何“爱”，都没有交代。

李浦群：在本节（《论语·颜渊》）中，的确没有进一步的说明，这也许是为什么樊迟“未达”（是关于“仁”和“知”都“未达”还是只关于“知”“未达”，有争议）的原因之一。关于“爱什么人”，孔子另处讲到爱父母兄弟姐妹（孝悌），爱百姓“节用而爱人”（《论语·学而》），“泛爱众”（《论语·学而》），“修己以安百姓”（《论语·宪问》）。关于“如何爱”，《论语》

通篇到处在讲：孝、悌、忠、信、安、恭、敬、让、等等，都可以被看作是爱的表现。

邓晓芒： 孔子显然并不主张不分彼此地爱一切人（如墨子的“兼爱”），他还说过“恶不仁者，其为仁矣，不使不仁者加乎其身”。所以“爱人”作为仁，远不是苏格拉底所谓“永远站得稳”的普遍原则，为了“不使不仁者加乎其身”，仁者也可以恶人、恨人，甚至“食肉寝皮”也是可能的。

李浦群： 这里第一没有文本根据（“恶人”就是“恨人”吗？“食肉寝皮”的文本根据是什么？）。第二，即便作为隐语（metaphor），“食肉寝皮”这样的用词也几近恶毒，大有“‘文革’语言”的遗风，是活脱脱的情绪性谩骂，不是严肃学者的态度。后学千万不要效仿。

邓晓芒： 樊迟第二次问仁的答复是：“仁者先难而后获，可谓仁矣”⑬。有人猜测樊迟害怕力行，想不劳而获，因而孔子敲打他。这与孔子教训司马牛的情况类似。

李浦群： 见上文关于司马牛一节的评论。

邓晓芒： 樊迟第三次问仁是在《论语·子路》中。此人受教育有瘾了，虽然孔子并不喜欢他，还骂过他“小人”。这次孔子多说了两句：“居处恭，执事敬，与人忠，虽之夷狄，不可弃也。”前三句没有什么新意，最后强调到了外国也不可放弃，是否暗指樊迟朝三暮四，不能坚持，这只有他们两人知道。

李浦群： 第一，其他同学也可能知道。第二，即便“只有他们两人知道”，又怎样（so what?）——这是一种批评吗？你在批什么？

邓晓芒：《论语》中很多对话都是要根据当时的具体情况来领会的，时过境迁，留下来的文字就成了哑谜。

李浦群：的确，“当时的具体情况”不一定都在《论语》中记录下来，但这不妨碍它开启了儒家传统，孔子的教化“活”在整个儒家传统中。古代经典文本都可能‘活’在解释、发展的传统中，也可能慢慢被淡忘，或被改造等等。在《论语》中有些对话或句子（相对来讲，并不是“很多”）难于理解，或者有多种可能理解，是自然的。这种现象会发生在佛经、圣经中。你到底在要求什么样的清晰度呢？假如你要是想在《论语》中要求欧几里得几何学的清晰，或曰“不哑之谜”，那你找错了地方。欧氏的《几何原本》与孔子的《论语》是不同种类的文本（texts in different genres）。亚里士多德讲得好，我们应该“在每种事物中只寻求那种题材的本性所容有的确切性。只要求一个数学家提出一个大致的说法，与要求一位修辞学家作出严格的证明同样地不合理。”（《尼可马科伦理学》，廖申白译注，商务印书馆，2005年版，第7页）

邓晓芒：子张问仁。答以“恭宽信敏惠”，“能行五者于天下为仁矣”。他还解释说，恭则不受侮辱，宽则得人拥护，信则被人任用，敏则有功劳，惠则能够使唤人。这些当然都是些好东西，但子张问的是“仁”，而不是什么是好东西，这些解释使人感觉离题万里。

李浦群：子张是在问一个关于“仁”的苏格拉底式的定义吗？还是他在问如何具体去行仁？从整本《论语》看，比较合理的理解是不把子张的发问当成苏格拉底式的发问。倘若子张的发问是苏格拉底式的发问，孔子的回答自然不令他满意：为什么没有一个弟子勇敢地出来说，对不起，老师，我（们）问的是“仁是什么”的问题，即什么是“仁”的普遍必然定义？要知道，孔子及其弟子并不是像苏格拉底（和柏拉图）那样着迷于欧几里得和毕达哥拉斯的普遍必然的数学方法，并且企图将它套在伦理政治领域里的概念上。

邓晓芒：如果把“仁”定义为“有用的品质”，这些说法自然毫无疑问。可惜并没有这样的定义，更何况孔子绝不会赞同这种与“利”结合得太紧的定义。

李浦群：前文说过，这样的定义只是在给概念归类，本身对个人道德修行没有直接指导意义。即便孔子把“仁”定义为“有用的”品质，他也将是在道德修行的意义上讲“有用”的，并且这种“有用”也不完全排斥“利”（物质利益）。

邓晓芒：孔子真正所想的也许并不是这些好品质的实际效果，而是把子张看作“言必信，行必果”的“小人”了，因此才以小人能理解的语言来引导他。但这样随着他人的需要和具体的情况不同而随时改变“仁”的言说的做法，不是太无标准了吗？

李浦群：你要找什么样的‘标准’？参见上文亚里士多德关于“确切性”的引文。

邓晓芒：孔子的标准始终在他自己的内心，一切说出来的标准都是相对的，不确定的，不可依靠的，也许只有当时面对面的两个对话者（“我”与“你”）能够领会，一旦当事人去世，就只好由后人任意解释了。中国古代哲学文献中，这种情况几乎成为通例。

李浦群：是邓文在“任意解释”！参见上文“孔子的思想不是他一拍脑袋编出来的”。

邓晓芒：当然，《论语》中也有说得比较明确的话，其中最重要的有两句，一是《雍也》中说的：“夫仁者，己欲立而立人，己欲达而达人”，一是《学而》中有子概括的：“孝弟也者，其为仁之本与！”前者有人认为是孔子所定仁之“界说”（即定义）；后者亦被人称为仁的“基础”和“标准”。前者是以己所欲而立人达人，是“己所不欲勿施于人”的相反说法，但究其根据，无非是“爱人”；但爱人有差等，所以又要以“孝悌”为标准，可见前一句话最终要本于后一句话，即亲亲之爱、孝悌才是真正的“为仁之本”。离开了孝悌，则并不是什么人都该爱，什么人都该立和达的。

李浦群：这里的“离开”是什么意思？如果是“缺少了”（without），那么后半句不该是“并不是什么人都该爱，什么人都该立和达的”，而应是有子的原意：一个人若不行孝悌，不从孝悌出发，很值得怀疑他/她能真正去爱家庭以外的他人。如果“离开”是指“超出”，即“在孝悌之外”，或“超出家庭之外”，那么说“并不是什么人都该爱，什么人都该立和达的”，这简直是睁眼说瞎话！试问：孔子在《论语》什么地方说过“爱”“立”“达”只限于家庭以内了？

邓晓芒：然而，是否一旦孝悌了，“爱人”或立人达人就自然成立了呢？未必。

李浦群：《论语》在什么时候、什么地方称（或预言）“一旦孝悌了，“爱人”或立人、达人就自然成立了”！什么叫“自然成立”？是水在一个大气压下在摄氏100度时自然沸腾吗？不反思、修行，不克己复礼，连“孝悌”都难做到，何谈“自然”地“爱人”“立人”“达人”？邓文在此假想一个“纸老虎”，然后一拳把它打倒，这实在太便宜了。

邓晓芒：孔子主张即使父亲偷了别人的羊，也得“父为子隐，子为父隐”⑱；可是，一旦在这种情况下为尽孝道而和别人打将起来

李浦群：注意：“子为父隐”这个例子本身不涉及“打将起来”。（邓晓芒先生与郭齐勇先生等就此问题的论战已经非常热闹好看，我并无新说呈现，只想为学术争鸣叫好。）

邓晓芒：如何还谈得上“爱人”？

李浦群：“爱人”可以有多种形式。爱自己的妻子与爱邻人（包括邻人的妻子）就有不同的表现；爱家人、族人、国人也有不同表现。

邓晓芒：有子的孝悌为本是针对着消除“犯上作乱”而言的，并没有把它当作一个普遍适用的“爱人”原则，这算是比较明智的。但这样一来，孔子所理解的“仁”从根本上就不是一个普遍的人性标准，而是一个引起家族

纷争的相对原则也就昭然若揭了；

李浦群：难道你是在说："孝悌（或仁）是引起家族纷争的相对原则?"别忘了，除了孝悌，《论语》还讲了"泛爱众""爱人"、忠恕等。通观《论语》，它没有讲爱家人与爱他人（家庭以外的人）是非此即彼，而是讲两者兼顾，虽然对于在两者间的可能冲突的探讨似乎重视不够。

邓晓芒：它在实际的社会生活中必然导致（可能导致?）对一个最高家长即专制君主的绝对需要，在言说方式中则导致话语权威，即以一己之欲强以立人达人，而这一己之欲的相对的话语标准却始终隐没在话语背后，这就使整个言说从语言本身的角度来看显得无章可循，毫无标准了。

二、对话的性质问题

邓晓芒：苏格拉底的言论大都以对话的形式流传下来，孔子的《论语》中也有不少的对话。但究其实质而言，只有苏格拉底的对话才真正具有对话的性质，孔子的对话其实并不是真正的对话，而是类似于"教义问答"的权威话语和独白，问者所起的作用只是提起话头和等待教导。

李浦群：正如上文评论所说，定义有多种，对话也有多种，怎么可以说只有这个样子（苏格拉底式）的定义才算定义，只有这个样子（苏格拉底式）的对话才算真正的对话！人有多种（白种、黄种、黑种等），能说"只有白种人才是真正的人"吗？听听维特根斯坦对哲学家的忠告："哲学病的一个主要原因——偏食：只用一类例子来滋养思想。"

"权威话语"本身没有错，要看什么样的"权威"。父母有权威，科学家有权威，医生有权威，老师有权威，政治家有权威，宗教领袖也有权威。父亲对3岁的儿子说："儿子，可别摸那电门啊!""你不会游泳，别自己一个人到那湖中间去。这是不是一种权威的表现，父亲错了吗？（父亲要不要与儿子平等对话，该不该听儿子的?）母亲说，"女儿，你绝不能嫁给一个外国人"，

"女儿，你不能独身，必须结婚"，这种权威对吗？党支部书记说，"我所说的，都代表党，都是对的（'伟、光、正'）"，这也是权威，但这种权威是合理的吗？医生说，"长期抽烟是有害身体的，可能会得肺癌，戒烟吧"，医生的权威是合理的吗？关键看看这个"权威"是怎么来的，在起什么作用。不要一看到"权威"二字，就恨得咬牙切齿。

不是有权威学术杂志吗？是不是要把"权威"二字也去掉？改成"平等学术杂志"或者"民主平等学术杂志"？就政治而言，权威领导是选出来的，还是因德高望重被大家拥戴而来的，是用"权威"做"人事儿"还是用"权威"做"鬼事儿"。对于"2+2=4"，老师与学生是平等的，如果老师搞错了，也得允许和鼓励学生纠正，但在这里也有个先知（道）与后知（道）的"不平等"，后生也得先听先生的才能学到知识。重复一遍，如果孔子说（1）一只猫有四条腿，（2）一只狗有四条腿；所以，（3）猫就是狗或者狗就是猫，他的学生一样会也应该挑战他的权威。

邓晓芒：与孔子在对话中的"诲人不倦"⑲的"答疑解惑者"形象不同，苏格拉底在对话中多半是以提问者的身份出现，他的对手才是问题的解释者和回答者；但全部对话的灵魂恰好是提问者而不是回答者，是针对回答的提问才使问题变得更清楚了。然而，苏格拉底并不以全知者自居，他说："我知道我是没有智慧的，不论大小都没有。"这不是过分自谦，而是他的真实想法。因此他有一种开放的心态，即他只提问，让对方自由地回答。所以在对话中并没有任何预设的前提，双方都是自由的，一个问题将引出什么样的回答并不是预先策划好的，而是临场发挥的，只有话语本身的逻辑在把言谈导向某个越来越清晰的方向，因而虽然自由交谈，却也不是随意散漫的。苏格拉底相信，话语有其自身的标准（逻各斯），但这标准不是他所独有的，而是人人固有的理性，这理性即使是他自己一个人所发现和自觉到的，也要由别人嘴里说出的话语来证实其普遍性。

李浦群：孔子的"体知"也有普遍性。不是因为孔子提出了很多如何成为君子的建议，这些建议就只对他本人有价值；不是因为佛祖提出了如何成佛

（觉悟）的方法，这些方法就只对释迦牟尼本人有价值；不是因为耶稣讲授了登山宝训，这些宝训就只有对他个人才有价值。这些道德言说和实践，也要由别人生活实践中来验证其普遍性。不过，并不是每个人都愿意和乐意接受和实践这些人生建议——个人不接受“2+2=4”，他/她没法再学算术；一个人违背关于道德金律、道德银律，他/她难以有道德地生活。当然，这一切道德言说和具体相关实践做法都不该被当成僵死条例，而是‘活’在不断被继承与创新的动态传统之流中。

邓晓芒：所以苏格拉底从来不强迫人家相信自己的判断，而总是诱导别人自愿地说出他所想说而暂时不说的话；这种暂时不说并不是预设的前提，而是对自己想说的话的存疑和对别人自由的等待，只有当别人自由地说出了所想说的话，这话语的普遍性能才得到确立；反之，若把别人置于不自由的、被动受教的地位，就算别人承认你说得对，这话语的普遍性也是永远得不到证实的。苏格拉底把自己的这种方法称之为精神的“助产术”，正是这个意思。助产婆只能帮助孕妇生孩子，而不能代替她生孩子。

李浦群：严格说，苏格拉底集中助产的是逻辑一贯的理论思考（theoretical thinking），而不是作为思考结果的思想（thoughts）——只是趋向这些可能的思想。尽管苏氏的助产术有启发学生思考的积极一面，它同时也有很强的控制性，因为在与学生的问答中，学生基本上是被苏格拉底事先设计好的问题和答案牵着鼻子走——从这个有限的意义上，学生是不自由的。

孔子助产了君子行为和君子，正如耶稣助产了基督徒。孔子也不能代替你“生”君子。

这里邓文似乎缺欠分析一个实例。邓文在这里暗示孔子把别人至于“不自由的”“被动受教”的地位。然而，《论语》中哪个例子表明学生是“被动受教”“不自由的”了？《论语》中有一个学生被被动受教——比如被强迫接受错误的数学计算（比如，2+2=5）了吗？有一个学生被强迫接受错误的客观事实（比如：地球是方的）了吗？当一个人善意地提醒你要孝敬父母，你是不是觉得是“被动受教”了？你是不是就处于“不自由的地位了”？另外，提醒一下，孔子的教诲："当仁，不让于师。"（《论语：卫灵公》）这也算鼓励学生"被动受教"？

"己所不欲，勿施于人"（银规则）；"己欲立而立人，己欲达而达人"（金规则）。这些语句都是规范语句，或"应然"语句。对这些语句，若非要强言"证实"，也不同于证实"世界上所有的乌鸦都是黑的"这样的事实判断语句。对于"世界上所有的乌鸦都是黑的"要依靠科学观察、统计等（简单枚举是愚蠢的，事实上也不可能的），对于金银规则，所谓"证实"，毋宁是"践行"和"体知"。

邓晓芒： 与此相反，孔子虽然并不认为自己"生而知之"，而是"学而知之"，但在对话中，他是以"学成者"的身份高居于他人之上的，尽管还要"学而时习之"，但总的来讲那已是过去的事了，所以他自述"吾十有五而志于学，三十而立，四十而不惑，五十而知天命，六十而耳顺，七十而从心所欲，不逾矩"。

李浦群： "总的来讲那已是过去的事了"中的"那"指的是什么？是"学而时习之"吗？可是，"时习之"是不能一蹴而就地"过去"的，很可能与"任重道远""死而后已"（《论语：泰伯》）联系在一起的，怎么能"过去"呢？还有，要知道孔子是活到老学到老的模范："发愤忘食，乐以忘忧，不知老之将至"（《论语：述而》）。另外，这里的"所以"一词用得很奇怪，"所以"之前文与"所以"之后文是因果关系吗？是推理关系吗？

邓晓芒： 面对学生，凡是需要知道的他全知，凡是他不知道的则是不必知道的。他多次说自己"不知"，但这要么是一种回避作答的方式（如《八佾》中对"或问柿之说"答以"不知也"），要么只不过是否定态度的一种委婉（巧滑）的表达，实际上早已下了断语（如《公冶长》中将冉雍、子路、冉求、公西赤、陈子文等人判为"不知其仁"，或"未知，焉得仁"。）他教导学生说："诲女知之乎！知之为知之，不知为不知，是知也。"但至少他认为自己所知的那一点是不可怀疑的，必须"笃信好学，守死善道"，却从未考虑过是否会有自以为知其实却并不知的情况，后面这种情况正是苏格拉底对自己的知和那些号称有知识的人（“智者”）的知都抱怀疑态度的根本原因；所以孔子的“知其不知”与苏格拉底的“自知其无知”本质上是完全不同的，后者是对自己已有的知的一种反思态度，它导致把对话当作双方一起探求真知识的过程，前者则把对话看作传授已知知识的场所。

李浦群：孔子要传授的是修身术，不是认识论（比如苏格拉底/柏拉图的理念论），不是思辨哲学（比如黑格尔的哲学）。主要是德行之知，而不是见闻之知。《论语·述而》中说，子曰：“德之不修，学之不讲，闻义不能徙，不善不能改，是吾忧也。”同是一个“知”字，同用一个“知”字，但此“知”非彼“知”，岂可把不同的“知”混同起来，甚至用一种“知”硬套在另一中“知”上？岂可硬逼着二胡拉出吉他的音色！

即便关于见闻之知，苏格拉底的方法也不管用。看看罗素对苏氏方法怎么说：

> 但是当其目的是要发见新事实的时候，这种方法［即苏格拉底的方法］便完全行不通了。
>
> 某些东西显然是不宜于用这种方式来处理的——例如，经验科学。让我们考虑一下用显微镜所做出的任何一种发现吧。比如说细菌传播疾病，我们很难认为，这种知识是可以用问答的方法就能够从一个本来对此一无所知的人那儿推引出来的。

邓晓芒：孔子对自己也不知的东西的确是坦然承认的，但那只是因为他不认为这些知识是必须的。

李浦群：这个断言的文本根据在哪里？孔子在什么地方说了，或暗示了，或隐含了：“凡我（孔子）不知道的，就不是必须知道的。”

邓晓芒：他说：“吾有知乎哉？无知也。有鄙夫问于我，空空如也，我叩其两端而竭焉。”一般“鄙夫”之知是不用学的，只需从君子的立场“叩其两端”即可穷尽其理。例如，樊迟请学稼、学为圃，孔子说自己不如老农老圃，然后说："小人哉，樊须也！上好礼，则民莫敢不敬；上好义，则民莫敢不服；上好信，则民莫敢不用惰。夫如是，则四方之民襁负其子而至矣，焉用稼！"这就叫"叩其两端"（即"上""下"两端）。

李浦群：这里把"两端"的讨论与"学稼"不加区分地"一锅烩"了。这样做毫无道理。关于樊迟"学稼"，孔子的态度是：若想当君子，做管理者，重要的任务在于"礼""义""信"，这是社会分工的需要。孔子并不是一般地、抽象地断言，对于任何人"学稼"都不是必需的。关于"两端"，这里说"即，'上''下'两端"——可是这到底是什么意思呢？"两端"在樊迟学稼的语境下（是邓文把这两者硬扯到一起的）到底是什么意思？

邓晓芒：所以，苏格拉底在谈话中专门找那些自以为有知识的人提问，揭示其矛盾，打破他们的自满自足，启发他们意识到自己的无知和肤浅，从而致力于知识的进一步深化；反之，孔子则是"不愤不启，不悱不发"，即不到学生想求明白而不得的时候，不去开导他；不到他想说而说不出的时候，不去启发他。人家有疑问来请教，这正是占领话语制高点的好机会，所以朱襄注云"待其诚至而后告之"。

常听人说到一个悖论：没有诚心是进入不了中国传统文化的，但有了诚心又跳不出中国传统文化。

李浦群：若遵守严格的学术规范，则该指明谁、在哪里说的（如果可能）。"跳不出"是什么意思？不怀疑地全盘接受？就儒家来看，荀孟对孔子有损益，汉儒对先秦儒家有损益，宋明对先儒也有损益，现代新儒家仍是如此。孔子开创的儒家不是局限于孙悟空用金箍棒画出的圈，而是流动的活的"传统之流"。

邓晓芒：结论是中国传统文化不可认知（只可信奉）。

李浦群：什么叫"不可认知"？中国传统文化的文本都是无法破解的密码吗？我们不知道文本中的汉字的含义吗？

邓晓芒：想必这一悖论自孔子已经开始了，他是绝对说服不了像美诺和智者派那样的一些自以为是、既不“愤”也不“悱”的聪明人的，只能成为那些脑子不太开窍的人的精神领袖。

李浦群：苏格拉底试图引导美诺去探索“一揽子的”美德的普遍共性和终极来源，而孔子所关注的是如何将心比心地具体行动、行仁。孔子的学生如果被送到苏格拉底那里，会被弄得一头雾水：“我问如何行孝、行仁，他（苏格拉底）却跟我在文字上兜圈子。”公允地讲，苏格拉底的如下理论尝试（theoretical endeavor）是有价值的，试着把美德当知识（一种技能），探讨它是否可教［“如果美德是知识，那么美德就是可教的。”］，以及认为美德不可教，所以实际上不是知识，不是天生的，而可能是神赐的。然而，实际生活中的伦理教育和实践（家长和教师可以证明这一点）并不必须基于苏格拉底这样的理论尝试，即，必须先有苏格拉底这样的理论尝试，然后伦理教育和实践才有可能。我相信，在苏格拉底出生之前，古希腊及世界其他文明中，就有伦理教育和实践。

恰恰相反，脑子不开窍是绝对听不懂孔子的教导的！“既不‘愤’也不‘悱’”，还“自以为是”，这样的人能叫“聪明人”？美诺和智者派会不会同意邓文对他们这样的刻画？

邓晓芒：而一旦成为精神领袖，则可以对他任意褒贬评点，成为类似于上帝那样的“知人心者”，所以唯仁者能好人，能恶人。所有弟子的优点缺点均在他一人掌握之中，谁将来能做什么、不能做什么也都被他所预见。

李浦群：一个有多年教学经验的老师或体育教练对自己熟悉的学生的优缺点能有比较准确的把握，这有什么稀奇，有什么错？孔子没有“任意”褒贬评点，也从没有称自己像上帝那样“知人心”，他对学生的认识和评价都是基于对他们的实际观察和于与他们的交往中“学而知之”的，而且在与学生的交往中他也在不断思考、学习、自我改错、自我完善。

邓晓芒：这就是为什么孔子虽然极其谦虚，但他的对话总使人感到一种不平等，一种精神上的居高临下，即使有些话毫无逻辑性。

李浦群：那一句话？不合什么样的逻辑？违反哪条语法规则？举例说说看。只有给出普遍必然定义的言说才是符合逻辑的吗？

邓晓芒：也不容辩驳的原因。

李浦群：你在寻求什么样的“平等”？如果你办公室的同事（和颜悦色或严厉地）告诉你，按规定（“礼”）你不能在办公室抽烟，或者为了关心（“仁”）他人的健康，让他人不吸二手烟，你最好不要在办公室抽烟，你“总”会感到“一种不平等”，一种“精神上的居高临下”。如果耶稣告诉你，要爱你的邻人，你会不会觉得他与你“不平等”“精神上居高临下”了？若说“不平等”，那是一种什么样的“不平等”？尊严上的吗？政治上的吗？还是先知（道）与后知（道）的“不平等”？一个海德格尔专家给学生讲述《存在与时间》，学生就会觉得“不平等”了吗？（当然，这不是说，专家永远不会错，也不是不允许讨论。对刚入门的本科生，指导一般是多于讨论、争论；对于有足够准备后的学生——包括研究生和博士生，可能指导与讨论、争论并重，乃至偏重讨论、争论。在孔子的伦理指导（耶稣、释迦牟尼的教导也类似）中，对话主要在指导、建议、规劝、澄清、探讨，当然也有辩驳（《论语》中孔子并没有让爱辩论的宰我闭嘴）。

三、讨论的效果问题

邓晓芒：苏格拉底在对话中，虽然执着于一个明确的目的，就是要找到一个事物的“定义”，但他也知道这不是那么容易的事，他自己心中预先并无定数（所以才“自知其无知”），唯有依靠自己的理性和“辩证法”去不断地有所发现。

例如在《大希庇阿斯篇》中讨论“美是什么”的问题，最后的结论竟然是“美是难的”。

李浦群：这种“讨论”是为了找普遍性的“定义”，目的不同于孔子与学生之间的“讨论”——为了修身，成为君子，安人，安百姓。

邓晓芒：不过讨论并没有白费，虽然还不知道美是什么，但毕竟知道了美“不是什么”，思维层次有了很大的提高，而这正是苏格拉底真正想要达到的。

李浦群：“思维层次有了很大的提高”，这里的确切含义是什么？是否可以更具体些，苏格拉底是在鼓励思考的逻辑一贯性和寻求普遍定义的可能性。

邓晓芒：又如在《普罗塔哥拉篇》中关于美德是否可教的问题，双方在讨论中都从自己本来所持的立场不知不觉地转向了持对方的立场，颇具喜剧性，最后也没有结论，苏格拉底说对这个问题还需要进一步研讨。但毫无疑问，在这种开放式的讨论中，不但讨论双方的思维水平已不是讨论前的水平了，而且所讨论的问题的内在复杂性、微妙性也暴露出来了，这就给后人沿着思维已指出的方向继续深入提供了极宝贵的启发。

李浦群：这种开放式的讨论，的确非常令人钦佩，但就修行而言，如果仅仅依赖和采用这种开放式的讨论，可以看成是“游骑无所归”（语出《二程遗书·遗书七》），因为它没有对个人修养有指导、提醒、规劝等。

在下列意义上，苏格拉底在对话中又是不开放的，是操控对话的：

> 在柏拉图的著作里，苏格拉底总好像是只不过在引出被提问者所已经具有的知识罢了；由于这种缘故，他就把他自己比做是一个助产士。但是当他在《斐多篇》和《美诺篇》中把这种方法运用于几何学问题的时候，他就必须问到一些为任何法官所不能允许的引导性的问题了。这种方法是与回忆说相和谐的，因为按照回忆说，我们的学习只是由于记忆起来了我们在前生所已经知道的东西。

邓晓芒：相比之下，孔子的对话看重的只是结论，而完全不重视反复的辩难，一般是一问一答为一小节，少有两个以上来回的，即使有，也不是针对同一个问题，更不是贯穿一条思路。孔子说“温故而知新”“学而不思则罔，思而不学则殆”，又说“吾道一以贯之”。但他是如何由故而“知”新的，他的“思”的思路究竟如何，他又是怎样用他的“道”来贯穿他所有那些论点的，却从来不曾交待。我们只能认为，他的“知”“思”和“道”都只不过是一种内心的体会，所能说出来的只是结论，而不是过程。

李浦群：关于这一点（“吾道一以贯之”），美国著名中国哲学学者万百安（Bryan Van Norden）在解开《论语》4：15 中的“一/贯”一文中的意见值得参考，即不宜用强调理论系统性的哲学模式去强迫要求孔子。万百安指出：“我不认为孔子的言论是完全散乱的。（这些言论）有其系统性，至少就其对美德的描述而言，但是孔子似乎缺少我们惯例地与哲学家的相联系的那种系统程度。这么说不是贬低孔子，更不是打消孔子。《论语》好像《法句经》或者《马太福音》。所有这些经典都是精美的，充满伦理洞见，都启发了伟大的哲学，但是这些经典本身都不是（理论系统性的）哲学。总之，如果世界上受过一定教育的人发现孔子是饶有意味并且负有挑战性——我认为我们将会这样做——我们对孔子的看法应该是基于对孔子实际上是一个什么样的思想家，而不是基于我们想迫使他成为什么样的思想家。”（容我补充一句，请思考：《福音书》不能等同于基督教神学，不可轻易拿基督教神学的理论系统强加于前者，在实际教化过程中，没有《福音书》的基督教神学是无根的，虽然基督教神学理论有其必要性和相应效用。）

邓晓芒：“只不过是一种内心的体会”。

李浦群：可以这么说，但若认为只是孔子个人内心的幻想，与孔子本人、学生及其他人之生活实际毫不相干，那就错了。这种内心的体会是在文本传统的基础上建立起来的，有历史上的真人真事为根据的，又有对人之言行的细致观察和思考。这种“体会”分享出来，可以在人们的具体生活实践中被体会、验证、修改、甚至放弃的（例如：字面意义上的“三年之丧”）。

邓晓芒：所以，《论语》是中国传统官样文章中泛滥成灾的“要字句”的始作俑者。所谓“要字句”，用今天的话来说，就是“我们要……”的句式，有时不一定包含“我们”，常常连“要”字也省掉了，但意思每个中国人都懂。但西方人就不一定懂了，他们只可能将它看作“无人称句”，但西文无人称句不含“要”的意思。

李浦群：真的吗？普遍必然地是这样吗？“No smoking”无人称，但意思里有“要”：“不要（允许）抽烟”；“Share the road”也无人称，但意思里有“要”：要（应该）分享道路。

邓晓芒：因此他们往往抱怨这种句子没有主语。随便举一例：“见贤思齐焉，见不贤而内自省也。”前面加上“我们要”三字（或只加“要”字），亦通。又如“先行其言而后从之”，“志于道，据于德，依于仁，游于艺”等等，不胜枚举。在“要字句”中，“为什么要”是不能问的，一问你就成了异端，“攻乎异端，斯害也已”。

李浦群：“要字句”的对错，以及人们对其该不该接受，关键在其（要字句）相应的实践活动中的落实、验证、体知、效果或后果等。“文革”时期的“狠斗私字一闪念”要求每个人完全排除私意，不现实，不可能，不健康，是极端的做法，后果很严重——造成多少自恨和虚伪的言行。

在什么意义上“不能问”？你如果愿意，当然可以问，能问。只不过，回答可能是一个说明，一个解释，或者列举，而这些你大概不认为是一个你想要的“证明”（justification）。但是，反过来想想，你到底在要求一个什么样的证明？一个更高的（更本源的）原则吗？那么，这个原则又有什么来证明？（参考对比：“上帝创造了一切。”问：“那谁创造了上帝？”）

这个引文（“攻乎异端，斯害也已”）有不同解释。文中的“功”可以理解为“致力”，这样全句的意思是学习异端是有害的。“功”也可以理解为“攻”（攻击），这样全句又可能有两种释义：第一，攻剿异端，其危害就会失去；第二，攻击异端（即不宽容）是有害的。这里邓文缺乏对引文的宽容理解。

邓晓芒：因此这是一种权力话语。那么，一介儒生，权力从何而来？来自道德上的制高点，而道德制高点又是基于自己情感上的自信，即相信自己的情感合乎自然情理（天道）。如宰我（予）对孔子说守三年父母之丧太久了，许多该做的事都荒废了，孔子问他："食夫稻，衣夫锦，于女安乎？"答曰："安。"孔子就冒火了："女安，则为之！夫君子之居丧，食旨不甘，闻乐不乐，居处不安，故不为也口今女安，则为之！"宰我走后，孔子骂他"不仁"，说"子女三年，然后免于父母之怀。夫三年之丧，天下之通丧也，予也有三年之爱于其父母乎！"父母抱他到 3 岁，所以父母死后就要守 3 年之丧，如果当作一种定量化的推理来看这的确是很可笑的，哪里有什么道理？但能够想到这个类比并说出来的人显然表明了他的情感的深切笃实，自然就有资格训人了。幸好没有人来和孔子竞争说父母养你到 18 岁，因此要守丧 18 年，因为这毕竟只是一种权力话语，而不是真正的权力。不过，一旦和真正的权力挂上句，就难说会出现什么荒唐事了（如"文革"中大家竞相表"忠心"）。所以，对话中对权力话语的争夺实质上是一场情感的表白和比赛，其结果就是写有"忠孝"二字的大奖杯。

李浦群："三年"于父母之怀匹配"三年"丧期，看上去孔子是搞量上的一一对应，实际不是。（参见陈少明：《心安还是理得》，《哲学研究》2007 年第 10 期，第 41 页）。《论语》中这一公案，要比邓文认为的复杂得多：这里既（可以被解释为）有孔子开放的一面："汝安，则为之！"又有保守的一面："不仁""夫三年之丧，天下之通丧也"，还可能有规劝的一面，而不是强制！

邓晓芒：因为这毕竟只是一种权力话语，而不是真正的权力。

李浦群：这里的"因为"不知从何而来，与上文语义不连贯。"权力话语"在此为何要和"真正的权力"并列、对照起来？不清楚。

"文革"中的"表忠心"的污水怎么能不分青红皂白地泼到孔子身上?!注意孔子从没有说过或者暗示要对君主绝对、无条件地忠诚。(参见："子路问事君，子曰：勿欺也，而犯之。"《论语：宪问》）更不用说孔子的后继者孟子的“贼仁者谓之贼，贼义者谓之残；残贼之人，谓之一夫。闻诛一夫纣矣。未闻弑君也”（《孟子：梁惠王章句下》）以及荀子的“从道不从君”（《荀子：子道篇》）。

邓晓芒：因此，从历史上看，苏格拉底和孔子的两种不同的对话其效应也是极不相同的。前者造成了西方哲学史上从自然哲学向精神哲学的大转折，刺激了后来柏拉图、亚里士多德等人超越苏格拉底而建立起庞大的唯心主义体系；后者则树立了无人能够超越的“大成至圣先师”，只能为后人“仰止”和不断地体会、学习。中国传统思维方式和言说方式从此便进入到了一个自我循环、原地转圈的框架之中，尽管内容上还有所发展和充实，形式上却两千多年一仍旧制，几无变化，直到“五四”新文化运动才开始有了初步的松动。

李浦群：如前所述，孔子创立的儒家是一个活传统，从孔子到孟子、荀子，到董仲舒，到宋明新儒家，到现代新儒家一直在更新发展，不只是“体会、学习”，还有创新，当然也还在进一步发展之中。孔子讲“性相近”，孟子讲“性善”，荀子讲“性恶”，孟荀所做不算对孔子的“超越”吗？只因孟荀仍坚持自己继承孔子之思想就否认他们的实际“超越”吗？如果你把孟荀算成儒家，而且他们都做了“超越”孔子思想的事情，那么怎么可以说孔子是“无人能够超越”的呢？怎么可以说是处于“自我循环、原地转圈的框架之中”呢？仅仅因为他们都打着孔子这杆大旗吗？宋明新儒家的框架（天地、理气、心性）与孔子在《论语》中的框架完全等同吗？如果你说他们都是在“如何活”这个框架下“自我循环”“原地转圈”，那么世界上所有精神传统都是在“自我循环”“原地转圈”了？——因为它们都可以笼统地说在讲一件事——“如何活”。“超越”还是“不超越”，你要看他们具体做了什么，以及在什么意义上这么讲。在儒家流动的传统中，把孔子的言论作“宗教激进主义”的理解和死守，即使有也是极为罕见的。什么样的“发展”“变化”才算“超越”？从“地球是方的”到“地球是圆的”，是一种“超越”；从天主教到基督教，是一种“超越”－注意两者都信奉新旧约《圣经》；从小乘佛教到大乘佛教，是一种“超越” - 注意两者都还叫佛教；从柏拉图到亚里斯多得，也是一种“超越” - 虽然我们在讲这两者的哲学思想时都保留着他们各自的名字。

儒家传统中，像其他精神传统一样，有弹性观念，也有刚性观念。比如，子曰：“性相近也，习相远也。”（《论语 · 阳货》），这个关于（人）性的观念充满弹性，柔性，包容性，生发性（fecundity），所以才有后来生发出来的孟子的性善说，荀子的性恶说，告子的性“空”说，董仲舒的性三品（上、中、下）说，王充的性三品（善、中、恶）说等等。弹性观念的生发像一个树干生发出多个分枝，或者可能嫁接新的枝杈（思考：在五伦——君臣、父子、夫妇、兄弟、朋友——中如何嫁接应对“陌生人”关系一项；在“慎终追远”中如何加上“临终关怀”的实践；君子学如何与公民教育相衔接；孟子的民本思想如何催生、转化为民主观念及民主设计等等）。

与此相比，“子不语怪、力、乱、神”（《论语：述而》），则是一个比较刚性的观念（参照：基督教的一神观念），不容易被多样解读，基本上排斥了“怪、力、乱、神”观念的生长。这也是孔子终究没有被神化的一个主因。刚性观念像一堵无形的篱笆，既限制篱笆内的植物旁逸斜出，也限制篱笆外的植物随意蔓延进来。但也要具体分析，即便像祖先崇拜这样的儒家“硬道理”，在如何具体崇拜上，在现在及将来，似乎都有生发空间。

观念的生长也会出问题：从《论语》中的“孝”，到《孝经》，再到“二十四孝”（特别是其中的“郭巨埋儿”等），像一棵树，可能出现疯长、歪长的现象。“天道”的（内在）超越性也可能被篡改，以“替天行道”为名，挟天道以役百姓，所谓虚假的“以人民的名义”。另有一些观念，比如“孝悌也者，其为仁之本与！”《论语：学而》），人们可以对之采取柔性理解，也可能采取刚性理解。依前者，孝悌则可推出“仁民、爱物”之“生发”；依后者，孝悌则可能只囿于家庭、家族之狭小范围，从而导致“私胜而失仁”（《答杨时论西铭书》，《程氏文集》卷第九）。

怀特海说一部西方哲学史不过是柏拉图学说的各式各样的注脚①，这样看来，柏拉图以后的西方哲学该不该说仅仅是对柏拉图思想的“体会、学习”？这样说来，是不是柏拉图也是“无人能够超越的”呢？当然不是。

结论：

孔子的言说（包括形式和内容）是好东西，苏格拉底的言说（包括形式和内容）也是好东西，关键看我们怎么学，怎么用，当然也要看到它们都不是适用于一切领域的、不能有任何修改完善的“金科玉律”，包医百病的“万能药”。这么说不是“和稀泥”，而是要正视它们，承认各自的积极意义和作用，让“二胡”与“吉他”和谐地各鸣其鸣，不用一方去压倒另一方，诋毁另一方。②

附录：

点评龚建平的《论孔子的言说方式——以“仁”为例》③

孔子看似在给仁一个定义，其实只是在给出一些象征性实例，而非外延很大的抽象定义。所谓象征，是指借某个具体事件表现某种抽象的概念或思想情感，同时又把一些不便明说的意思含蓄地表达出来。

李浦群：《论语》中关于“仁”的论述，哪里指出或者暗示了“仁”有“不便明说的意思”？什么才算龚文认为的“明说”？《论语》中哪一句关于“仁”的论述是“含蓄地”而不是“直接地”表达了“仁”？关于“仁”的诸多段落，都已经是在“明说”。只有达到“外延很大的抽象定义”才算“明说”吗？如龚文所建议的，“仁”可以抽象地概括为“个人的自我修养或自我完善。”但这样一来，这个概括也可以同样用于亚里斯多得的伦理思想，耶稣

① 原文：“The safest general characterization of the European philosophical tradition is that it consists of a series of footnotes to Plato”, Alfred North Whitehead, *Process and Reality*, Free Press, 1979, p. 39.

② 感谢党吉安先生、闫月梅女士、卢盈华老师对本文写作的帮助。

③ 《哲学研究》，2016，第5期。

的教诲，或者释迦牟尼的教导。这样的“说”是“明”了，还是“暗”了呢？似乎是因欲取大背景（“zoom out”）而让人物变得更小、更模糊了。没有具体细节以及这些细节的特色安排、组织，如何区分孔子的“仁”与耶稣的“爱”，以及释迦牟尼的“慈悲”呢？（当然我并不否认这些优秀的精神产品是相通的。）

为什么这么说呢？第一，孔子儒家所谓“仁”并非下定义。

李浦群：这要看龚文认为什么才算“下定义”，即龚文预期的是什么样的定义。注意：苏格拉底式的定义只是诸多定义形式中的一种。

而是实践上涉及许多细节的行为，重点在“怎么做”，而非“为什么这么做”，也不直接触及“是什么”的问题。如果说间接涉及的话，那也是潜在或预设的东西。

李浦群：在孔子看来，做什么事（言行），就有什么德，就是什么人。就伦理意义上（而不是生物意义）讲，没有脱离具体“做什么”的“是什么”。

第二，孔子因材施教，所有关于仁的说法都是因人、因语境，所谓仁当然不能仅就各个具体说法中找到完整答案，而是要在所有的说法中淘汰出个别性而抽象出共同点。第三，从抽象出的共性中还可以进一步分析孔子对人性的预设，并由此揭明潜伏或预设的“为什么”和“是什么”的问题。“根据上述原则，可抽象出孔子回答仁的共同点是：个人的自我修养或自我完善。”

李浦群：“个人的自我修养或自我完善。”这句话中的“自我修养”“自我完善”只有在更具体的道德教化（比如，孝悌等）的基础上才有意义，就好像只有在学会了两种以上（包括两种）的具体水果（苹果，橘子，香蕉，等等）之后才能理解“水果”一词的意义。重复一遍，如果“仁”被抽象地概括为“个人的自我修养或自我完善”，那么，这个概括也可以同样用于概括亚里士多德的伦理思想，耶稣的教诲，或释迦牟尼的教导。

自然国学评论

比较逻辑学

《自然国学评论》第三号
第 183 - 199 页

四句分别与四值逻辑之比较

曾悟喜*

摘　要：《佛说佛名经》云：离四句，绝百非。意味着，若理解了四句的意涵，提取四句的精神，而不着于四句的形态，就不会产生任何不当的状况。诉诸言语或行，就又着相，这些都放下，才能见到真相。所谓四句，有，无，亦有亦无，非有非无。有，无，是一般对立的现象。亦有亦无，非有非无，包含体性及应用的部分。若采用逻辑的符号，经常以二值逻辑符号 P，¬P，P ∧¬P，¬P ∧¬¬P 来表示，但其不能表达四句的意涵。而在逻辑当中，这四组符号可以对应到四值逻辑。虽然采用相同的符号，其运用的意涵与四句不尽相同。佛经所展现的是一个现象的一体两面，并不相对，而是不同的体现。四句涵盖了所有的层面，但这一切都是戏论，看清现相，而不受影响。四值逻辑亦尝试去涵盖所有层面，真、假、真假的重叠、真假的空隙。四句分别与四值逻辑有不同的呈现，也有相同之处，将做一探讨。

关键词：四句　有无　二值逻辑　四值逻辑

* 曾悟喜，台湾中国文化大学哲学系博士生。

一、前言

四句分别在佛经中是一个基本的叙述形式，为佛陀说法及祖师大德论述时呈现的形式。四句，其基本形式为：有，无，亦有亦无，非有非无。有些四个句子或偈子，也称为四句。本文说明的是针对有，无，亦有亦无，非有非无的形式及意涵。现代学者参考西方逻辑，经常以二值逻辑的符号 p，$\neg p$，$p \wedge \neg p$，$\neg p \wedge \neg\neg p$ 来表示，但在二值逻辑当中产生矛盾的现象。而在逻辑当中，这四组符号可以对应到四值逻辑。虽然采用相同的符号，其运用的含意不为相同。在 Post 提出的逻辑中，若为四值时，x 若为 t_1， $\sim x$ 则为 t_2；x 若为 t_2， $\sim x$ 则为 t_3；x 若为 t_3， $\sim x$ 则为 t_4；x 若为 t_4， $\sim x$ 则为 t_1。以四值作为一个循环， $\sim x$ 并不是 x 的负面， $\sim\sim x$ 不会是 x，而是 $\sim(\sim x) = \sim t_2 = t_3$。在佛经，有，无，若是以 p，$\neg p$ 来表示，它们是相对的。佛经所展现的是一个现象的一体两面，并不相对，而是不同的体现。四句涵盖了所有的层面，但这一切都是戏论不真实的，看清了现相，而不受影响。四值逻辑亦尝试去涵盖所有层面，真、假、真假的重叠、真假的空隙。四句分别和四值逻辑有不同的呈现，也有相同之处，将做一探讨。

二、四句分别的展现

所谓的四句分别，其基本形式为有、无、亦有亦无、非有非无。不同的对法，皆可用四句论证。四句是论释，是方法论。在各种不同的应用上，在经典及论典中出现的形式可能有所不同，如，《阿毗达摩俱舍论》卷二十五之“厌离四句”为“厌而非离、离而非厌、亦厌亦离、非厌非离”，《成唯识论》卷一之“一异四句”为“一、异、亦一亦异、非一非异”，《妙法莲华经文句》卷三上之“权实四句”为“权、实、亦权亦实、非权非实”。对于各种说法中，常以《中论》为四句分别之开始。在比《中论》更早期的阿含经典之中，已经出现四句分别的形式，佛陀提到“常、无常”“有后死、无后死……”之后，在《法华经》的经论解释中，对于四句分别的例证，则更易于理解。

在经典当中，《杂阿含经》卷三十四第九五八经，出现四句的形式：

> 时，婆蹉种出家问尊者目揵连：“何因、何缘余沙门、婆罗门有人来问云何如来有后死、无后死、有无后死、非有非无后死，皆悉随答。而沙门瞿昙有来问言如来有后死、无后死、有无后死、非有非无后死，而不记说？”
>
> 目揵连言：“婆蹉！余沙门、婆罗门于色、色集、色灭、色味、色患、色出不如实知；不如实知故，于如来有后死则取着，如来无后死、有后死、有无后死、非有后死非无后死则生取着。受、想、行、识、识集、识灭、识味、识患、识出不如实知；不如实知故，于如来有后死生取着，无后死、有无后死、非有非无后死生取着。
>
> “如来者，于色如实知，色集、色灭、色味、色患、色出如实知；如实知故，于如来有后死则不着，无后死、有无后死、非有非无后死则不着。受、想、行、识如实知，识集、识灭、识味、识患、识出如实知；如实知故，于如来有后死则不然，无后死、有无后死、非有非无后死则不然。甚深广大，无量无数，皆悉寂灭。
>
> “婆蹉！如是因、如是缘，余沙门、婆罗门若有来问如来有后死、无后死、有无后死、非有非无后死，则为记说。如是因、如是缘，如来若有来问如来有后死、无后死、有无后死、非有非无后死，不为记说。”①

在这当中以生与死做探讨，带出四句的形式。这是对世界的实观，生与死是世间实有的。在世间中的众生，是五蕴——色、受、想、行、识和合而成的。不了解自我的形成及相状，就会产生取着，无法和文中所说有后死、无后

---

① 《杂阿含经》卷三十四，大正藏第二册，第244页。

死、有无后死、非有非无后死之寂灭相符。因此，如来不再言说，是希望众生了解实相，去除执着，不以生死为实有，了悟缘起，行于中道。

三、四句之意涵

四句分别是佛陀说法，为了讲述空性，缘起，所采用的一种形式。用意在于告知世人，四句所提到的四边，都是不究竟的，难免偏颇。若能离于四边，了解自性、空性、缘起，就能显示了中道。一般人认为世间现象是实有的，是有。若是没有现象存在，则是实无。这是落入二边。龙树菩萨在《中论》阐述佛所说的缘起，是离于有无，离于非有非无。《中论》认为各种论点以实有自性为出发点，而自性本身是缘起的，因缘和合的。有，是因缘和合而有的。“众缘中有性是事则不然 性从众缘出 即名为作法 性若是作者 云何有此义 性名为无作 不待异法成①无”，不是新造，是因有而存在的相对立面，有被破坏了，就是无。无是缘散产生的幻象，亦是因缘起而存的。有，看来像是实有，由因缘和合而成的，不是恒常不变的。无，看来像是什么都没有，由因缘变化产生了坏灭，是缘灭的呈现。“有若不成者 无云何可成 因有有法故有坏名为无。”②因此说亦有亦无，让缘起之两边同时存在，建立在假名的有，其实在性实不可得。有无是还灭的，若见到有无的实在性，没有了知其是假名的有无，不能体悟到缘起。“若人见有无 见自性他性 如是则不见 佛法真实义。”③ 离有离无，也就是非有非无，不落入有无二边才是中道。有的存在，因空而存在。有的存在，存在于空中，生住异灭的变异，最终是无。把缘起抽出来说空，就是断灭空，什么都没有，这是极端的，而不是一般的现象。现象存在时，在变异时，有跟无，同时存在。不能说它无，因它现在有。不能说它有，因为变异的过程，它又没有了。所以说，亦有亦无。体性非有，因是缘起变异的，看到的是

① 《中论》卷3，大正藏第三十册，第19页。
② 《中论》卷3，大正藏第三十册。
③ 《中论》卷3，大正藏第三十册。

现象有。非有，因为幻灭了，还会再结合。有，起于无始无明，没有常性，还原为空。由现象逆推本质，没有现象，空还是空。也就是无。在空当中，不断缘起生灭，所以是非无。有变坏的时候是无，在缘起又变为有之前，和原来的空，俱无，也就是非有非无。

天台宗在论述佛教教义及经典时，常采用四句分别作为其方法架构，源自智者大师所做教判及对经典的释义。其根源来自《涅槃经》的奶酪说及《华严经》的五时，套用到对整体佛学义理的解释。在《妙法莲华经玄义》卷八，说明了藏通别圆四教对于四教的例证，让闻者更能理解四句的意涵：

> 明别教四门者，若用《中论》偈："亦名为假名"也而辨四门者，即如《大论》四句，亦是此四句意。所言别者，下异藏通，有七义故别；上异圆教，又历别入中，故言别。此意正出《大经》，但多散说，今约乳等喻，即显别四门也。文云：佛性如乳有酪，石中有金，力士额珠，即是有门。若明石无金性，乳无酪性，众生佛性，犹如虚空。大般涅盘空、迦毘罗城空，即是空门。又云：佛性亦有亦无。云何为有？一切众生悉皆有故。云何为无？从善方便而得见故。又譬乳中亦有酪性，亦无酪性，即是亦有亦无门也。若明佛性即是中道，双非两遣。又譬乳中非有酪性，非无酪性，即是非空非有门。①

在别教之中，所举例证，有是设定以一切众生为有。无是因善巧方便，当中会有变化，没有固定性可见，所以称为无。亦有亦无则是以乳为例，由乳成酪的过程中，会经过生酥及熟酥的阶段，逐渐转换成醍醐。这过程中，乳转换成酪，因乳不完全是酪的性质，所以是亦有亦无。以中道而言，不着于二边，离有离无，本来是没有酪性，转换之后就有酪性，乳中出酪，而不是酪中出乳，酪的性质是因缘和合而有，是不实在的，故说非有。虽有酪性而无，酪是由于制造产生的因缘变化，是不实在的，所谓非有。酪因虽无而有，本来是无

---

① 《妙法莲华经玄义》卷八，大正藏第三十三册。

由于缘起，要由乳生酪，才去制造成酪，所谓非无。所以说是非有非无。

《楞伽阿跋多罗宝经》卷四之中，佛陀说明非有非无是出自四句。并且阐明四句是世间言说。离于四句，则不堕入世间言说之中。又提到，非一非异，非俱非不俱故，悉离一切量，也就是离于见闻觉识。若是离一切量，则无言说。若是无言说，则无生。若是无生，则无灭。若是无灭，则寂灭。若是寂灭，则自性涅槃。若是自性涅槃，则无事无因。若是无事无因，则无攀缘。若是无攀缘，则出过一切虚伪。出过一切虚伪，则是如来。离于世间之造作，则可出离一切虚伪不实，清净觉悟，就是如来，就是佛。

> 若无事无因者，则非有非无。若非有非无，则出于四句。四句者，是世间言说。若出四句者，则不堕四句。不堕故，智者所取。一切如来句义亦如是，慧者当知。如我所说，一切法无我。当知此义，无我性是无我。一切法有自性，无他性，如牛马。大慧！譬如非牛马性、马牛性。其实非有非无，彼非无自相……智及尔炎，非异非不异者，非常非无常，非作非所作，非有为非无为，非觉非所觉，非相非所相，非阴非异阴，非说非所说，非一非异，非俱非不俱。非一非异，非俱非不俱故，悉离一切量（见闻觉识识名为量）。离一切量，则无言说。无言说，则无生。无生，则无灭。无灭，则寂灭。寂灭，则自性涅槃。自性涅槃，则无事无因。无事无因，则无攀缘。无攀缘，则出过一切虚伪。出过一切虚伪，则是如来。如来则是三藐三佛陀。大慧！是名三藐三佛陀。佛陀者，离一切根量。①

《肇论》在谈论有无时，提到《道行般若经》有言，心亦不有亦不无。在《中观》则是，物从因缘故不有，缘起故不无。这是从属性而言，由于因缘，它的属性是变化而来，不是实在的，不能说是有。由于缘起，因缘际会而成，造就事物的产生，不能说是无。在后面的解释当中，说明若是真有，有就会来

---

① 《楞伽阿跋多罗宝经》卷四，大正藏第十六册。

自常有，不会等待因缘，之后才有。等待因缘才有，这个有就不是真有。不是真有，虽然是有，不能说是有。若是真无，无也是来自常无，不会等待因缘而后才无。湛然不动，才是无。万物如果是无，就不会应于缘起，若缘起，就是非无。所以说，虽有而无，有是由于因缘变化，是不实在的，所谓非有。虽无而有，无由于缘起，因缘际会，才造就事物的产生，所谓非无。《涅槃经疏》三德指归卷第十八提到，阐提现在没有佛性是运用，肯定现在呈现没有，是亦无。未来当必得佛性，含有体性，肯定未来会呈现有，是亦有。亦有亦无是对当时及未来的肯定，展现其可能性。

四句的第一句是有，第二句是无，第三句是亦有亦无，第四句是非有非无。第三句，双重肯定，是单句肯定的延伸。应机说法时，作用未施展开来，是无。要用的时候，就是有。代表是有作用。状态的呈现，肯定的描述。对于第一句及第二句的肯定。第四句，双重否定，是单句否定的延伸。本来就没有，缘起的状态不会呈现。没有的时候，也不会呈现。对于第一句及第二句的否定。第一句及第二句单纯在三界内，有烦恼和没有烦恼，是在三度空间内，看得到的。第三句及第四句包含三界外，十法界的神通自在、神变、乘愿再来，像菩萨超越有无，需要第三句及第四句将它包含在内。亦有亦无，不是有，也不是没有。非想非非想处，非有想——不是有那个念想，非无想——也不是完全没有念想，把三度空间外的包含进来。三度空间内，有想，就是有生物。无思想，就是无生物。

第三句及第四句，遮断人的心识作用，包含怀疑。亦有亦无，好像有懂，又好像没有懂，好像肯定，又好像否定。就是不定，我还在学，方法论，对治，逻辑。非有非无，对治断灭，不是相信，又不是不相信，就是无底洞，诡辩。用第四句来遮断他的心识作用，不正知，不正见。看你讲什么，随便跟你说，既不肯定也不否定，这就是典型的不置可否。第三句及第四句，主要用于破除执着。

在《大乘玄论》卷一，真谛之理乃“离四句，绝百非”。在《杂阿含经》卷三十四提到，有后死、无后死、有无后死、非有非无后死，皆是着于色受想行识，若是如实了知，则皆寂灭。四句不论是哪一句，在《杂阿含经》中，佛陀教示，皆是五蕴之着。因没有如实了知，所以着于色受想行识。若是如实了知，就归于寂灭。四句不只是讲否定，主要是破执着。

四句在《杂阿含经》《中论》《妙法莲华经玄义》《妙法莲华经文句》都有四句形式的内容，这表示根本佛教和法华部都有，代表四句形式在大小乘通用，并且在后期经论如《妙法莲华经玄义》《妙法莲华经文句》有论述根据及延续性，大乘用的四句和小教是一致的，并没有偏离佛说。圆教和小教都采用四句形式。六祖慧能将宣传教法，说明以对法形式，大众较能理解，要彰显虽然有对法，不着于二边，又是相因，才是中道。

四、以二值逻辑呈现四句

Richard H. Robinson 的著作 Early Mādhyamika in India and China 中，采用传统二值逻辑呈现四句，出现下列的情形：

第一句，有：p

第二句，无：非 p

第三句，亦有亦无：p 且非 p

第四句，非有非无：非 p 且非非 p。

在二值逻辑中，“非非 p”等值于“p”。所以，第四句中的“非非 p”替换成“p”，则第四句和第三句是相同的。“p”且“非 p”同时出现，出现了矛盾，违反了二值逻辑的排中律。排中律是 p 或非 p。p、非 p，互为相反的二个值，不能都真或都假，必有一真及一假，表示为 p 或非 p。这是不兼容的选言关系，或者 p，或者非 p，必是二者之一。违反排中律，就犯了模棱两可的错误。用二值逻辑呈现四句，第三句及第四句就会产生真假同时存在的矛盾，而致无解。

Murti 在其著作《中观哲学》认为，肯定与否定是截然不同，否定不能从肯定而生，肯定也不能从肯定而生。这也是从二值逻辑的观点出发，站在对立面的角度，没有允许两端有中间值的存在。

因为不管任何具体事物（concrete thing）的真正本质为何，不管它是“有”“非有”或是既有且非有，肯定与否定这两种态度是截然不同的，而且否定不能从肯定而生，反之亦然。所谓的“肯定”，即已假定某一主词与宾词（subject and predicate）之间有同一、包含与相关联的关系在；而“否定”即是排除、否认、捐弃、分殊、异化主词与谓词的关系。“肯定”与“否定”或许是一体的两面，但它们毕竟仅是一体的两面而已，二者还是有区别的必要。①

六祖慧能告诉弟子如何说法，才不会离开主要思想，首先要说明三科，也就是五阴、十二入、十八界，要用三十六对法。所谓对法就是对比方式，像明与暗对，动与静对，大与小对。佛法是讲中道，不偏对法的任何一边，偏于一边即是着于相。六祖又说，若是着于相，即是增加邪见，不正确的见解。若是着于空，则是增加烦恼。不偏二边，才是中道。

> 吾今教汝说法，不失本宗：先须举三科法门，动用三十六对，出没即离两边。说一切法，莫离自性。忽有人问汝法，出语尽双，皆取对法，来去相因。究竟二法尽除，更无去处。②
>
> 此三十六对法，若解用，即道贯一切经法，出入即离两边。自性动用，共人言语，外于相离相，内于空离空。若全着相，即长邪见；若全执空，即长无明。③

六祖解意是以对法去执，除“有”就用“无”去对治，除“无”就用“有”去对治。除“凡”就用“圣”去对治，除“圣”就用“凡”去对治。相因相离，离却两边，可以开显中道的义理，也不离开中道的理

① T. R. V. Murti：《中观哲学》，郭忠生译。
② 《六祖大师法宝坛经》付嘱第十，《大正藏》第四十八册。
③ 《六祖大师法宝坛经》付嘱第十，《大正藏》第四十八册。

体。以明暗为例，没有明，就是暗，用明彰显暗，用暗彰显明。没有明，如何知道暗，没有暗，如何知道明。明暗互为出现的因，这是中道。二边皆存，是一般世间现象，看来是相对，但不若 Murti 所说，否定不能从肯定而生，肯定也不能从肯定而生。相互为因，不着二边，亦不离二边，才能成就中道。

若有人问汝义，问有将无对，问无将有对，问凡以圣对，问圣以凡对。二道相因，生中道义。如一问一对，余问一依此作，即不失理也。设有人问："何名为暗?"答云："明是因，暗是缘，明没则暗，以明显暗，以暗显明，来去相因，成中道义。"余问悉皆如此。汝等于后传法，依此转相教授，勿失宗旨!①

二值逻辑，以真、假二值，无法如实呈现四句的意涵，第三句及第四句变成相同的意义，而实有不同。二值逻辑对于真、假的相互为因又有个别的差异不同，无法说明。明与暗，虽是相反，确因有明才能显暗，有暗才能显明，二值逻辑就不能将关系表示出来。

在佛学经典中，第三句，亦有亦无（p 且非 p），代表有及其相对的无，同时存在。第四句，非有非无（非 p 且非非 p），代表没有 p，也没有"非 p"，而不是将非非，变成负负得正，得到 p。

五、以四值逻辑呈现四句

上述是以二值逻辑的形式呈现四句，产生不可解的状况。在三值逻辑，则是以真、假、及中间值来表示。真，可以对应第一句，有。假，可以对应第二句，无。中间值，无法同时对应第三句及第四句。三值逻辑无法显示第三句亦

---

① 《六祖大师法宝坛经》付嘱第十，《大正藏》第四十八册。

有亦无及第四句非有非无的差异。

若在四值演算中，用数值代入二值逻辑的定律，则产生与定律不同的结果。因此，以二值逻辑呈现四句是不宜的。在多值逻辑中，四值逻辑与四句有雷同的形式，在其意涵上，有相同与相异之处，以下将做比较。

Post 在多值逻辑中，设定非 p 的值时，采用了两种方式。若是以四值而言，其一是附录中（1）以（2）。x 若为 t_1，$\sim x$ 则为 t_2；x 若为 t_2，$\sim x$ 则为 t_3；x 若为 t_3，$\sim x$ 则为 t_4；x 若为 t_4，$\sim \mathrm{x}$ 则为 t_1。以四值作为一个循环，$\sim x$ 并不是 x 的负面，$\sim \sim x$ 不会是 x，而是 $\sim (\sim x) = \sim t_2 = t_3$。另一种方式是，附录中（3）以（1）当中的否定的值及（2）选言的值，得出 $\overline{\sim}_m p$。x 若为 t_1，$\sim x$ 则为 t_4；x 若为 t_2，$\sim x$ 则为 t_3；x 若为 t_3，$\sim x$ 则为 t_2；x 若为 t_4，$\sim x$ 则为 t_1；$\sim \sim x$ 是 x。t_1 及 t_4 互为否定，t_2 及 t_3 互为否定。采用的原则是 $\mathrm{n}(\sim p) = 1 - p$。若 p 则 q，Post 采用 Lukasiewicz 的方式，将前件等于、小于后件设定为真。Post 的系统特别之处在于它是一个循环，并且符合健全和功能完备这两个原则。虽然 Post 采用 Lukasiewicz 的方式，但 Lukasiewicz 的三值逻辑并不符合功能完备原则的条件，除非加上一个 T－function 功能。Post 的系统，其采用定义和二值相同，但在数值的计算如前所述是和二值不同的。在 p 等价 q 时，除了中间线，$\mathrm{n}(p) = \mathrm{n}(q)$ 时，其值为真。其他在中间线二边的数值与中间线另一边的数值是相同的，对应的。这表示 $p \rightarrow q$ 和 $q \rightarrow p$ 是相互关联的（附录中之（5））。

若模拟于四值逻辑，四句的有是 p，其～，由于因缘及缘起，则为非有非无，$\sim p \wedge \sim \sim p$，是一种不是完全的否定。再其次，非有非无的～，则是全然的否定，$\sim p$。全然的否定的～，亦有亦无，则是对于当时及未来的可能性做肯定，$p \wedge \sim p$。亦有亦无的～，则是全然的肯定，p。

在二值逻辑，只有真假二端，没有中间值。三值逻辑，有真假及中间值，尚无法呈现世界的样貌。四值逻辑尝试去涵盖所有层面，真、假、真假的重叠、真假的空隙。真是 p，假是 $\sim p$，真假的重叠是 $p \wedge \sim p$，比较于亦有亦无。真假的空隙是 $\sim p \wedge \sim \sim p$，比较于非有非无。例如身体和心灵性质不同，一个有相，一个无相，所以是亦一亦异。身体和心灵非一，因身体死亡，心灵没有跟着死亡。身体和心灵非异，不然心灵无法操控身体的运作。所以身体和心灵是非一非异。

Graham Priest 提出在 nonclassical logic 当中以 First Degree Entailment 运算四值逻辑。其四值为真、假、真假的重叠、真假的空隙，相对应符号为 t，f，b ，n 。用哈斯图表示为

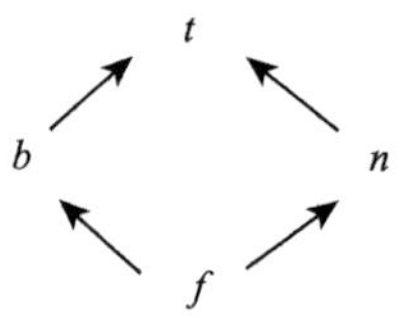

图 4－1

之后 Priest 对于龙树的《中论》作了探讨，看到佛教义理有世俗谛及胜义谛。世俗谛是世界上充满了性质、普遍性、因果关系，是通常看到的样子，并且有前述的四个真值。一切实非实，亦实亦非实，非实非非实，是名诸佛法。① 胜义谛，则是不可说的，若要言说，只是用可以理解的文辞尽可能地表达。空则不可说，非空不可说，共不共叵说，但以假名说。诸法空则不应说。诸法不空亦不应说。诸法空不空亦不应说。非空非不空亦不应说。何以故。但破相违故。以假名说。② Priest 认为不可说，是在四句之外的第五种可能性。为了表示不可说，设立了一个值 e，称之为 FDE_e。

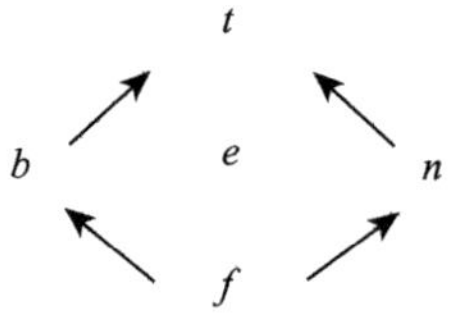

图 4－2

另一位哲学家 Cotnoir 提到龙树经常使用肯定前件、否定后件、假言三段论、归谬法来与反对者辩论。Cotnoir 提到 Garfield 和 Priest 提到世俗谛和胜义谛，他们采用 e 来代表不可言喻，Cotnoir 经过逻辑演算，认为 FDE 及 FDE_e 并

① 《中论》卷 3《观法品 18》，《大正藏》第三十册。
② 《中论》卷 4《观如来品 22》，《大正藏》第三十册。

没有提出恰当的有效推论，在分离三段论、肯定前件、否定后件、假言三段论、归谬法都是无效推论。Cotnoir 提出另一种模式用来演算，设了两个值，世俗谛真及胜义谛假。用有序数对来表示，若值为 1 代表“是”，0 代表“不是”。如〈1，0〉当中左边的数是代表世俗谛真的值，右边的数代表胜义谛假的值，由此得到四个值〈1，1〉〈1，0〉〈0，1〉〈0，0〉，用哈斯图表示为

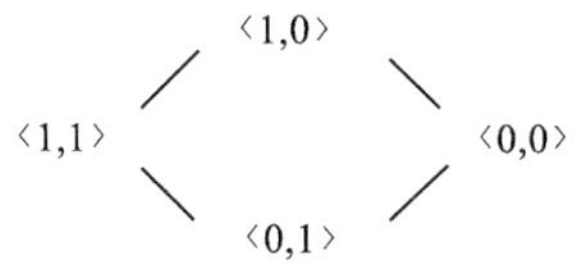

图 4－3

这四个值采用 B4 语法作为连接，这个图就产生一个完全古典命题逻辑，可以使得分离三段论、肯定前件、否定后件、假言三段论、归谬法都是有效推论。因此，Cotnoir 认为纯粹世俗谛只有两个值，只有真、假而已，运用 B4 语法可以利用世俗谛和胜义谛的歧义，因此 Cotnoir 认为龙树的逻辑是完全传统逻辑的。一旦转到四句负面的用法，采用新的值功式 μ 及一个新的语义值 e 对应于空，则是完全的胜义谛。

笔者认为 Cotnoir 的有序数对，是世俗谛真和胜义谛假两个值的交叉运算的结果，并非四值的逻辑。如同 Cotnoir 所言是一个二值的古典命题逻辑。Priest 将不可说设立一个值 *e* 及 Cotnoir 将胜义谛设立一个值，独立出来做计算。既然是不可说，表示在语言表达上的极限，Quine 及 Wittgenstein 也提到过语言有其极限，有些事物是无法用语言来叙述的，怎么可能拿来做计算？若是采用 Posth 多值逻辑中，四值的部分，结合 Priest 的 FDE，用哈斯图表示为

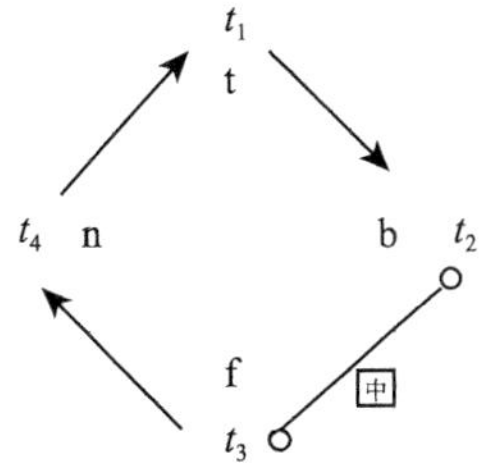

图 4－4

真 t，其 ~ 为亦真亦假 b，因它现在有。不能说它有，因为变异的过程，它又没有了。所以说，亦有亦无。亦真亦假 b，其 ~ 为假 f。亦有亦无 b，因为变异的过程，会示为现无 f。假 f，其 ~ 为非真非假 n。虽有而无，有是由于因缘变化，是不实在的，所谓非有。虽无而有，无由于缘起，因缘际会，才造就事物的产生，所谓非无。假 f，因不实在，由于缘起，而变成非真非假 n。非真非假 n，其 ~ 为真 t。非真非假 n，由于缘起，了知不实在，来自要对于世间的事物认其为真 t 的执着。这又产生另一个循环的开始，世俗谛就是不停地在这样的循环之中打转。理解四句的义理，才能离四句，绝百非。佛陀在《杂阿含经》里，就希望众生了解实相，去除执着，不以生死为实有，了悟缘起，行于中道。

六、结论

佛学经典的四句有二种，一是以有，无，亦有亦无，非有非无的形式，另一是四个为一组的句子。前一种四句作为论证佛法的特殊论式，对论述佛教的义理的能否证立，具有简别的功能，如“有”句可证立现象有，而为共同的知识基础。“无”句可证立现象的无常性，而申明因缘法的合理性。“亦”句可证立“有”句、“无”句的双肯定句，含有体性与运用。阐提现在没有佛性是运用，肯定现在呈现没有，是亦无。未来当必得佛性，含有体性，肯定未来会呈现有，是亦有。“非”句全面否定“有”句、“无”句，产生不确定性的效果，有由于因缘变化，是非有。无由于缘起，是非无。有，无，亦有亦无，非有非无，若以逻辑符号，则可模拟于四值逻辑符号。

四句是论释，相同于逻辑作为一种呈现方式。四句是一种权法，作为理解佛学经典的参考，有其参考价值。世间不只是二元对立，例如头发多和秃头之间是逐渐演变，没有绝对的一个界线说明头发多和少或是秃头，一根、二根……到多少根头发才算是有头发。以二值逻辑，就没有中间值。四值除了真假，也有亦真亦假，非真非假，涵摄一切变化。四句和四值逻辑都试图突破二元对立的观点来看物我关系，能够更贴近的理解世间的运作。[①]

附录

（1）Post 说明了一个系统的所有可能的表格要完备。Post 定义了否定和选言，以此可推算出其他项的值。（较高的真值的下标数字较小）

p	$\sim_m p$
t_1	t_2
t_2	t_3
…	…
t_m	t_1

p，q	$p \vee_m q$	
$t_1 t_1$	t_1	
…	…	
$t_{l_1} t_{j_1}$	t_{l_1}	$l_1 \leqslant j_1$
…	…	$l_2 \geqslant j_2$
$t_{l_2} t_{j_2}$	t_{l_2}	
…	…	
$t_m t_n$	t_m	

图 1

① 参考文献：1. 龙树菩萨造：《中论》，梵志青目释，姚秦三藏鸠摩罗什译，《大正藏》第三十册。2.〔元〕宗宝编：《六祖大师法宝坛经》，《大正藏》第四十八册。3.〔北凉〕天竺三藏昙无谶译，《大般涅槃经》，《大正藏》第十二册。4.〔宋〕天竺三藏求那跋陀罗译：《楞伽阿跋多罗宝经》，《大正藏》第十六册。5.〔宋〕天竺三藏求那跋陀罗译：《杂阿含经》，《大正藏》第二册。6.〔后秦〕《长安释僧肇》，《肇论》，《大正藏》第四十五册。7.〔隋〕智顗说：《妙法莲华经文句》，《大正藏》第三十四册。8.〔隋〕智顗说：《妙法莲华经玄义》，《大正藏》第三十三册。9. 钱塘沙门释智圆述：《涅盘经疏三德指归》，《卍新续藏》第三十七册。10. T. R. V. Murti 著：《中观哲学》，郭忠生译，《世界佛学名著译丛》64，台北：华宇出版社，1985 年版。11. 吴汝钧："印度中观学的四句逻辑"，中华佛学学报第 8 期，第 149－172，1992 年，台北：中华佛学研究所。12. 杨惠南，《中论》里的"四句"之研究，《华岗佛学学报》第 6 期，第 277－310，1972 年，台北：中华学术院佛学研究所。13. Cotnoir, A. J. , 2015. 'Nagarjuna's Logic', in Koji Tanaka, Yasuo Deguchi, Jay Garfield and Graham Priest (eds.), The Moon Points Back, Oxford University Press, pp. 176－88。14. Miller, D. Michael/ Thornton, Mitchell A. (EDT), *Multiple Valued Logic*, Concepts and Representations. Morgan & Claypool, 2007。15. Post, Emil L. "Introduction to a General Theory of Elementary Propositions." *American Journal of Mathematics*, vol. 43, no. 3, 1921, pp. 163－185。16. Graham Priest, Speaking of the Ineffable, East and West, *European journal of analytic philosophy*, vol. 11 no. 2 July 2016, pp. 6－20。17. Priest, Graham, *An Introduction to Non-Classical Logic: From If to Is*, 2nd ed., Cambridge University Press, 2008。18. Robinson, Richard H. *Early Madhyamika in India and China.* Motilal Banarsidass, 1967。

（2）否定的值是呈现循环的状态。选言的值是 p 及 q 两者当中选大的值。

否定的值

p	$\sim_m p$
t_1	t_2
t_2	t_3
t_3	t_4
t_4	t_1

图 2

选言的值

$\vee$	t_1	t_2	t_3	t_4
t_1	t_1	t_1	t_1	t_1
t_2	t_1	t_2	t_2	t_2
t_3	t_1	t_2	t_3	t_3
t_4	t_1	t_2	t_3	t_4

图 3

（3）以（1）当中的否定的值及选言的值，得出$\overline{\sim}_m p$

p	$\overline{\sim}_m p$
t_1	t_m
t_2	t_{m-1}
…	…
t_m	t_1

图 4

（4）以（3）的$\overline{\sim}_m p$ 及（1）的选言的值，得出 $p \cdot_m q$

$$p \cdot_m q = \cdot \overline{\sim}_m (\overline{\sim}_m p \cdot \vee_m \cdot \overline{\sim}_m q)$$

连言的定义采用 $p.\ q$ 数学原理，当中以$\overline{\sim}_m p$ 替代 $\sim p$。
（3）及（1）这两者的定义，得出连言的值是 p 及 q 两者当中选小的值。

连言的值

$\wedge$	t_1	t_2	t_3	t_4
t_1	t_1	t_2	t_3	t_4
t_2	t_2	t_2	t_3	t_4
t_3	t_3	t_3	t_3	t_4
t_4	t_4	t_4	t_4	t_4

图 5

（5）$p \supset^{\mu}_{m} q$ 根据 Lukasiewicz 三值逻辑及 t - norm 的原则，可以得出下面表内的值。

$\rightarrow$	t_1	t_2	t_3	t_4
t_1	t_1	t_2	t_3	t_4
t_2	t_1	t_1	t_2	t_3
t_3	t_1	t_1	t_1	t_2
t_4	t_1	t_1	t_1	t_1

图 6

等价的值

$\equiv$	t_1	t_2	t_3	t_4
t_1	t_1	t_2	t_3	t_4
t_2	t_2	t_1	t_2	t_3
t_3	t_3	t_2	t_1	t_2
t_4	t_4	t_3	t_2	t_1

图 7

自然国学评论

比较华学

《自然国学评论》第三号
第 203－274 页

重寻“茶禅一味”*

王兴国**

摘　要：佛教源出于古代印度，茶道创始于古代中国。“茶禅一味”，源出于湖南石门夹山寺的“夹山和尚”善会，而成于著名大禅师圆悟克勤。经过两位禅师之手，开显了禅茶不二的新境界。日后，茶道伴随着佛教传播到日本，被发扬光大，“茶禅一味”由此被视为茶道的最高境界。随着“近代化”的到来，工商社会的出现也使东方过早地进入“末法时代”，在难以抵御、抗拒的商业大潮的冲击与耀眼炫目的俗世之梦幻空华的诱惑下，茶道与禅宗早已裂离为二，茶中久已无禅，茶中久已无道。复活茶道精神，重兴夹山境地，重返“唯是吃茶吃饭”的“佛祖之家常”正道，再现“茶禅一味”之真境，这正是今天的茶道与禅宗所共同面临的时代课题。为了不让茶道在今日急功近利的经济大浪中毁于一旦，中日两国是不是应该携起手来，共同拯救茶道呢？

关键词：茶道　中日　夹山境地　茶禅一味　裂离　拯救

---

* 茶意即禅意。故禅意之外无茶意。若不知禅意，即不知茶意。——千宗旦茶道无字，以口相传，以目相传，以心相传。——千宗旦

** 王兴国（1962—），深圳大学人文学院与国学院教授，哲学博士，研究方向为中国哲学、茶道等。

佛教源出于古代印度，茶道①创始于古代中国。在佛教中国化的过程中，

① 据现有的文献可知，“茶道”一词，最早见于唐代江东名僧皎然的《饮茶歌诮崔石使君》一诗：

越人遗我剡溪茗，采得金牙爨金鼎。
素瓷雪色飘沫香，何似诸仙琼蕊浆。
一饮涤昏寐沐香，情思爽朗满天地；
二饮清我神，忽如飞雨洒轻尘；
三饮便得道，何须苦心破烦恼。
此物清高世莫知，世人饮酒多自欺。
愁看毕卓瓮间夜，笑向陶潜篱下时。
崔侯啜之意不已，狂歌一曲惊人耳。
孰知**茶道**全尔真？唯有丹丘得如此。
（见《全唐诗》第23册卷821，第9260页；此处引自陈彬藩主编：《中国茶文化经典》，北京：光明日报出版社，1999年版，第37页。）

皎然，唐代江东一代名诗僧。俗姓谢，字清昼，湖州长安（今浙江长兴县）人，是南北朝诗人谢灵运的十世孙，有诗文集《杼山集》与诗论《诗式》行世。初落发时，礼湖州杼山为师，工于诗文，善烹茶，崇尚茶道，栖禅于浙江吴兴的杼山妙喜寺时，与比他小十余岁的陆羽结为缁素忘年之交。陆羽撰著《茶经》一书，很可能受到他的激励与启发。但是，由于陆羽受儒学熏染之深，在“茶道”上与他并不同路，亦为他不满。在他的眼目里，出自儒学的“茶道”自然不是“茶道”的正宗，甚至根本不称其为“茶道”（可见，他作为出家人，对儒学是心存偏见的）。故陆羽《茶经》书成后，受到他的讥笑与挖苦。他在《饮茶歌送郑容》一诗中有云：

丹丘羽人轻玉食，采茶饮之生羽翼。
名藏仙府世空知，骨化云宫人不识。
云山童子调金铛，楚人茶经虚得名。

很明显，他之所以认为陆羽的《茶经》是“虚得名”，主要是其中没有他所崇尚的“茶道”精神。皎然的思想深受道释的影响，他既倾慕陶渊明的隐居生活，也乐意于禅僧的云游与禅居生涯，一生钟情于饮茶，理想只在“三饮便得道”“忘却洛阳归客心”（《送许丞还洛阳》，见《全唐诗》第23册卷821，第9179页。）或“只为忘情不记春”。（《春夜集陆处士居玩月》，见《全唐诗》第23册卷821，第9210页。），羽化而登仙，悟道而成佛。在他看来，茗藏仙府，骨化云宫，“孰知**茶道**全尔真？唯有丹丘得如此。”（按：丹丘原是天台山山脉的一支，为出产大茗即仙茶之地，对皎然来说，无异于茶之圣地；在这里藉指汉之“丹丘羽人”，亦可视为“丹丘羽人”的简称或缩写。）似乎只有得道的“丹丘羽人”能懂得茶道的真谛了。无疑，皎然把“茶道”同道学与禅宗紧密地联系起来。从上引的《饮茶歌诮崔石使君》一诗看来，唐代的所谓“茶道”乃是饮茶悟道的意思，亦即“借茶悟道”，或“以茶喻道”之意，这与后来的“茶禅同一味”所讲的茶道不可同日而语。但是，这首诗却最早揭开了饮茶与道士修道悟道和和尚禅修悟道之间的关系，不妨看作中国茶道的先驱与雏形之一。稍后于皎然的封演在其《封氏闻见记》卷六《饮茶》中，亦叙述了唐代茶道的流行。其中有云：“……楚人陆鸿渐为《茶论》，说茶之功效，并煎茶、炙茶之法，造茶具二十四事，以‘都统笼’贮之。远近倾慕，好事者家藏一幅。有常伯熊者，又因鸿渐之论广润色之，于是**茶道**大行，王公朝士无不饮者。”作者把“茶道大行”归功于陆羽的《茶经》。但是，他这里所说的“茶道”不同于皎然之所论。从引文可以看出，封演的“茶道”最具有广泛的意义，几乎泛指陆羽《茶经》中所言及的一切茶事。其所论重在王公朝士对茶的品饮与由此而带来的饮茶之风的普及与流播。所谓“古人亦饮茶耳，但不如今人溺之甚。穷日昼夜，殆成风俗。始自中土，流于塞外”（《饮茶》《封氏闻见记》卷六）。因此，这与后来所兴起的茶道是不同的。不过，我人可由此而见中国茶风在唐代的兴盛与茶道的由来与发展历程。时至今日，茶人们对“茶道”这一概念并没有形成一致的看法，故“茶道”在学术上仍将处于仁者见仁，智者见智的状态之中。但就笔者个人的私见而言，则以为日本哲学家与茶道家久松真一（1889—1980/明治22—昭和55）为茶道所下的定义比较能够涵盖与传达古今中外的茶事活动之精神与意义，故为一具有典范意义的茶道定义。这一定义指出：“茶道是以吃茶为契机的综合文化体系。”其文化性格表现出七大特质：“（一）不均齐、（二）简素、（三）枯槁、（四）自然、（五）幽玄、（六）脱俗、（七）静寂。”（见久松真一著/藤吉慈海编：《茶道の哲學》，講談社学术文库813，东京：株式会社講談社1995年版，第11页，第54—55页。）尤其是这一定义认为，茶道的本质与内核是宗教之禅（见该书《茶道论第二至第三节》），比较能契近“茶禅一味”之旨趣。无疑，茶道作为东方民族的（无论中国或日本的）“综合文化体系”来说，它是汇总了其宗教、哲学、道德、修身、艺术、科学、礼仪与社交等一切文化的综合体。但是，笔者不能苟同茶道或作为一种“综合文化体系”的茶道仅为日本所独有的谬论。

禅宗得茶，茶道入禅，禅由茶显，禅宗与茶道合流，既加剧了佛教的中国化，也提高与丰富了中国茶道的境界，中国茶道伴随着佛教传播到日本，得到发扬光大，“茶禅一味”由此被视为茶道的最高境界。

但是，随着“近代化”的到来，工商社会的出现也使东方过早地进入“末法时代”。在难以抵御、抗拒的商业大潮的冲击与耀眼炫目的俗世之梦幻空华的诱惑下，茶道与禅宗早已裂离为二，茶中久已无禅，茶中久已无道，似乎仍可看见“茶禅一味”“柳绿花红”“和敬清寂”的装饰条幅，其实茶道已亡而禅风尽失，大家终究只落得一个“吃茶去”也。难怪日本思想家与大作家川端康成撕心裂肺地哀伤，半个世纪前，他就对日趋恶俗的所谓“现代茶道”深恶痛绝，在《千只鹤》（1949）这部名作中发出了“美人”已死的悲号，旨在警醒世人，抵抗与茶道不容之恶俗，寻找“美女”，重光茶道，这一犹如狮吼般的声音，是否能对当代茶人产生暮鼓晨钟、振聋发聩的作用，复活茶道精神，重兴夹山境地，重返“唯是吃茶吃饭”的“佛祖之家常”（道元禅师语）正道，再现“茶禅一味”之真境呢？依余愚见，这正是今天的茶道与禅宗所共同面临的时代课题之一。

一、佛祖屋里，茶饭是家常

中国西南、特别是云南是世界茶叶的原产地，而与中国毗连的印度自古亦出茶。因此，自古以来中印两国均有饮茶的风俗习惯，至今仍然是饮茶大国，特别是在中国，茶为国饮的礼俗千年不变。佛教的传播与茶饮之风的流行互相渗透与影响，两者结下了不解之缘。① 茶进入佛教，吃茶就成了佛事，而茶汤

① 关于“茶禅一味”的缘起，有这样一个传说：禅宗的初祖菩提达摩自印度来到中国，在河南嵩山少林寺面壁九年。由于久坐而疲累过度，他的眼皮无法张开，他就撕下了眼皮，丢弃在地上。没想到，在丢弃眼皮的地方，竟然神奇地长出了一株树叶繁茂的矮树。祖师的弟子，摘下矮树上的绿叶，酿制成一种绿色的饮料，饮用之后，居然不仅消除了身体的疲劳，而且也使头脑清醒了，所以禅坐时，能保持神清气爽。由此，佛教徒发现茶大有裨于坐禅。茶就成为佛门中的灵宝之物。无疑，这只是一则美丽而有趣的传说，但是，它说明了自一开始茶道与禅道之间就具有密切的关系。《封氏闻见记》卷六《饮茶》有云：“开元中，泰山灵岩寺有降魔师，大兴禅教，学禅（一本无”学禅”）务于不寝，又不夕食。皆许其饮茶。人自怀挟，到处煮饮。从此转相仿效，遂成风俗。”这表明饮茶之风的流行是受了禅宗的影响。

中流出了佛法。因此，对于佛教来说，千百年以来，吃茶早已成了“家常”事。在一般意义上说，茶在佛教中以“三德”见称：一曰饮茶具有清心醒睡的功效，坐禅可通宵不眠①；二曰茶为“养生之仙药，延年龄之妙术②”，饮茶可疗疾病，食饱满腹可助消化，且能抑制性欲与杂念的滋生，并有助于端正坐相；三曰茶性清高静寂，文化蕴涵丰厚，既暗合妙道，昭显禅机，却又深藏若虚，似行云流水，蛟龙游天，极富生命意义的启示而利于戒定慧。③ 由于佛教戒律严厉，禁欲、禁酒、戒荤，以食素为饮食之正道，以念佛和“禅定”为基本的修行方式，而茶性清淡，提神醒脑，生津止渴，消食化痰，解乏除疲，尚可入药，不仅符合佛教戒律的要求，而且特别有助于禅修入定，故亦有裨于由定生慧，证悟佛法。由此可见，茶之“三德”实通于佛教戒定慧之“三学”，“三德”正可由“三学”而见之。是故，佛家视茶为“神物”，素来倡导与讲究饮茶。日本学者多田侑史在《数寄：日本茶道的世界》一书中，

---

① 《封氏闻见记》卷六《饮茶》云：“茶，早采者为茶，晚采者为茗。《本草》云：‘止渴，令人不眠。’南人好饮之，北人初不多饮。开元中，泰山灵岩寺有降魔师，大兴禅教，学禅（一本无”学禅”）。务于不寝，又不夕食。”齐己《咏茶十二吟》有：“嗅觉精新极，尝知骨自轻。研通天柱响，摘绕蜀山明。赋客秋吟起，禅师昼卧惊。角开香满室，炉动绿凝铛。晚忆凉泉对，闲思异果平。松黄乾旋泛，云母滑随倾……”以上均道出了茶所具有的部分作用，同时从一个侧面道出了饮茶在禅修中的功用。

② 〔日〕西荣等著、王建注译：《吃茶养生记——日本古茶书三种》，［贵阳］：贵州人民出版社，2003 年版，第 1 页。

③ 关于茶的功用，我国古人早已多有认识。传说时代的神农最早发现吃茶可以解毒，虽不可考，但可信无疑。此后，人们对茶性及其功用的了解日益加深。特别至唐时，已达到相当全面和系统的程度。与陆羽同时代的裴汶在其《茶述》一文中比较明确地论述了茶所具有的综合功效。他指出：“茶，起于东晋，盛于今朝。其性精清，其味浩洁，其用涤烦，其功致和。参百品而不混，越众饮而独高。烹之鼎水，和以虎形，人人服之，永永不厌。得之则安，不得则病，彼芝术黄精，徒云上药，致效在数十年后……”（见《续茶经》卷上）至晚唐，刘贞亮则对饮茶的功用做出了比较全面和系统的归纳、总结与概述：“以茶散郁气，以茶驱睡气，以茶除病气，以茶利礼仁，以茶表敬意，以茶尝滋味，以茶养生体，以茶可行道，以茶可雅志。”在日本文化中，则有“茶之十德”之说。据井伊扫部的《闲夜茶话》于《利休居士茶十德》之所载，“茶之十德”为：“诸天加护，睡眠远离，孝养父母，消除重病，众人敬爱，烦恼自在，无病息灾，贵人相亲，寿命长远，悉除朦氛。”或：“诸佛加护，五脏调和，孝养父母，烦恼自在，寿命长远，睡眠自在，息灾延命，天魔道心，诸天加护，临终不乱。”此两说大同小异。另一说则为：“早交高位，花无他念，众人敬爱，不语成友，知草木名，席上常香，朝暮风流，诸恶别离，精魂养性，无事有佛缘。”（见久松真一著、藤吉慈海编：《茶道の哲學》，第 238—239 页。）

论及佛教和茶的关系，共有三种：（1）宗教性祀礼仪之茶；（2）寺院、僧侣间内外接待礼仪之茶；（3）为解大众之饥渴所施之茶。[①] 这里说的三种佛门茶，虽然并不限于禅茶，但是却包括了禅茶。其中，与茶道、禅道关系最密切的，是第二种。由此可见，“住持请斋、请茶，乃是禅寺常有的礼仪”。[②] 其实，佛教与茶的关系远不限于此，而是几乎一切佛教活动均用茶是。例如，以“奠茶”礼敬佛祖、菩萨、祖师，以表示无上的崇敬与虔诚之情或归依之心；受戒前后饮用“受戒茶”，以利于坐禅入定；以“寺院茶”礼敬施主、香客、或游人等，表示对来客的敬意；日常以茶漱口，以保持口腔清洁；高僧圆寂，则“出丧挂真奠茶汤”[③]，若以其肉身制成肉身菩萨也须用茶；至于茶会饮茶自无需说了。于此可知，茶在佛教中乃日用之宝物，不可须臾离也。而吃茶在佛门中自然是家常之事了。

二、茶禅一味

佛门中吃茶吃出境界，则必至“茶禅一味”。所谓“茶禅一味”，源出于湖南石门夹山寺的“夹山和尚”善会，而成于著名大禅师圆悟克勤。经过两位禅师之手，开显了禅茶不二的新境界。日后，在邻邦日本进一步被发扬光大，成为茶道的至极之境，同时也是证悟佛法的“活计”与呈露禅心的媒体与境地。

夹山寺，又名“灵泉禅院”，位于湖南省常德市石门县城东南方，因其

---

① 原文见于〔日〕多田侑史著：《数寄：日本茶道的世界》，罗成纯译，台北：稻禾出版社，1993 年版，第 162 页；此处转引自杨惠南：《茶道与禅道》，载于吴言生主编：《中国禅学》第一卷（创刊号），［北京］中华书局，2002 年版，或《中国禅学》网。）

② 杨惠南：《茶道与禅道》，吴言生主编：《中国禅学》第一卷（创刊号），［北京］中华书局，2003 年版，第 244 页。

③ 原见于［唐］百丈怀海（720—814）《百丈清规》。现仍保存于今本《敕修百丈清规》卷三《住持章第五・迁化》之中。其中列有“挂真举哀奠茶汤”“出丧挂真奠茶汤”等和丧仪有关的供茶礼仪。（详见《卍续藏》第 111 册，511b，512b。）又见杨惠南：《茶道与禅道》，（吴言生主编《中国禅学》（创刊号）第一卷）之注释。

“两山对峙，一道中通”而得名。唐咸通十一年（西元870年），善会（805—881年）禅师受朝廷委派来此开山建寺，聚僧众二百余人，人称善会为“夹山和尚”，寓于纪念其开山之功德之意。其后，唐懿宗、宋神宗、元世祖三朝皇帝均先后降旨修葺，故有“三朝御修夹山寺”之盛名，更因“夹山和尚”开创禅茶之风而使夹山寺天下闻名，成为“茶禅一味”发祥地，位居中国乃至世界重要禅院之列。

善会栖禅夹山十一年，自号“佛日”，首倡禅茶境味之说，有所谓“有眼不窥天子乐，目前且取老僧歌”。有人问法，曰：“日在什么处?”

他答曰：“日在夹山顶上。”

又问：“如何是夹山境地?”

答曰：“猿抱子归青嶂岭，鸟衔花落碧岩泉。”

这便是举世闻名的“夹山境”禅偈。它透显了禅茶的平凡工夫与最高境界，实为“茶禅一味”之奠基石。

不难看出，所谓“佛日”即是“夹山境地”，亦即“青嶂岭”“碧岩泉”，而非“天子乐”，故为“老僧歌”所歌者。进而言之，“佛日”之“日”，无非“日日之禅茶”而已。而“夹山境地”也罢，“青嶂岭”也罢，“碧岩泉”也罢，亦只是“日日之禅茶饭”的“处所”罢了。至于“猿抱子”或“鸟衔花”则隐喻佛法、禅心。对佛法的修正，禅心的开悟除了在“日日之禅茶饭”的“处所”与“活计”的工夫中获得以外，难道还能在充满诱惑与剧毒的极其俗恶的“天子乐”中得到吗? 这不是“佛日”，又是什么呢?! 佛即在“日日之禅茶饭”中“活计”也。这正为“老僧歌”之所歌者也。因此，“猿抱子”终归且只能归于“青嶂岭”，“鸟衔花”终落且只能落于“碧岩泉。”在此意义下，“天子乐”必须遮拨，而“老僧歌”得以表诠。可见，在“夹山境”偈语中蕴涵与透示着“茶禅一味”的基本精神。正是在这一基础上，圆悟克勤（1063—1135年）才悟透了禅宗与茶（道）的关系，正式提出了“茶禅一味”。

宋徽宗政和年间，圆悟克勤受澧州刺史之邀，入住夹山寺。克勤原为川人，早岁礼成都圆明禅师习经论，后随五祖修行，得到印证，佛力加被，而嗣其法，成为一代宗师。宋高宗召其入宫问法，颇嘉赞赏，特赐号“圜悟”。遂为圆悟克勤。

克勤在灵泉禅院潜心研习禅茶关系，特出禅观之思辨，以佛理禅境关照与品味茶趣，终于炉火爆破，茶澜掀翻，悟出了“茶禅一味”，四个遒劲岭峋的大字挥毫而就。从此，碧岩茶道诞生了。

克勤的言行录由门人汇编为《碧岩录》，书名即出自“夹山境”禅偈。此书被誉为“禅门第一书”。圆悟克勤创出“茶禅一味”境界后，分别于东南沿海名刹传碧岩宗法，授碧岩茶道，使吴越闽的佛寺得以熏沐于夹山禅髓茶道风气之中，以后东渡过海，惠及东方邻国日本和朝鲜。圆悟克勤的亲笔书“茶禅一味”亦落籍日本，被视为珍宝，以为昭示了茶道之至高境界。

三、贵哉茶乎——千光祖师荣西传播禅茶

中国的茶道传到日本后，得到了前所未有的发展。高僧荣西（1141—1215年，字明庵，号叶上房，世称其为“千光祖师”“遍照金刚”）被尊为日本的茶祖，同时也是日本的禅祖。事实上，尽管在荣西之前，中国茶已经传入日本并开启了日本人的饮茶之风①，但是日本人一般还是愿意认为，是荣西把中国茶带到日本并在日本生根发芽而开花结果的。至9世纪末，日本学习、模仿中

① 中国茶究竟何时传入日本，已难详考。日本向中国派遣唐使、唐僧，全面引进中国文化以及政治制度始于西元630年。至894年，日本已向中国派遣唐使19次之多。不难断定，正是在此期间即630年以后至894年以前，中国茶随中国文化一起输入日本，并在日本生根成长。这一历史时期，恰恰是中国茶文化的兴盛时代。茶圣陆羽（733—804年）及其《茶经》正是这一时代的产儿。根据《日吉社神道秘密记》一书记载，恒武天皇延历24年（805年），最澄在中国学成归国就带回了中国茶种，并种在日吉社神旁。空海大师（774—835年）于804年到中国留学，至806年回国，他所撰著的《性灵集》卷三中提及“茶汤”。日本最早的敕撰汉诗集《凌云集》载，弘仁4年（813年）8月，嵯峨天皇作《秋日，皇太弟池亭》一诗有云：“肃然幽兴处，院里满茶烟。”弘仁5年（814年）4月，嵯峨天皇在左大将军藤原冬嗣的闲居院，曾作诗曰：“吟诗不厌捣香茗，乘兴偏宜听雅琴。”另外，《日本后记》载，弘仁6年（816年）4月，嵯峨天皇巡幸至滋贺韩崎的崇福寺，曾经留学过中国的高僧都永忠亲自煎茶敬献天皇。天皇品饮后大加赞赏，返回京城后，下令在畿内种茶，列为贡品。故黄遵宪所撰《日本国志》有云：“日本植茶盖始于嵯峨天皇（809—823年在位）时。”这些史料与情况足以证明，早在荣西以前，中国茶已经传入日本并开启了日本人的饮茶之风。

国与输入中国文化的激情随着中国的盛唐气象不复存在、国势日衰而俱衰俱落，进入其“国风文化”时期，所注重者，为其所固有之文化。

值此之际，日本的茶风萎靡而归于死寂。大概除了药用之外，来自中国的茶已经被日本人遗忘了近乎三百年之久。直至荣西从中国学成归国，极力提倡吃茶，并依据中国《太平御览》的资料，撰著《吃茶养生记》二卷，引起朝野的重视，饮茶之风才在日本再度兴盛，并发展出独具特色的茶文化，使中国的“茶禅一味”精神得以发扬与光大。荣西重开日本茶风，位尊“茶祖”，实乃当之无愧。

荣西先后两次东渡，到中国留学求法。仁安三年（南宋孝宗乾道四年，西元 1168 年），西荣首次到中国，先后在天台宗祖庭以及天童寺、阿育王寺等处游历访问，求得天台宗章疏三十余部 60 卷，并对正在盛行的南禅有了初步了解。文治三年（1187 年），荣西以 46 岁的超大年龄再度留学中国，拜在临济宗黄龙派第八代传人虚庵怀敞禅师座下。经过四年的栖禅后，终于悟道并得到虚庵的印证。于是，荣西归国传禅。荣西原本所学的天台宗是以“圆”“密”“禅”“戒”相标榜的，其天台“禅”乃是对北传佛教“禅那”传统的继承，但却与南禅之“禅”大为异趣。“禅那”的修行讲求破除“我执”，使自我意识到达一种空无即自我意识完全泯灭或根本没有意识的状态，心灵处于寂静与安宁；而南禅之“禅”则追求“自我”精神的开悟，亦即自我意识的觉醒或觉悟，由此而实现对于“我”（我执之相）与“法”（宇宙万相）之彻底通透的了别，在超越“我执”与“法执”的体验过程中破除“我执”与“法执”，使心灵处于寂静与安宁，开启一种属于觉悟了的自我——实为真我——的崭新人生。为了减小日本顽固守旧的佛教势力的阻力，荣西以“兼修禅”的方式传禅，即利用天台宗中原有的“禅”，将其替换为禅宗之禅，并采用在天台宗里修禅的形式进行，这种“寄人篱下”的策略成功地使中国禅宗在日本落籍入户。

虽然说是“兼修禅”，但是荣西特别注重与讲求心法，主张“即心是佛”，并在其中传播了南宋的禅林制度与修行仪轨。更为重要的是，荣西极力倡导与鼓吹“兴禅护国论”，这一思想日后成为日本禅宗的传统，并得到日本政府的重视与支持，禅宗也因此而与政府长久地保持良好关系。荣西在京都传禅的基地建仁寺被升格为官寺，接受政府的直接供养，他也一度出任东大寺的大劝进这一地位极为重要与显赫的僧官。因此，荣西在日本佛教史上居于永远不可颠覆的“禅宗祖师”地位，自然是顺理成章的事了。

荣西两度到中国，学会了南宋的饮茶方式与风格，并培养成为一种爱好，回国后便把中国的茶种与饮茶之风在日本传播开来。黄遵宪所撰《日本国志》[①] 与日本的史籍《吾妻镜》[②] 均记述了荣西传茶的事迹。从荣西所著《吃茶养生记》来看，其传茶的方式就像他传禅的方式一样巧妙。上文曾论及，荣西之前，饮茶之风在日本业已中绝，茶之保留，仅为药用而已。荣西传茶，因势利导，恰恰立足于其“药用”的价值与风俗，极力强调吃茶的养生（身心之生）健体功效与强民强国意义。因此，他一开篇就指出：

> 茶也，养生之仙药也，延龄之妙术也。山谷生之，其地神灵也；人伦采之，其人长命也。天竺、唐土同贵重之，我朝日本曾嗜爱矣。[③]

他在此着重强调与指出茶为“养生之仙药”，而吃茶则是“延龄之妙术”，故可以使人“长命”。正因如此，印度与中国均有贵茶的传统与饮茶的风气。同时，他提醒人们，日本也曾经有过嗜爱茶的历史。接下来，他进一步说明人的内脏与吃茶的关系，特别是透过心脏与吃茶之间的关系，揭示与凸现出吃茶的养生之妙用。他写道：

> 伏惟天造万像，造人以为贵也。人保一期，守命以为贤也。其保一期

---

① 黄氏《日本国志》记载：“建保二年（1214 年）将军源实朝有疾，千光知道、其宿醒，献茶及《吃茶养生记》二卷，将军饮之顿愈。又馈茶实一壶于释明惠，明惠种之拇尾山，故拇尾山又名‘茶山’，其后分种之宇治。近代拇尾种殆绝而宇治实称‘茶海’。”

② 《吾妻镜》记载：“将军家聊御病烦，诸人奔驰，但无殊御事。是者去夜御渊余气欤。爰叶上僧（荣西）正候御加持之处，闻此事，称良药，自本寺召进一盏，而相副一卷书令弦琴之，所誉茶德之书也。将军家及御感悦云云。”

③ 〔日〕西荣等著：《吃茶养生记——日本古茶书三种》，王建注译，贵阳：贵州人民出版社，2003 年版，第 1 页。

之源在与养生，其示养生之术，可安五脏。五脏中，心脏为王乎。建立心脏之方，吃茶是妙术也。①

在书中，荣西特别针对日本民族不吃茶的问题阐发了吃茶与国民身心健康的重大问题，指出：

日本国不食苦味乎？但大国独吃茶，故心脏无病，亦长命也。我国多有病瘦人，是不吃茶所致也。若人心神不快，尔时必可吃茶，调心脏，除愈万病矣。②

不难看出，荣西在这里把日本国不吃茶而导致嗜茶历史中断的缘由归于其“不食苦味”的饮食习惯；此外，他在论述“调茶样”时说：“已上末世养生之法如斯。抑我国人不知采茶法，故不用之，还讥曰‘非药’云云。是则不知茶德之所致也。”③ 他这里提出了“茶德”的概念，而所谓“茶德”是指茶之调养身心的功能与妙用。显然，他批评日本人不吃茶、“不知采茶法”，还讥讽茶为“非药”，皆是由于其“不知茶德之所致”。这就从对于日本民族的饮食习惯与茶的关系的表层原因的分析，深入与透进到日本民族在观念上对于茶之了解的肤浅、甚至无知。而这正是日本国不知吃茶的深层原因之所在。这一批评不能说不是有力的。与此同时，他把日本民族“多有病瘦人”的直接原因从饮食习惯上归咎于其“不吃茶”。无疑，日本民族“不吃茶”的深层原因在于其认识上对于茶的无知与误解。这无异于是把日本贫弱与落后的一个直接而重大的原因也归咎为其“不吃茶”了。

这一观点在与“大国独吃茶”即特爱吃茶的中国与印度的比照中，得到

① 〔日〕西荣等著：《吃茶养生记——日本古茶书三种》，王建注译，贵阳：贵州人民出版社，2003年版，第2页。

② 〔日〕西荣等著：《吃茶养生记——日本古茶书三种》，王建注译，贵阳：贵州人民出版社，2003年版，第4页。

③ 〔日〕西荣等著：《吃茶养生记——日本古茶书三种》，王建注译，贵阳：贵州人民出版社，2003年版，第16页。

了十分鲜明的表现，颇具传达与感染之力，在茶史上破天荒地第一次把茶提高到了健民与强国的高度上来认识，突出了吃茶与国家强盛之间的内在关系，十分可贵与难得，不可轻视。而且，荣西还把茶视为调心脏、怡心神、除万病的仙药，表明他已经充分地认识到吃茶对于调养人的身心所具有的不可替代的功效与作用。对于荣西来说，茶为不废之物，而且茶不是一般意义上的饮料，正在于其有“茶德”也。这是不能不用心体察的。在书末，他援借中国的《本草纲目拾遗》对茶予以高度的礼赞，更指出了茶居于一切药物中的最高地位，强调了其神圣作用。他深情地写道：

> 贵哉茶乎！上通诸天境界，下资人伦矣。诸药各为一种病之药，茶能为万病药而已云云。①

荣西对茶一往情深，真挚之爱溢于言表，这段话代表了他对茶的认识与定位，亦可谓旷古空前之论了。

荣西对茶热情讴歌与赞美，不遗余力地宣传与推荐，并不失时机地向将军源实进献茶与茶书（《吃茶养生记》），同时又馈赠茶种给佛教界的高僧明惠且种植成功，引起了日本朝野上层人士的兴趣与爱好，终于使源自中国的茶在日本国永远安家落籍了。荣西对茶的体认与论述，为日本茶道文化的兴起奠定了必要而坚实的根基。

四、柳绿花红

世所公认，日本茶道的祖师是村田珠光（1423—1502年）。珠光，名茂吉，南都中御门本市检校之子，11岁于称名寺出家，18岁住称名寺塔院法林庵，终因无法适应单调枯寂的僧侣生活而还俗，过着四处流浪的日子，20岁

① 〔日〕西荣等著：《吃茶养生记——日本古茶书三种》，王建注译，贵阳：贵州人民出版社，2003年版，第26页。

左右至京都，最初入能阿弥门下学习花道，随后学习茶道，并在日本各地盛行的斗茶会上出任“判者”，他由此熟悉了斗茶，并与茶结下了终生不解之缘。30 岁时，珠光于一次偶然的机会听到一休大师说佛法，心灵大受震撼，就重新回到寺院，礼一休为师，学习参禅。他精通了禅的所有清规，并深研吃茶之道。在一休门下，珠光喜爱上了茶道具，然而他不单单是喜爱茶道具，而且“还将禅茶茶礼的峻严变成了茶道的核心内容”①。珠光 61 岁晋谒将军义政，结庵于京都三条，臻于茶之三昧的境界。珠光不仅被尊奉为日本的茶祖与茶道大家，而且还被尊为茶道具的鉴赏家。他一生收集了大量的茶道具，其中，最负盛名的自然是圜悟克勤的墨宝“茶禅一味”，徐熙的《白鹭图》与赵昌的《果物图》。此外，尚有新田肩冲、珠光文琳、珠光天目、珠光青瓷、珠光台子、珠光小茄子以及珠光锅斧等物品。文龟二年（1502 年）五月十五日坐化，享年 81 岁。

据信，珠光在一休门下参禅，数年后的一天，一休举出中国赵州和尚从谂禅师的“吃茶去”的公案给他参究。这桩著名的公案见于《古尊宿语录》卷第十四，为论述方便，特引录如次：

> 师问二新到：“上座曾到此间否？”
>
> 云：“不曾到。”
>
> 师云：“吃茶去。”
>
> 又问那一人：“曾到此间否？”
>
> 云：“曾到。”
>
> 师云：“吃茶去。”
>
> 院主问：“和尚，不曾到，教伊吃茶去，即且置。曾到，为什么教伊吃茶去？”
>
> 师云：“院主。”
>
> 院主应诺。

---

① 〔日〕伊藤古鉴著：《茶和禅》，冬至译，张哲俊审译，天津：百花文艺出版社，2005 年版，第 39 页。

师云：“吃茶去。”

关于这个公案，珠光一时参悟不透，迟迟难以作答。一休叫人送来一碗茶给珠光，珠光才一接手，一休大喝一声，便一掌劈下去，将一碗茶打翻在地。珠光由此而开悟，当即回答：“柳绿花红。”珠光的禅悟，得到了一休的印证与认可，于是一休便把自己所珍藏的圆悟克勤大禅师的墨宝“茶禅一味”赠予珠光。这表明，珠光不仅由“吃茶”而得证悟，而且深深地体会到禅茶不二的意境。他由此而开创了日本的茶道，发扬光大了“茶禅一味”的精神。

珠光由破“茶执”（笔者的一个称呼）而参透了“吃茶去”的公案，悟出了事物的究竟实相，或事物的本来面目，而这正是由茶入禅的关键与枢机所在。具体地说，可作下列理解与诠释：

首先，要理解“柳绿花红”的真义谛，必须回到“吃茶去”的公案，从对这一公案的理解入手。赵州禅师一连用三个“吃茶去”分别判示与点激三个和尚，执着于“曾到此间”与“不曾到此间”及其分别皆是虚妄，必然落在机括的死心中。心不能活转，必然不能悟道。不能悟道，当然就不可能发现与体认大千世界中事物的真性或本来面目。因此，赵州让他们一路地“吃茶去”。这个“吃茶去”是赵州留给三位和尚的一个话头，为了活转他们的心思，而让他们去参究。在这里，值得注意的是，“吃茶去”一方面是对“曾到此间”与“不曾到此间”及其分别的执（着）相的遮拨，另一方面又为破除这一执相暗示了一种线索，特别是为参悟留下了一个巨大的游刃有余的思维爆破空间。

其次，要紧的是，“曾到此间”与“不曾到此间”实指一种虚的意味，不可认真当物事物相来看待，一旦认作实物实事，则心就落到了量知（比量与现量）或分别智的机括（感触的直觉与理智的考量算计）中，心有机括，就不能空灵超拔，也就阻塞了通向性智或般若智的道路。三位和尚正是如此。从这个意义上说，三位和尚皆慧根不足，不幸做了唯物论的“奴隶”了。同样道理，“吃茶去”固然不是不吃茶，但是绝不可停留在“吃茶”的物理事实这个层面上，而必须超越这个层面，从心灵的精神层面上去寻求它的意义。而这个意义就在于以它激发与逼显出人的智慧——性智或般若智，由此而得开悟，而得观照出事物的本真面目或本性。上文所述，珠光欲接过茶来吃，却不料被一休打翻在地，珠光顿然开悟，也正可印证此义之不虚。从这个意义上看，“吃茶”在禅宗里充当了一种禅悟的道具、一种运思禅理的载体符号、一种展现禅趣的门径。因此，可以说，“吃茶”在禅宗里、甚至全部佛教中都具有某种征象的意义。对佛教来说，吃茶可能是一种禅机，常有禅的意味。

其三，根据以上两点，不难看出，“柳绿花红”所喻指的就是事物的本来面目或真实本性。对此，伊藤古鉴有一段妙论，可引以为证。他写道：

> 禅不是用各种手段进行的游戏，不是分别妄想的糅合物，只是如实自然而已。它没有丝毫分别和一尘妄想。其特征就是‘本来无一物’。所以慧能大师说：‘不思善，不思恶。’一想到善呀恶呀，便已经夹杂了分别，是妄想。将那妄想舍去，心明朗如万里无云的天空，没有迷惑，也没有觉悟，不是凡夫，也不是圣人，由着不生一物的本来面目，关照我们日常生活的瞬息变化。这种不掺杂分别，映入眼帘的差别世界便是‘柳绿花红’。珠光在一休处学到的东西就是这一点。①

可见，“柳绿花红”是珠光由“吃茶”的公案得开悟后的见证。正因如此，他提出了“佛法即在茶汤中”的著名观点，奠定了日本茶道的根基。

深得“茶禅一味”之趣旨的珠光大师，对日本茶道的最大一项贡献是改革了恶俗的斗茶会，与此同时，开辟了一条以茶为媒介为桥梁而把禅宗引向世俗社会的道路，在禅宗史上开创与树立了一个“世俗生活禅”的成功典范。

日本古茶书之一《吃茶往来记》记载与描述了珠光改革前的斗茶会的状况，基本上只是停留在感官享受的娱乐活动之中。在斗茶会上，上流社会的人士聚集一堂，花天酒地，大吃大喝，洗澡放歌，还以观画览景，赏花听乐来装饰斯文，附庸风雅，极尽奢侈与感官刺激之能事。珠光明确意识到，如果放任

---

① 〔日〕伊藤古鉴著：《茶和禅》，冬至译，张哲俊审译，天津：百花文艺出版社，2005年版，第44页。

其自流，必然堕落为社会的恶习与民族的不良风尚。于是，珠光着手改革斗茶会。他把乃师一休禅引入斗茶会，由“茶禅一味”的境界改变与提升了斗茶会的精神追求与档次，变化日本国民之气质，陶冶日本国民之情操，塑造了日本国民的人格。可谓功莫大焉。正是在这一过程中，日本的茶道精神得以确立起来。这可由其写给奈良流茶道的弟子、著名茶道家古市播磨澄胤的《寻事》——人称“心之文”——这一铭文见之。这是一篇不足300字的书札，兹引藤军博士的译文，全文如下：

古市播磨法师：

此道最忌自高自大，固执己见。嫉妒能手、蔑视新手，最是违道。须请教于上者，而提携下者。此道之一大要事为兼和汉之体，至为重要。目下，人言遒劲枯高，初学者争索备前、信乐之物，真可谓荒唐之极。欲求遒劲枯高，应先（学会）欣赏唐物之美，理解其中之妙谛，（应乎于心，）然后遒劲自然从心底而发，臻于枯高。即使道具不佳，亦毋须忧虑。如何养成欣赏艺术品之眼力，乃至关重要。说最忌自高自大，固执己见，（乃理之固然，）然又不可失去主见和创意。

成为心之师，莫以心为师。

此岂非古人之言哉。

珠光①

此文有四点可注意：

其一，茶的“枯淡”或“枯高”是茶的最高境界，它由循序渐进而来（也包括在玩赏以“唐物之美”为代表的茶器具中，以自己的能力创造出一种适当的茶艺的境界，并使其不断提高）。这是对讲“顿悟”的一休禅的一大反动。

① 这里引用的译文略有改动。参见藤军著：《日本茶道文化概论》（千宗室审定），北京：东方出版社，1992年版，第41页。

其二，人高于茶器具，对于茶器具的玩赏不可拘泥而自失其中，以致本末倒置，以之陶养人的情操与心量乃是目的。可见，唯有人自身才是目的，才是本根，人不是茶器具，如果舍本逐末，沦为人不如器的境地，则是茶道的莫大不幸与悲哀。说“人是目的，不是茶具”，一如西方大哲康德所言“人是目的，不是手段”。东西圣哲心同理同，所言不二，如同出一辙。由斯可证，茶道的真理非时空所能限制。

其三，茶道最根本的关键是要使人“成为心之师，莫以心为师”①。这就既要破除我执，而又开显一个新的觉悟的真我（显露佛心佛性）。这样，茶人才可做到转“心”而不为“心”转。这里的“心”自然是量智或分别智的心，或曰“人心”（与“佛心”“道心”相对之心），表现为执着于假我的虚妄之幻相，若不能破除，则必定为其所支配，这便是“心为师”。“心为师”则必然为“心”所转。故需性智或般若智，或曰“道心”呈露，挺立真我，如此假我可去，茶道精神得以发扬。这便是“心之师”了。“心之师”则可以任凭地转“心”了。因此，变“心为师”为“心之师”就是茶道至为关键的所在了。

其四，茶道中最重要的是要能“兼和汉之体”。这在表面上似乎是在调和中日文化，实际上，则是对于日本一味地模仿与追求中国趣味与风格的一种批评和否定，强调与突显日本民族文化的“自性”与“主体”地位。因此，对他来说，所谓“兼和汉之体”不过是以中国文化作为手段去打开日本人封固与狭隘的心胸，提升其精神的层次，帮助他们发现或找到真正的自我。正是在此意义上，珠光才强调了学习欣赏与理解中国唐朝艺术之妙谛的重要。因此，套用“中学为体，西学为用”的话来说，那就是“和学为体，中学为用”，或“日本文化为主，中国文化为用”。

珠光由“茶禅一味”开创了日本的茶道，并身体力行。他所创建的独炉庵，又称“草庵”，贯注与体现了他的茶道精神，故后世称其为“独炉庵茶”

① 日本学者熊仓功夫在 *MSminchuo* 一书中考证认为，此语用典出自《大般涅槃经》卷二十六之《狮子吼菩萨品》第二章。参见藤军著：《日本茶道文化概论》（千宗室审定），北京：东方出版社，1992 年版，第 42 页。

或“草庵茶”。“独炉庵茶”或“草庵茶”是以所谓“粗相”来表现的。“粗相”就是茶书《茶汤者觉悟十体》开篇所写“上粗相，下律仪”之谓。据伊藤古鉴的解释，这表示茶人要有“简淡”的外表与“守戒”的内心。这就是珠光茶道的精神。珠光反对与此相反的只注重外表的奢华而缺乏内心的热情的茶道。那么，拥有与流行的世俗茶道相反的心灵恰恰是珠光对茶道精神的准备了。珠光常常如是告诫他的门人：

> 茶道之德，在于守俭。故不知而足。勿好华丽。无信非友。只管内求，勿饰外表。戏言必生乱。语不表实，莫言。业随身心，乃至本分深入行住坐卧之中。①

非常明显，这段议论实本于中国茶圣陆羽之《茶经》。由一个“俭”字而见“茶德”。这正是陆羽之茶道精神所在。这一茶道精神是源自儒家的，也是佛家的。可谓为儒佛之共法。茶德的“俭”固然要见诸茶人的行为，但是它是本于心而自心内涌出的。因此，茶道的精神只在内求，而非外铄。茶德贵于守俭、贵于守信、贵于言实，而不尚奢华，力斥伪饰，严戒戏言。作为茶人当如此践履。日日修持之，把茶道精神落实于行住坐卧的日常“活计”之中。这就是茶道的真谛，茶人的本分。这正是儒性禅髓的旨趣之所在。伊藤古鉴说：

> 珠光的茶道，将足利义政的上流茶弘扬到一般下层社会，举行朴素的茶事。和外在的形式相比，更注重去掉内在的我执，视清寂为重点，尤其主张谦恭之心。可以用连歌中的“冷枯”“冷寂”等句来说明“侘”的境界。“侘”“寂”不是外在的，主人面对客人的心理是胸中无一物，即意味着空寂。茶室之所以称为“数寄屋”，是因为“数寄屋”是“空屋”的意思。冈仓天心在《茶之书》中写道：

---

① 〔日〕伊藤古鉴著：《茶和禅》，冬至译，张哲俊审译，天津：百花文艺出版社，2005年版，第34—35页。

为满足美的必要性所需的东西之外，毫无装饰，是空屋。倡导不完整崇拜，特意地缺点什么，然后再在想象中去完成它，就是数寄屋。

所以，珠光的茶“上粗相，下律仪”，就是这种精神所在。①

与珠光同时代的大能乐师金春禅凤（1454—1520年）在其《禅凤杂谈》中追忆珠光的茶道艺术风格时，以自己的亲身体验印证与肯定了珠光的一句名言。他写道：

珠光说没有一点云彩遮住的月亮没有趣味。这话真有道理。②

此外，《山上宗二记》也载有珠光的一句名言：

草屋前系名马，陋室里设名器，别有一番风趣。③

珠光的这两句名言都美妙地表达了不完整崇拜的“侘数寄”的茶道美学精神。前一句以云彩和月亮相匹配，表现的是禅宗里的烘云托月之美；后一句以草屋和名马、陋室和名器相配当，表现了道家与禅宗所崇尚的自然的拙巧之美。其共同点均为有缺陷、非匀称。而这种有缺陷的美、非匀称的美，正是珠光茶道“粗相”之美的真实写照。老子云：“大巧若拙。”庄子云：“天地有大美而不言。”珠光的茶道精神正与道家与禅宗的精神相一致，体现了简素、自然、枯高、静寂、超脱、悠闲的意味与旨趣。这既是茶道美学的最高原理，同时也是一切艺术之美的最高原理。依珠光之见，中国的赵州和尚在茶道上达到了这一境界，但是被尊为“茶圣”的陆羽则未能至此。这一看法实颇近于唐

① 〔日〕伊藤古鉴著：《茶和禅》，冬至译，张哲俊审译，天津：百花文艺出版社，2005年版，第60—61页。

② 转引自滕军著：《日本茶道文化概论》（千宗室审定），北京：东方出版社，1992年版，第43页。

③ 转引自滕军著：《日本茶道文化概论》（千宗室审定），北京：东方出版社，1992年版，第43页。

代诗僧皎然对于陆羽的评论。[1] 珠光对于赵州和陆羽的评论见于《珠光问答》中珠光答义政问茶事之记录。兹引如下：

> 将军义政公，召珠光问茶事。珠光曰：“一味清净，法喜禅悦。赵州知此，陆羽未曾到此。入此室者，外离人我，内蓄和德，交接相见处，谨兮敬兮，清兮寂兮，及至天下太平。”源公欣然，相逢恨晚。[2]

珠光在这一答问中以茶道回答义政所问的茶事，使其十分高兴，并大有“相逢恨晚”之感，证明义政所问的“茶事”乃是“茶道”，至少“茶道”是其所问“茶事”的意旨之所在。珠光在这里首先说茶道“一味清净，法喜禅悦”，然后进一步提出了“和德”“谨敬清寂”“太平”的概念来解释茶道。不仅凸显了“茶禅一味”之旨，而且指示了茶道的精神实质与方向。这一精神日后为日本茶道的集大成者千利休所继承与光大。众所周知，千利休的茶道“四字诀”是“和敬清寂”。而这正是源自珠光的茶道。需要指出的是，上文所言的简素、自然、枯高、静寂、超脱、幽闲的意味与旨趣正贯注与体现于“和德”“谨敬清寂”“太平”之中。在珠光看来，只有“内蓄和德”，才能做到“谨敬清寂”与“天下太平”；只有“谨敬清寂”与“天下太平”，才能实现“法喜禅悦”。故非在身体力行的修行中彻了“茶禅一味”之旨者不能至。

这非关儒佛之争，问题的关键只在于对茶道而非茶事的领略与领悟。无论中国茶道抑或日本茶道要在不离儒释道（包括道家与道教）的精神旨趣。它以吃茶为契机，在茶事活动或茶道艺术中展现儒释道的精神，并以儒释道的精神为依归。而“茶禅一味”之说，实是援儒道入禅，融儒道于禅而从禅着眼所提出的禅茶之说。上文中所论珠光在茶道上对其弟子的告诫与这里珠光所讲的“和德”“谨敬”“清净”与“太平”，难道不也是儒家和道家以及道教的精神吗？作为茶

---

① 茶意即禅意。故禅意之外无茶意。若不知禅意，即不知茶意。——千宗旦茶道无字，以口相传，以目相传，以心相传。——千宗旦

② 转引自〔日〕伊藤古鉴著：《茶和禅》，冬至译，张哲俊审译，天津：百花文艺出版社，2005年版，第43页。

室禅语的“吾道一以贯之”不正是出自圣人孔子之口吗？千宗旦在《茶禅同一味》中引用老子之语解禅释茶，不也是一个典型的例子吗？此外，日本泽庵禅师的《茶亭之记》也是融儒道于禅茶之道的代表之著。其中写道：

> 茶道以天地中和之气为本，乃治世安邦之风俗。
>
> ……不忘四时风景，不谄、不贪、不奢、谨慎朴素，正直真实，是为茶道。
>
> ……赏天地自然之和气，移山川木石于炉边，五行齐备矣。汲天地之流水而品风味，壮哉！乐天地中和之气，是为茶道！①

在日本茶道文化中，这样的事例不胜枚举。因此，切忌在“茶禅一味”中把儒释道分割开来与对立起来。由此说来，岗仓天心在《茶之书》（*The Book of Tea*）中只论述禅宗、道教与茶道的关系，而没有涉及与儒家或儒学的关系，就是一大缺憾。正因为在“茶禅一味”中有了儒家与道教文化的精神因子，茶道才能亲近人世间，珠光才能将禅茶“庶民化”。伊藤古鉴说：

> 珠光的茶道，将贵族茶道以及在文人武士阶层举行的茶道庶民化，是倾向简素的茶道，不流于奢华，亲近世间。②

这无疑是事实，是对珠光茶道之伟大贡献的充分肯定。但是，其中的关键是珠光茶道中以禅融摄了儒道精神，通过禅与茶的统一而在茶道中实现了儒释道的统一，并最终将其落实到世俗生活之中。所以，援儒道入禅，融儒道于禅，在茶道中实现儒释道的统一，构成了珠光茶道的前提条件。由于在茶道上的巨大的开创性的伟大贡献，珠光在日本茶道史上当之无愧地居于“茶道之

---

① 〔日〕伊藤古鉴著：《茶和禅》，冬至译，张哲俊审译，天津：百花文艺出版社，2005 年版，第 186 页。

② 〔日〕伊藤古鉴著：《茶和禅》，冬至译，张哲俊审译，天津：百花文艺出版社，2005 年版，第 34 页。

祖”的地位，受到并必将受到万世的敬仰。伊藤古鉴指出：

> 从将茶简素化，将茶的精神深刻化，并将之扩展到民众之中而普遍化这一点来说，不树珠光为茶祖是不行的。①

由上所论可以看出，珠光的茶道奠定了日本茶道的基础，融入了日本社会的世俗生活，对后世影响巨大，并得到了进一步的发扬光大，构成了日本民族精神的不可或缺的部分或重要因素。诚如藤军博士所说，“珠光通过禅的思想，把茶道由一种饮食娱乐形式提高为一种艺术、一种哲学、一种宗教。珠光式的审美观不仅仅表现了外形的感觉的美，而且体现了宗教的还原式的内省美。他将追求华丽的外国进口货的斗茶、书院茶风，一改为尊崇乡间茶具的草庵茶风。他的成功也是以庶民为主体的乡土文化战胜以东山殿为代表的贵族文化”的结果。② 我们可以日本学者井口海仙的一句话来评价珠光对茶道的极大贡献，并为他做一历史定位。

井口在其《茶道入门》中说：“茶道的成立是禅的历史上未曾有过的禅的活用。”可谓不刊之论。草庵茶一方面把禅引向了世俗社会，使禅宗社会化和世俗化；另一方面也把世俗生活引向禅，以禅的光照提升日本民族精神。这的确是对“禅的活用”，同时也是对茶的活用。正是在这样一种双向二重的活用之中，禅宗与茶道不二的精神才能够体现无遗。珠光所创立的“禅的活用”典范与“茶的活用”典范，把“茶禅一味”的宗趣推向一个前所未有的至高境界，树立了一座里程碑。

五、春花叶彩皆不见——武野绍欧的茶道

继珠光之后，对日本茶道艺术做出重大贡献的一代大师是武野绍欧（1502—

---

① 〔日〕伊藤古鉴著：《茶和禅》，冬至译，张哲俊审译，天津：百花文艺出版社，2005 年版，第 60 页。

② 藤军著：《日本茶道文化概论》（千宗室审定），北京：东方出版社，1992 年版，第 46—47 页。

1555年）。绍欧幼名新五郎，谥号中村。出身武士，为武田家族。祖父仲清战死于应仁之乱，父亲信久移居于堺市，成为大皮革商，富甲一方。从其父信田始改武田为武野。① 绍欧24岁到京都，拜在和歌界的最高权威朝臣三条西降门下学习和歌，又师事珠光的弟子藤田宗理、十四屋宗悟和宗陈学习茶道，并精诚地修行。30岁的时候，绍欧在听三条西降（听雪禅师）讲授藤原定家的《咏歌大概之序》的过程中，领悟了歌道与茶道共通的道理。开启他的咏歌的主要语句是：

情以新为先，求人未咏之心咏之。
常观念古歌之景气可染心。②

他由此悟出：歌道与茶道本无二致，二者在修行与艺术的创造上是完全相通与相同的。终于在31岁这一年，绍欧为道而落发，更名“绍欧”。“绍欧”之名得自他酷爱的中国大宋诗人黄山谷的诗句：

江南水色碧于天，
中有白鹭闲似我。

32岁，绍欧寻访奈良的富豪松屋，首次得见珠光生前收藏的那幅徐熙的《白鹭图》，切身感受到珠光茶道的“数寄”境界，领悟了茶禅的真正意义。③

绍欧母亲的本家信仰净土宗，与本愿寺结有善缘。在亲友北向道陈的劝导下，绍欧同时又向一代名僧古岳和尚的法嗣大林宗套参学。而大林宗套是比乃师古岳和尚更著名的威信最高的一代大德。据说，连当时最有权势的三好长庆也非常敬畏他，三好长庆来到他所在的南宗庵门前，都会胆怯得发抖。大林宗套被奈良天皇赐号“佛印圆照禅师”，被正亲町天皇赐号“正觉普通国师”。

① 〔日〕伊藤古鉴著：《茶和禅》，冬至译，张哲俊审译，天津：百花文艺出版社，2005年版，第63—64页。
② 藤军著：《日本茶道文化概论》（千宗室审定），北京：东方出版社，1992年版，第48页。
③ 〔日〕伊藤古鉴著：《茶和禅》，冬至译，张哲俊审译，天津：百花文艺出版社，2005年版，第65页。

曾被召至清凉殿答御问，以敏锐著称。大林宗套受阿、赞、予、土、泉、河六州之主而号令天下的三好长庆的弟子之礼，堺市的富豪们纷纷向其参禅。武野绍欧就是他的得意弟子之一。天文十八年（1549 年），48 岁的绍欧被大林宗套和尚授予“一闲居士”称号。为答大林和尚所作的偈，绍欧做了一首颂：

曾结弥陀无碍因，
宗门更转活机轮。
料知茶味同禅味，
汲尽松风意未尘。①

不难看出，第一句写他因为母亲的缘故而早就与本愿寺弥陀净土结下了因缘，并为第二句做了铺垫。第二句则转写他入宗门南宗庵的感受与体会，以一个“更”字突出了禅门法轮常转的活机，十分亲切而如理。最后两句则道出了“茶禅同一味”的趣旨，无可辩驳地成为他领悟“茶禅同一味”之明证。这正如伊藤古鉴所指出的那样：

这首颂诗是绍欧早就同本愿寺弥陀净土结下的因缘，更是他转入禅门活泼精神的结果，是其作为茶人悟到“茶禅同一味”，饱饮禅茶、内心清静、一尘不染的证明。②

这的确是无可否认的。正因如此，他才能将禅茶与和歌相贯通。

绍欧将以表现素淡与纯净为趣旨的日本歌道引入茶道，以歌道理论作为茶道艺术的理论基础，在堺市开创了一种属于他自己的新茶系，被称为堺流茶道。他以古代的一首和歌（《新古今和歌集》，藤原定家）表现其茶道艺境：

---

① 〔日〕伊藤古鉴著：《茶和禅》，冬至译，张哲俊审译，天津：百花文艺出版社，2005 年版，第 67—68 页。

② 〔日〕伊藤古鉴著：《茶和禅》，冬至译，张哲俊审译，天津：百花文艺出版社，2005 年版，第 68 页。

放眼茫茫，
春花叶彩皆不见，
秋风夕照，
海滨茅屋独俏。①

---

① 这首和歌广为茶人所称道与引用，原文是日文，冈仓天心在《茶之书》中将其译为英文，广为流传。见 Kakuzo Okakura, *The Book of Tea* (New York: Dover Publications, Inc., 1964, p. 34.) 一书。中文有多种译文，例如：杨惠南译为：

一眼望去/ 没有花朵/ 没有着色的叶子。/ 海滩上 坐落着/ 一椽孤寂的茅屋/ 在秋夜朦胧的/ 微光下［见杨惠南：《茶道与禅道》，吴言生主编：《中国禅学》第一卷（创刊号），北京，中华书局，2002 年版。］

许淑真译成：

举目前望，
了无花木，
亦无彩叶。
海滩上，
一座孤寂的茅屋，矗立在秋天黄昏的微光里。（见〔日〕冈仓天心著：《茶之书——茶道美学》，许淑真译，台湾茶学文学出版社，1985 年版，第 65 页。）

在同一书的翻译中，张唤民译为：

不见花枝与红叶
惟见岸边茅屋秋夜中。（〔日〕冈仓天心著：《说茶》，张唤民译，天津：百化文艺出版社，2003 年版，第 80 页。）

腾军据日文译为：

望不见春花，
望不见红叶，
海滨小茅屋，
笼罩在秋暮。（滕军：《日本茶道文化概论》，北京，东方出版社，1992 年版，第 49 页。）

另一译文为：

顾也茫然，
秾花红叶皆不见；
秋日晚，
海滨茅屋残。
（靳飞：《茶禅一味——日本茶道文化》，天津，百化文艺出版社，2004 年版，第 149 页。）

本文的引诗是笔者改译的，力求传达其精神旨趣与美感，并能体现绍欧茶道之一斑。

这首和歌在茶道艺境上通向禅境。简言之，“春花叶彩皆不见”（是对花叶的遮拨、否定），故有“放眼茫茫”（什么也看不到）。无花之美无叶之彩，本来无一物，所谓“自性空”也。放眼看去，四海茫茫，无处着眼，眼底尽空，只落得一个“无”——花叶俱无，以此不见花不见叶暗喻“本来无一物”的“自性空”。由此而悟道，而心体呈露。因此，“秋风夕照”中的海滨残旧“茅屋”之美显现出来，孤绝无待，独俏自立，直指人心，正是暗喻心体呈露，证悟见性的表现。正如禅语所谓“破烂衫里盛清风”。从绍欧来看，茶道正在其中。和歌通于茶，也就通于禅，可将茶与禅沟通相融，开显“茶禅一味”之境。如果说“春花叶彩”可喻指茶及茶汤，秋日海滨的晚景可喻指茶（及吃茶）的景象，那么“茅屋”或“茅屋独俏”则可喻指禅境。整首和歌则显现了“茶禅一味”的“数寄之道”的完美——不完美中的完美——境界。依笔者之见，这仍然可以看成对珠光基于“茶禅一味”的基本精神而开创的茶道的一种继承与发扬，表现了一种歌、茶、禅一体一味的新境界。必须指出，这种歌、茶、禅一体一味的茶道精神恰恰是“绍欧的性格极其宽容温厚，并且有着诗人一样的淡雅”① 的真实表露与写照。就这种茶道精神而论，绍欧实际上是开创出了一种新的“禅茶”精神。

但是，这一点并没有引起世人的足够重视！由于绍欧对茶道的形式——特别是茶室、茶器具—— 一系列的变革更容易被人理解与接受，而吸引了人们的眼光，致使人们误认为他仅仅是从形式方面发展了茶道。因此，他被视为日本茶道的形式主义的美学大师。甚至在他之后的千利休大师也持有类似这样的看法。他说过，茶道的“道”来自珠光，而茶道的“传”则是绍欧之所为。换句话说，珠光大师开启了茶道的精神，绍欧完成了茶道的美的形式（包括茶道的组织形式）。② 实际上，这只不过是利休大师为自己如何继承与发扬珠光与绍欧的茶道艺术精神并把二者融为一体所作的一个脚注而已。

---

① 〔日〕伊藤古鉴著：《茶和禅》，冬至译，张哲俊审译，天津：百花文艺出版社，2005 年版，第 71 页。

② 靳飞：《茶禅一味——日本的茶道文化》，天津：百花文艺出版社，2004 年版，第 148—149 页。

平心而论，我们并不能基于这一立场和观点来认识与评价绍欧。事实上，绍欧在茶道精神（茶禅一味）与茶道的艺术形式（歌茶一味）两方面都有重要的贡献。这一重大贡献的最突出的特征是实现了歌、茶、禅的统一，也就是说，歌茶禅同一体同一味。藤军说：

> 珠光将佛教导入茶道，确立了茶道的理念，但对茶道内容的各个细部，没有作出全盘的改革。武野绍欧将日本的歌道理论导入茶道，对珠光的茶道进行了很大的补充和完善。他对日本茶道的进一步民族化作出了巨大贡献。①

的确如此。日本茶道的民族化必须在歌茶禅的统一中才能得到充分地实现。这可能就是日本茶道世俗化的一条有效通道。

为了在茶道中表现禅的特性，相对于珠光茶来说，绍欧几乎尽了一切改良之能事，从而使自己的茶风面貌焕然一新。② 对此，《南坊录》最早把绍欧与珠光进行了比较。关于珠光，其中写道：

> 四张半座敷，为珠光所为。作为真正的草席茶室，在墙壁上贴上白纸，去掉杉板木框，改为天井小板，造宝形壁龛一间，挂密藏之圜悟墨迹。置台子于其中。③

其中写绍欧如下：

> 至绍欧，四张半座敷，处处改动。土壁贴纸，竹格子代替木格子。去掉窗子围板，以白木造壁龛，且不涂漆。珠光称之为草座敷。绍欧不许在

① 藤军著：《日本茶道文化概论》（千宗室审定），北京：东方出版社，1992 年版，第 47 页。
② 〔日〕伊藤古鉴著：《茶和禅》，冬至译，张哲俊审译，天津：百花文艺出版社，2005 年版，第 72 页。
③ 〔日〕伊藤古鉴著：《茶和禅》，冬至译，张哲俊审译，天津：百花文艺出版社，2005 年版，第 72 页。

此席中置放台子。[①]

绍欧对珠光的继承与改良，由此可见一斑。

绍欧将住处移至京都四条之后，在四张半榻榻米的茶室里创造了“茶棚”——后世名为“绍欧棚”。此外，绍欧还创制了风炉、枣形茶盒与木质水罐等器具，把“佗之茶风”更加具体化。他在写给弟子千利休的《佗之文》中说：

佗者，古人虽有各种歌吟，近来却以正直、谨慎、平和为是。[②]

可见，绍欧视“正直、谨慎、平和”为“佗”之意。伊藤古鉴更添以“朴素、礼貌”[③]，使绍欧对“佗”的论述所蕴含的意涵更为具体与充实。而“朴素、正直、谨慎、礼貌、平和”不正是禅宗与儒家所讲求的精神吗？

绍欧创制了茶棚后，悠然自得地乐于茶事。他将自己的居所命名为“大黑庵”（因为旁边有一个名为“惠比寿堂”的地方），并为自己的“茶棚”作了一首狂歌：

欲问吾之名，
谓之大黑庵。
置身茶棚边，
悠然茶事间。[④]

---

① 〔日〕伊藤古鉴著：《茶和禅》，冬至译，张哲俊审译，天津：百花文艺出版社，2005 年版，第 72 页。

② 〔日〕伊藤古鉴著：《茶和禅》，冬至译，张哲俊审译，天津：百花文艺出版社，2005 年版，第 74 页。

③ 〔日〕伊藤古鉴著：《茶和禅》，冬至译，张哲俊审译，天津：百花文艺出版社，2005 年版，第 74 页。

④ 〔日〕伊藤古鉴著：《茶和禅》，冬至译，张哲俊审译，天津：百花文艺出版社，2005 年版，第 72 页。译文略有改动。

这里的“大黑庵”“茶棚边”“茶事间”皆极尽茶道的“粗相”之义。上文中说过，“粗相”所代表与显示的茶道精神即是禅的精神。这还可以透过绍欧最伟大的弟子千利休对“绍欧棚”的论述以见之。千利休说：

绍欧老造茶棚时，曾有名言：“不必于结构或涂漆、或描金，木板原样，差别之处有物之数寄。”全部做法唯粗相是从，结构建造唯数寄之道而用。①

根据伊藤古鉴的解释，“物之数寄”在这里排除了一切的装饰，唯显事物本身所具有之美的自然相状。因之，这一茶道思想与禅的精神本无二致。伊藤古鉴进而指出：

禅的精神在绍欧茶中得以自然显现，并且被活用。②

可谓一语中的。藤军说：

珠光式的美是借助宗教而还原的内省的美，有时还停留在一种观念上。而由武野绍欧将珠光的理想化作了茶道文化的各个部分的具体形象，是珠光式美学理念的实现和升华。③

这段评价也平实而中肯。我们把伊藤古鉴和藤军这两位名家的上述评论合起来考虑，就能达到对绍欧茶道美学精神的比较完整的理解。简单地说，绍欧将珠光的茶道理想具象化地自然地表现出来，才使“物之数寄”的美学理念得以真正地落实。而在这一过程之中，不仅贯注了禅的精神，使禅的精神在自

---

① 〔日〕野村宗觉宛：《利休传书》，转引自〔日〕伊藤古鉴著：《茶和禅》，冬至译，张哲俊审译，天津：百花文艺出版社，2005 年版，第 73 页。标点符号略有改动。

② 〔日〕伊藤古鉴著：《茶和禅》，冬至译，张哲俊审译，天津：百花文艺出版社，2005 年版，第 73 页。

③ 藤军著：《日本茶道文化概论》（千宗室审定），北京：东方出版社，1992 年版，第 51 页。

然中显现出来，而且使禅的精神融入了日常生活，得到了活用。

绍欧出身名门望族的富豪之家，拥有非常名贵的茶道具与中国名僧虚堂智愚（1185—1269 年）的两幅墨宝，但是他却积极主动地亲近珠光茶道，将虚堂禅师的两幅墨宝用于茶道，自觉地走向茶禅一味的枯淡之境，以珠光为楷模，效法珠光而改良珠光，一生为把珠光的茶道精神活用于世而鞠躬尽瘁。绍欧对后世的影响是巨大而又深远的，甚至在某些方面超过了后来居上的千利休。因此，绍欧在后世一些茶人心目中的地位高于千利休。信长的弟弟织田有乐、本阿弥光悦就是其中具有代表性的人物。本阿弥光悦与千利休的嫡孙千宗旦是同时代人，并且二人是要好的茶友。

但是，他对利休过于把玩名贵茶器，使人使用与自己的身份不相应的珍贵茶器以显示派头，就一针见血地指出：“利休所教为恶。”[①] 在《本阿弥行状记》中，他进一步批判利休与充分肯定了绍欧。他写道：

> 余毒至今不绝。即使名人，也会犯这般错误。爱茶同时，莫要拘泥珍器。纵使有充分能力者，亦应使用与自己实力相应之道具。此乃绍欧所教。[②]

绍欧与弟子利休在对待名贵珍器的态度及其对后世的影响，形成了鲜明的对照。绍欧拥有世间罕有的名贵珍器却不为其所限，而能超然物外，去掉执着，真正是难能可贵。即使位居“茶圣”的千利休也没有做到，而且对后世的茶风造成不良影响。由此可见绍欧禅慧之高，定力之大，他对“茶禅一味”的领悟之深且透，已入三昧之境，实非一般人可以比拟。从这方面说来，绍欧也树立起了他在日本茶道史上的典范地位。本阿弥光悦晚年，把自己珍藏的贵重茶道具分赠亲友，自己则以普通无名的新器乐于茶道，就是以绍欧为典范的佳话。

---

① 参见〔日〕伊藤古鉴著：《茶和禅》，冬至译，张哲俊审译，天津：百花文艺出版社，2005 年版，第 74—75 页。

② 引自〔日〕伊藤古鉴著：《茶和禅》，冬至译，张哲俊审译，天津：百花文艺出版社，2005 年版，第 75 页。

由此看来，《山上宗二记》说绍欧的“茶道风格皆为禅也”① 之语并不为过。无疑，绍欧的茶道最终改良了珠光，实现了珠光，同时也超越了珠光。从日本的茶道发展史看来，绍欧具有继往开来的重要作用与地位。因此，无论在什么意义上，我们都可以引用《山上宗二记》对武野绍欧的评价：

欧乃当世之堪能、先达、中兴者也。②

这一评价非常客观与准确地为武野绍欧做了永久不倒的历史定位。

六、茶道之本不过是烧水点茶——千利休大师的茶道精神

继村田珠光和武野绍欧之后，终于出现了一位划时代的伟大人物，他就是禅宗大师，集“茶禅一味”之大成的千利休（1521—1591 年）。在日本茶道史上，千利休居于“天下第一”的“茶圣”地位，相当于陆羽在中国茶史上的地位。千利休 1521 年出生于堺市的一个大水产品批发商之家，祖父是将军足利义政的同朋千阿弥。利休幼名与四郎。法号“宗易”“利休”，斋号“不审庵”“抛筌”等。17 岁向北向道陈学习茶道。北向是空海的弟子。空海系出自能阿弥的门下，姓岛名左京，开创“中板”。最初在堺市教授市民茶道。其间，北向加盟，最终称名茶道。北向道陈因侍奉本愿寺的北向而得名。本愿寺的北向是莲淳的四女庆寿院。庆寿院也是一位喜爱茶道的人，同尊法王之间有着特别的交往。与此同时，北向道陈向南宗寺的大林宗套参禅。由于北向道陈与武野绍欧一样同本愿寺和南宗寺有着密切的关系，亲近数寄之道，因此二人成为同宗之交。在道陈的引荐下，千利休 19 岁时拜武野绍欧为师，潜心于茶

① 参见〔日〕伊藤古鉴著：《茶和禅》，冬至译，张哲俊审译，天津：百花文艺出版社，2005 年版，第 72 页。

② 引自〔日〕伊藤古鉴著：《茶和禅》，冬至译，张哲俊审译，天津：百花文艺出版社，2005 年版，第 71—72 页。

道的学习。从此，利休更名为“宗易”。（一说是大林宗套所赐。）绍欧与道陈共同培育出了茶圣千利休[①]。在《堺数寄者口实》中有一段记载：

先祖千与四郎，久住堺南庄市。——此人十七岁倾心茶道，常住道陈之处，投身此道。十九岁时，继与道陈、绍欧闲谈之余，立志茶道。我等细心等待，然难得一见点茶，论茶之语甚少。若问于绍欧，绍欧曰：“请之饮茶。”道陈之养子与二郎与其同心，遣至绍欧。此即四月风炉之眼点茶，于心甚惬。此非冬之围炉点茶也。[②]

从这段引文可以看出：

第一，利休是在堺市投身茶道的；

第二，利休深受道陈与绍欧的熏陶，倾心数寄之道，而确立了一生茶道的志向；

第三，利休礼绍欧为师是道陈的遣送，并且是与其养子与二郎一起遣送的；

第四，青年时代的利休“难得一见点茶，论茶之语甚少”。已初露一种谨慎和闲寂之风。

在武野绍欧的门下，利休得到绍欧的格外赏识、器重与精心栽培。绍欧向利休传授了侘之精神。这在《侘之文》中有明确地记载。绍欧说：

茶事本为闲居，乐于物外。友人来到，待之点茶、插花。“尝闻师言，心志为一，自然无为，此亦心心相通之处，即心之本性。亦可谓之不觉之间妙趣倍出。”难得有此一言。利休亦非凡人也。若有耳闻目睹、能

① 参见〔日〕伊藤古鉴著：《茶和禅》，冬至译，张哲俊审译，天津：百花文艺出版社，2005年版，第77页。

② 引自〔日〕伊藤古鉴著：《茶和禅》，冬至译，张哲俊审译，天津：百花文艺出版社，2005年版，第79页。

知之事，皆不遗一分明德。①

未闻有人如此言说：天下佗之根源在于天照大神，在于日国大主，嵌以金银珠玉，可造宫殿。芭茅黑米之御供，其外一切深慎不怠之御事，乃胜于俗间茶人之入悟。不弃旧，不求新，此为切要。现今求古为宝之风，实为可哀。"佗"之文字，空法师思之数日，亦不明。本为无物之人，难于入手。诚惶诚恐。②

这两段文字旨在向利休传授"佗"的意义，的确是把"佗茶"的精神彰显无遗。所谓"茶事本为闲居，乐于物外"。不仅写出了供奉茶事的条件与心态，而且导出了茶道之本，这即是"乐于物外"。因为"乐于物外"必须以超然物外即不为物所累，不能成为物之奴隶而为物所役使为前提为条件。这样，茶事才有"乐"可言。此"乐"不是"乐于物"，而是"乐于物外"。超越于物而立于物之外者非他，茶道是也。可见，茶事之乐在茶之道而自茶之道出，并非根源于天照大神，或日国大主，更非嵌满与堆满金银珠玉的宫殿，——这些恰恰是与茶道背道而驰的"物事"。值得注意的是，绍欧强调佗之根源不在日本本土的传统宗教之天照大神，或作为日本国的自我大主精神，并非否定茶道的日本特色，而是指出天照大神，或日国大主不能作为茶道的根基。倘若非如此不可，则落到与以嵌满金银珠玉的宫殿为茶道之根基的地步，同样为"物事"、物执（包括法执我执）、物役、物累，而非茶道。

这一谛见道破了佗所代表与显示的茶道的超越性格。绍欧进一步指出佗的精神虽然超越物外，不为物累，但是并不离开日常生活。在此意义上，他视芭

① 《佗之文》，转引自〔日〕伊藤古鉴著：《茶和禅》，冬至译，张哲俊审译，天津：百花文艺出版社，2005 年版，第 79 页。

② 《佗之文》，转引自〔日〕伊藤古鉴著：《茶和禅》，冬至译，张哲俊审译，天津：百花文艺出版社，2005 年版，第 80 页。关于这段引文，在铃木大拙所著《禅与日本文化》一书（陶刚译，北京：三联书店出版，第 135—136 页）中与此不同，甚至意义相反，但是语义明晰。其文为："天下寂之根元，在于天神大照。彼为日本国之大主，纵住金银珠玉之殿，又谁敢怨之？然彼居茅草之屋，享黑米之供，谨慎、勤勉，无有懈怠。真堪为世上至高之茶人也。"对比两段译文，应以伊藤所引为准。而铃木所引没有交代出处，显得较为随意，好像是为了突显茶人的地位而加以发挥或引申。故本文此处之论，以伊藤所引为准。幸望读者注意！

茅黑米以及一切深慎不怠的躬行践履为“御事”，胜于俗间茶人之入悟。这就显现了茶道的精神是不离日用的活的精神。绍欧提出茶道之要为“不弃旧，不求新”。这犹如孔子所谓“述而不作”。所谓“不弃旧”者，是寓“新”于“旧”，因为“新”在“旧”中，离“旧”无“新”，所以“新”与“旧”之间的关系是一种历史的连续的关系，而不是一种彻底的裂离的关系，这当然是强调只有在继承中才能开新的一面；而所谓“不求新”，是寓“旧”于“新”，因为“旧”是“新”的基础，没有对“旧”的了别，就不可能发现“新”的生长点与“新”之为“新”的真实意义，所以必须由“旧”而求“新”，这是强调不人为地虚无地为求新而求新的一面。合而言之，“不弃旧，不求新”乃是一个合理地处理“旧”与“新”之间的关系、即如何恰当地处理继承与创新之间的关系的原则。

这是一个“苟日新”而“日日新”的万古不变的常道原则。一旦在实践中正确地贯彻落实，就会发出万道智慧的光芒。从这一原则出发，绍欧批评了现今茶人以“求古为宝”的风气，并着实令人可哀。如此一个简易的道理，为何令人难以理解呢？即使聪明如“空法师”，亦弄不明白。原因何在？绍欧最后一语点明“本为无物之人，难于入手”。何为“无物之人”耶？蹈空者也。禅宗昭示“本来无一物”乃物之自性。但是，其意并不要人执空。空执乃法执也。执着于“本为无物”即是空执。此为出家未能开悟之人或学佛未精者所易犯的毛病。因此，绍欧直指人的“心之本性”，指示了茶道的正确道路即在于其日常的“活计”，亦即点茶、插花以待友，遵循师言，心志为一，自然无为，使心心相通而落于心之本性。

如此一来，自然于不觉之间妙趣倍出。其中的最大关键在于是否领悟了禅道。这一精辟的深透之宏论，如果不是达到对“茶禅一味”的了悟，是绝不可想象的。绍欧为何把这一“佗”——“茶”之道传与利休而不是别人呢？绍欧也作了清清楚楚的交代。不愧是英雄识英雄。绍欧以非凡之眼看出利休乃“非凡”之人，并对他有十分深入地观察，所谓“若有耳闻目睹、能知之事，皆不遗一分明德”。由此可以看出，利休是一个何等了得的人物！非一般僧众可与比拟。得英才而育之，乃人生一大至乐。古来如斯。佛门与茶人亦不例外。伊藤古鉴说："使利休完成茶道之源的，乃是他的老师绍欧。"[①] 此言凿凿，实为不争之论。

利休进入绍欧之门是非常幸运的。直到绍欧辞世，利休一直跟随了绍欧十五年之久，亲身经历与体验到绍欧的茶道艺术风格的成熟与高峰，对他日后的茶道艺术生涯具有无可置疑的重大影响。

需要补充的是，利休最初在南宗寺出家，师从南宗寺的开山祖师、大德寺第九十代主持大林宗套学禅。（据传说，"宗易"这一法号就是大林所赐。）为什么利休会向大林宗套学禅？原因可能是乃师道陈与绍欧向大林和尚参禅的缘故。后来，他又向大林和尚的弟子笑岭宗䜣[②]以及笑岭和尚的弟子古溪宗陈[③]参禅。其实，相对于参禅而言，不如说他们是更为亲密的茶友。特别是古溪宗陈和尚，这位大德寺的第一百一十七代主持，是宗易过从最密的茶友，他们之间的往还长达三十余年之久。

就禅宗方面而论，大林宗套、笑岭宗䜣与古溪宗陈对他的影响，特别是宗陈的影响很可能远远大于绍欧对他的影响，甚至有认为在禅宗方面不是绍欧带出了宗易，而是宗易影响与改变了绍欧，究竟孰是孰非，至今仍是一桩无法了断的悬案。但是，相对于乃师绍欧来说，宗易参禅早，对于禅宗的修行体验可能要比绍欧丰富与深刻，这就使他比绍欧更容易也更早地去接近和理解村田珠光的茶道精神，有助于他参透"禅茶一味"之真谛。由于出自名师门下，加之年轻才俊，出类拔萃的千宗易很快就成为堺市著名的茶道家，因此自然要得

---

① 〔日〕伊藤古鉴著：《茶和禅》，冬至译，张哲俊审译，天津：百花文艺出版社，2005年版，第74页。

② 笑岭宗䜣于永禄元年（1588）十月十七日奉敕命入住大德寺，永禄三年（1560）四月再次入住开堂，永禄九年（1566）作为三好长庆的继承人为长庆的往生开创了聚光院，并成为开山祖师。织田信长和丰臣秀吉都向他皈依。本能寺之变后，他成为信长的法要导师。他的门下有以号称"四神足"为代表的众多名僧。天正十年（1582）十一月二十九日圆寂，时年79岁，被正亲町天皇赐号"祖心本光禅师"。他是利休的茶道老师之一。

③ 古溪宗陈于天正元年（1573）正月十七日奉敕命入住大德寺，成为第一百一十七代主持。天正十年（1582），秀吉为了彰显信长的功德，开创总见院。古溪宗陈便是开山祖师。此时，他作为千利休的老师与茶友，与千利休之间建立了非同寻常的友谊。后来，他因为在大德寺的山门立了一尊一休的木像，被放逐到博多，最后获得赦免。庆长二年（1597）年正月十七日圆寂，时年66岁。

到大名的器重与重用。

宗易于弘之元年（1555年）年四月，34岁之时，举行了以老师绍欧为主客的茶会。同年十月，绍欧圆寂。此后，利休作为“茶道者宗易”，社会地位与知名度一年高过一年。他和师兄今井宗久、津田宗及等亲密地研讨与推进着堺市的茶道。

千宗易活动的鼎盛时期正值“安土桃山时代”或“织（织田信长）丰（丰臣秀吉）时代”（1568—1600年），这一时代被称为“英雄茶”的时代。这正是日本国历经诸侯割据的战乱而走向统一的时期。在这一时期，日本出现了新兴城市的自治化，商品经济发达，佛教被清洗后重新得到恢复与发展。于是乎，在大名与佛教宗派、与商人之间建立或形成了复杂而微妙的关系。至丰臣秀吉当权后，出现了“安土桃山文化”，其重要的表现之一就是茶文化的隆兴与昌盛，这与日本的新兴城市及其自治化的出现是分不开的。在“织丰时代”之前，日本的城市仅有京都、奈良、镰仓等不多的几座，而在“安土桃山时代”却涌现出了一批新兴的城镇。其中，最具代表性的就是武野绍欧与千宗易的出生地堺市了。

西方传教士把堺市比作以航海和经商著称的东方“威尼斯”。堺市通过商业积累，以惊人的速度聚集了大量的财富，加之它距离京都较近而对京都具有难得的控制优势与约束力。无疑，占有堺市对于夺取天下有百利而无一害。因此，堺市自然成了大名的抢占目标而在众多的城市中作为一枝独秀脱颖而出。从织田信长（1568—1582）到丰臣秀吉都凭借强大的武力独占了堺市，这在一定程度上却也加强与推进了堺市的贸易与文化发展。可以说，千宗易的成功得自于这一历史机缘。

“英雄茶”时代，流行在武士家族中举行茶会，在城内建筑茶屋，开设茶室。茶道是上层武士的必修课。举行茶会时，由茶头（茶道侍从）点茶。这对于茶道的发展来说，虽然说不上是什么坏事，但是却养成与出现了亲近权势之风气的苗头。利休与信长的接近，据说是由于先辈今井宗久的介绍。元龟元年（1570）四月二日这天，利休初次见到信长，时年49岁。《信长公记》记载，天正三年（1575 年）十月二十八日，“茶道者宗易”出现在信长在京都妙光寺的御所。

从这时起，利休开始得到了信长的任用，在安土城内建筑了茶屋，出入茶会，致力于“侘”茶的创意。天正七年（1582 年），信长于本能寺为叛军所杀，秀吉取而代之，最终消灭了叛军明智光秀。之后，统一了全日本，成为一统天下的大将。在信长时代，利休位居秀吉之上，是秀吉的茶道老师。秀吉掌握了政权以后，二人的地位发生了一百八十度的倒转。此时，秀吉位居利休之上，利休成了秀吉的茶头。为了安抚天下，丰臣秀吉需要利用首屈一指的大茶人千利休，千利休为了扩大自己茶道的影响，也需要丰臣秀吉的支持。他们二人相辅相成，但又充满了利用、矛盾与斗争，成为日本茶道史上的最负盛名的双璧。

无论是织田信长，抑或丰臣秀吉，皆对茶道有浓厚的兴趣。不过，信长的兴趣主要地更多地表现在对于名贵的茶器具的追求上，因为商品经济利益的驱使与货币制度的混乱，那时茶器具曾一度代替了金银等货币的作用，大量收藏或囤积名贵的茶器具无异于积累财富。信长珍藏了许多价值连城的名贵茶器具，自然成了他所拥有的财富的一种象征。秀吉同样也收藏名贵的茶器具，但是较之于信长，他比较能重视茶道，对茶道不乏真诚之心，甚至于在茶道艺术方面具有专家的造诣与水准，这是为信长所不及的。铃木大拙说：“秀吉这个人，在很多方面非常粗野，甚至是个残忍的专制君主。但在喜好茶道这一点上，却使他在玩弄政治手腕之外，显示出了某些真诚。”① 从信长到秀吉都对千宗易礼敬有加，推崇备至，委任其为“茶头”。不过，透过表面的现象仍可看出，信长与秀吉二人对于宗易之器重的心态到底还是有差异的。

信长当权时，招来堺市巨贾出身的包括宗易在内的今井宗久、津田宗及等一些著名茶道艺术家为他服务并为他所垄断，许之以“茶头”称号，不过是意在以著名茶道艺术家为“名贵茶道具”而已，也就是作为他所独占的财富。相形之下，秀吉更能赏识与重用宗易，特别是能从茶道文化上推崇宗易，不得

① 铃木大拙著：《禅与日本文化》，陶刚译，北京：生活·读书·新知三联书店，1989 年版，第 128 页。

不承认，这对于宗易的茶道艺术事业的发展在客观上是一种相当有力与有力的支持，而且促进与扩大了宗易在茶道艺术方面的影响。铃木大拙指出：“丰臣秀吉在当时是茶道的极大庇护者，又是现代茶道的实际创始人千利休的崇拜者。”①

尽管宗易也为其所独占与利用，但是较之于信长而言，毕竟多了一层文化精神上的丰厚的内涵，而且他对于千利休一派所倡导的茶道精神也能多少有些理解。在利休的一次茶会上，他写了一首赠送与利休的和歌：

汲水心中无底处，
始成茶道真用途。②

在铃木看来，这首和歌已触及茶道中“清敬和寂”的“敬”的精神③，算是很不容易了。因此，信长委任宗易为“茶头”与秀吉之所为不可同日而语，二者到底还是有实质上的差异的。对此，不可不察。伊藤古鉴说：

当然，秀吉是个武断之人，但正因为他以相当的热情投入了他喜好的茶道，才致使各国的大名们也都爱上了茶道。④

这一观察是颇有眼力的，的确是指出了一个重要的事实。这一点对于我们客观地了解与评价秀吉对日本茶道的贡献是有启迪的。

在秀吉的大力支持与鼓吹下，伴随着其茶道艺术的形成，宗易成为当时日

① 铃木大拙著：《禅与日本文化》，陶刚译，北京：生活·读书·新知三联书店，1989年版，第128页。

② 转引自铃木大拙著：《禅与日本文化》，陶刚译，北京：生活·读书·新知三联书店，1989年版，第128页。另一表述为：“唯从无底之心，方能深知茶意。”见〔日〕伊藤古鉴著：《茶和禅》，冬至译，张哲俊审译，天津：百花文艺出版社，2005年版，第97页。

③ 参见铃木大拙著：《禅与日本文化》，陶刚译，北京：生活·读书·新知三联书店，1989年版，第128页。

④ 〔日〕伊藤古鉴著：《茶和禅》，冬至译，张哲俊审译，天津：百花文艺出版社，2005年版，第97页。

本首屈一指的茶道艺术大家，可谓红得发紫，出尽了风头。天正十三年（1585年），秀吉由正亲町天皇（1557—1586年在位）授予总揽国政全权的关白（天皇的执政助理）之位，使他从此获得了合法的统治权。对于出身平凡而握有一国之大权的秀吉来说，得到名正言顺的头衔与地位，把统治权及其实施合法化，无疑是一件重要的事情。这是他多年以来就一直梦寐以求的心愿，现在终于变成了现实。

为了答谢天皇并公开做出与皇室关系亲密的姿态，秀吉于是年的九月七日特地举行了盛大的宫中茶宴。显然，这是他显示与夸耀富有的大好时机，他以表示对天皇的尊敬为由，特意预备了新的茶器具。因为一般认为天皇是象征神圣无瑕的神体，即使是名贵的陈年茶道具也有可能沾染上世俗的污秽而玷污天皇，所以秀吉专门订制了一套新的茶道具，并在茶盒、茶釜上设计了皇室专用的御制菊花纹图。茶会分别由两部分组成。首先是秀吉亲自为天皇点茶，千宗易则充当了他的指导助手（即日文中的所谓“后见”）。然后，是利休为天皇点茶。当时，秀吉在正亲町天皇的御前准备举行宫中茶道时说，“宗易”这个名字没有资格靠近天皇，请求更改居士名，于是就由古溪和尚起了“利休”这个居士称号。①

在宫中茶宴上，千宗易不负众望，表现出色，深得76岁高龄的天皇的赞赏，而领受了“利休居士”的赐名，算是得到了一次莫大的殊荣。这是利休一生参加的最高级别的茶宴。在利休主持的这次茶宴上，秀吉没有以展出他的新茶器具为满足，便索性把他所珍藏的全部名贵茶器具一一陈列出来，公开展示，几乎把皇宫变成了茶器具博物馆。在壁龛里挂上了中国元代山水画家玉涧的《远寺晚钟》，古铜花瓶里插的是大朵白菊。茶盒乃是天下的名物“新田”与“初花”。一只名为“松花”的茶罐价值40万石大米。令人吃惊的是，其中很多茶器具的价值远超过天皇历年以来的收入，真可谓富可敌国了。而其贪赃、霸道、狂妄、自大，更是无以复加了！无奈，一个实质上只有象征地位意义的天皇又岂能奈何得了他？

① 〔日〕伊藤古鉴著：《茶和禅》，冬至译，张哲俊审译，天津：百花文艺出版社，2005年版，第85页。

利休自从享受了“利休居士”这一称号后，被推尊为“天下第一的茶道宗匠”①，他也认可了这一称号。从此，秀吉便以种种“天下第一”的称号来鼓动与奖励各种艺道。② 由于利休是茶道的天下第一，而秀吉是茶道的最大庇护者，他从内心崇拜茶道的集大成者千利休。所以，秀吉进宫参谒时，总要利休陪伴，让利休做茶，靠利休鉴别茶器。举凡利休所说，无所不听。因此，利休就成了在政治、外交以及各种事务上均能向秀吉进言的人。当时，甚至流传着“除了利休，没有人能向关白大人进言”的话。

利休作为“天下第一的茶道宗匠”，虽然仅仅得到年薪三千石的封赏，但是他实际所拥有的权势是非常之大的。因此，天下的大名都聚集于利休门下，而致力于学习茶事，牢记茶道的精神。这与上层武士必修茶道的风气也是有关的。自古田织部开始，天下的著名茶人几乎尽皆出于利休的门下。

其中，最有名的是日本茶道史上的“七哲”：细川三斋、浦生氏乡、荒木存重、织田有乐、高山右近、芝山监物、佐久间将监。此外，尚有小早川隆井、丰臣秀长、牧村兵部、濑田扫部、山上宗二、南方宗启、佳吉屋宗无、万代屋宗安、重宗甫、久田宗荣等众多著名的茶人。自然，还有更多的不计其数的门徒。博多的仙崖和尚（1750—1837 年）曾经面对利休的画像赞曰：

> 释迦使人为佛，仲尼使人为仁，利休啊，使天下为茶。③

这一赞语把利休与释迦和孔子并列，确实是突出了利休对于茶道教育的极大贡献与影响。这在世界茶道教育史上是独一无二的。迄今为止，没有任何一个茶人能同千利休相提并论。从某种意义上说，千利休在茶道教育史上的地

① 〔日〕伊藤古鉴著：《茶和禅》，冬至译，张哲俊审译，天津：百花文艺出版社，2005 年版，第 90 页。

② 伊藤古鉴认为，利休自从得到“利休居士”称号，并被推尊为“天下第一的茶道宗匠”后，信长就以“天下第一”的称号来奖励各种艺道。其后，秀吉遵从此事。（见伊藤古鉴著《茶和禅》，第 90 页。）这在时间上显然与历史事实不符。因为天正十三年（1585），信长早已不在世了。当时，能做此事的人，唯有秀吉。

③ 〔日〕伊藤古鉴著：《茶和禅》，冬至译，张哲俊审译，天津：百花文艺出版社，2005 年版，第 41 页。

位，多少有些类似于中国“圣人”孔子与佛陀释迦在人类教育史上的地位。他们所开创的典范，迈越古今，是永远启人深思的不朽课题。

利休茶的极高的知名度使他成为名流社会中的大名人，直到被后世敬奉为“茶圣”。但是，诚如伊藤古鉴所说：“他的禅茶精神及其‘茶禅一味’的境界，更有无以言表的珍贵。”①

千利休虽然在秀吉的支持下得到了发展其茶道艺术的条件与机会，但是他所致力开创与发展的茶道，与秀吉所代表的所谓“安土桃山文化”的茶风，在本质上，是互相抵触与冲突的。作为一代大宗师，他不甘心也不可能仅仅作为秀吉的附庸而存在，这就必然酿成他个人与茶道精神的重大悲剧。

天正十五年（1587），秀吉平定了西南的岛津氏，东国小田原的北条氏和东北的尹达氏，使全日本的形势稳定下来。为了显示自己的地位与功绩，并使民心得到安抚，同时也为了庆祝他于头一年从天皇处得到赐封“丰臣”之姓与“太政大臣”（位为贵族）之名，以及次年他在京都的巨大豪华私人府邸“聚落第”的竣工之双喜，秀吉决定在京都的北野举办面向民众的规模十分宏大与隆重的大茶会。这是他与利休合作的最大的一次茶事活动了。利休亲自负责茶会的指导与组织工作。是年的七月二十八日，秀吉向全国民众发出布告，其内容有下列七个方面：

第一条，拟订于十月一日至十日，于北野松林举办大茶会。展示关白（大人）秀吉所藏之珍贵茶道具，供茶道爱好者观赏。

第二条，凡热心茶道者，不问家臣、商人、还是黎民百姓，均可携茶釜一只，水瓶一个，饮料一种前来参加，无茶者，代之以米粉糊亦无妨，务必出席是望。

第三条，不必担心无茶室，在松林里铺上两三张榻榻米即可。无榻榻米者，使用一般草席亦可。茶席之位，自由选择。

第四条，日本国人，自无例外。凡热心茶道的中国人，亦可参加。

---

①〔日〕伊藤古鉴著：《茶和禅》，冬至译，张哲俊审译，天津：百花文艺出版社，2005 年版，第 91 页。

第五条，为欢迎远道而来的客人光临，特订会期为（两个月之后的）十月一日。

第六条，此举意在帮助贫困之茶人。若拒绝出席，则往后即使连米粉糊，也不准摆弄。

第七条，无论何人，只要（是日）光临（关白大人）秀吉之茶席者，均可一品（关白大人）秀吉的点茶。①

不难看出，这一布告透露了秀吉的大度与专横、霸道与豁达、独裁与开放、爱民与独尊、虚伪与真诚、高贵与自卑交织在一起的复杂心态。这正是他出身平民而身居新贵，权倾朝野而修养与信心不足的武人性格的真实写照。

秀吉为了向社会展示他的巨额资财之富，以及他身为“新贵”的风雅，他独出心裁地全以纯黄金制作茶器具，并造出纯黄金的茶室，又全以纯黄金来装饰（茶室），金屋顶、金墙壁、只有窗户挡上了红纱。真是金上加金，金碧辉煌，富丽无比。这套纯黄金茶室曾经在天皇面前炫耀过，也曾在中国大明朝的使节面前展示过，还搬到九州去展出过。现在终于要在北野大茶会上露面了。

茶会开幕那天，在北野神社的正殿里，开设了三个茶席。中间放置的就是秀吉以纯黄金制成的组合式茶室。正殿的两则展出的是秀吉收藏的中国元朝画家玉涧的《青枫》与《潇湘八景》图以及多不胜收的各种名贵的茶道具。三个茶室连为一体，恰好表现了一个精致而高贵的皇家艺术品展览馆所具有的效果。人们参观完毕以后，只要参与抽签，便可以分别品尝到秀吉、利休、宗及与宗久亲手所点的茶汤。

呈现在北野大茶会上的茶席多达八百余个。茶席是毗连在一起的，一家紧接一家排开，显得很拥挤。但是，在那幅著名的《北野大茶会图》中，茶席在松林里却是分散开来的，若隐若现，显得很有层次，整个茶会与大自然融为一体，加上书法的点缀，使人文与自然、茶席与原野、茶道与松风辉映成趣，别有一番生动美妙的韵致。这就是艺术对现实的超越与升华。茶道之理深藏

① 藤军著：《日本茶道文化概论》（千宗室审定），北京：东方出版社，1992 年版，第 57—58 页。

其中。

对于北野大茶会，藤军评论道：

> 北野大茶会不问地位高低，不问有无茶具，强调热爱风雅之心。此次茶会对于推动日本茶道的进一步普及起了积极的作用。①

这一评价是完全中肯与客观的。由此可以看出，秀吉对茶道的热爱、造诣与极力推动，不仅影响了日本国的上流社会对于茶道的追求，而且也直接影响了茶道向日本国下层人民的普及。如果只靠千利休这样的大茶人，那是怎么也不可能做到的。因此，利休与秀吉的双壁合一，使茶道的流行与普及产生了最佳的历史成效。事实上，这正是政权与茶人合作的结果。然而，这毕竟是短暂的。

事实证明了这一点。因为出自禅宗的茶道，从其本性上是不能与贵族的独裁专制为伍的。一旦茶道与专制政权走得太近，二者之间的对立与冲突的悲剧，就是不可避免的了。更何况，秀吉所代表的贵族茶风与利休所代表的珠光茶风，是完全背道而驰的。这就使两人之间的对立与冲突加剧了。

自从天正十三年（1585 年）的宫中茶宴以来，千利休对秀吉十分恶俗的茶风日益不满，心生厌恶，并终于暴露出来。天正十五年（1587 年），秀吉在京都北野大茶会上展现他的纯黄金茶屋以及各种昂贵的茶道具，使他与利休在茶道上的对立表现出来。利休对太阁秀吉这种绝对空前的极其恶俗的茶风之举，再也无法忍受，而又无可奈何，这便决定了他在茶道精神上与秀吉的分道扬镳。

从此，他走上了一条与秀吉的茶风相对立的代表茶道之正道的独立道路。利休在茶道艺术上的巨大成就，使他声誉日隆，并与秀吉的茶风形成了鲜明的对照；与此同时，他对秀吉茶风的不以为然、不满与厌恶之情，也深深地刺激了秀吉，引起了这位独裁者的极度不快，使他怀恨于心。天正十九年（1591

---

① 藤军著：《日本茶道文化概论》（千宗室审定），北京：东方出版社，1992 年版，第 58—59 页。

年）二月二十八日，利休被秀吉赐死。赐死的直接原因，是利休为大德寺进献了一座山门——金毛阁。大德寺为了感谢他，便由他最亲近的老师古溪宗陈把一尊利休的木雕肖像安置在金毛阁上。利休木像身着袈裟，脚踏草鞋，手拄锡杖。这与秀吉的形象形成了鲜明的对比，并包含着无穷的意蕴，耐人寻味。

这件事激怒了秀吉。正如伊藤古鉴所说：“不管利休作为天下第一茶人有多么伟大，要在从敕使开始到关白以下的显贵才能通过的山门楼上安置其穿草鞋拄锡杖的木像，却是难以被允许的。”① 因此，利休大祸来临。

其实，此前利休的老师古溪和尚被秀吉流配九州，就是对利休发出的警告。古溪和尚曾经因为在大德寺的山门上安立一休和尚的木像被一度流放博多，后来被赦免。而此次被再度流放，至今没有人知道真正的原因，但是可以推测，这很可能是做给利休看的，就是人们通常说的“杀鸡给猴看”，意在对利休做出警示。因为古溪和尚不仅是利休的老师，而且是利休的至交与最忠实的拥戴者。事实证明，后来他果然在大德寺的山门上立了利休的木像。利休的高狂不逊，加之他在茶道上的名望盖过秀吉太多，可能早已使这位暴君内心不快。但是他又不便于直接处置利休。更何况，他还用得着利休，即使能够处置也还不想处置。于是，便拿利休最得力的朋友古溪和尚“开刀”了。这样也可以起到杀一儆百的作用。

然而，秀吉想错了。对于这一切，利休却不以为然。天正十六年（1588年）九月四日，利休为老师举行的送别茶会在聚乐的利休屋进行。除了古溪之外，尚有春屋与玉甫和尚作为客人。茶室里悬挂的是虚堂禅师的墨宝。这并不是利休的东西，而是秀吉托他装裱的名贵之物。未经许可，就擅自将其挂出，这件事情本身就显示出“利休那难以想象的无可匹敌的胆气”②。

天正十九年（1591年）二月十三日，利休被命令蛰居故乡泉州堺。当天，他就回到故里，在那里度过了他一生在故乡的最后15天。在此期间，利休的

① 〔日〕伊藤古鉴著：《茶和禅》，冬至译，张哲俊审译，天津：百花文艺出版社，2005年版，第91—92页。

② 〔日〕伊藤古鉴著：《茶和禅》，冬至译，张哲俊审译，天津：百花文艺出版社，2005年版，第91页。

木像被从大德寺的山门楼上拉下来，在聚乐大门的戾桥上执行了磔刑。在日本历史上，对木像施行磔刑，仅此一次。与此事相关的古溪和尚等人也被判处磔刑，由于秀吉的生母大政所等人的求情，而得以幸免。与此同时，大政所屡次派出密使劝说利休，要他向关白大人道歉，以免一死，但是都被利休所拒。一如伊藤古鉴所说："即使今天，我们也无法确切地知道事件的由来和真相，但从显见的事实可以窥见其'杀佛越祖'的禅宗方式。"①

在赴死的那天，二月二十八日，由三千名武士守护，利休在聚乐利休茶屋举行了他一生中的最后一次茶会，邀集了他主要的徒弟参加。在预定的时间内，客人们悲伤地来到待合会集。他们向庭院小径眺望过去，树木在战栗，沙沙的树叶声，听起来好像无主的阴魂在耳语。灰色的石灯笼，犹如把守在地狱鬼门关前的庄严哨兵。这时，一股珍罕的熏香茶气从茶室中飘出来，这是召唤客人入室的信息。客人鱼贯而入，一一就座。

壁龛里挂有一幅令人叫绝的古代僧侣的书法，是一幅罕见的绝世珍品，内中透露了世事（人生）的无常。铜炉上，一个嘶嘶作响的茶壶，沸腾的水在其中发出无尽的哀婉之音，仿佛在为即将逝去的夏蝉悲鸣。主人适时地进入茶室，依礼为客人一一敬茶。客人默默地顺次啜饮了茶汤，最后才轮到主人自己吃茶。按照茶道的规矩，主客请求允许观赏茶具，利休拿出了各种珍品，其中包括那幅书法挂轴。每一位客人都对这些器物做了美学赞赏之后，利休便将他们一一赠送给在座的各位弟子，只留下了那只他自己用的茶碗。

别让/
这个已被不幸之人的嘴唇/
所玷污的茶碗/
再为人所用了。

说着，他就亲自打碎了这只同他一样命运不幸的茶碗。

---

① 〔日〕伊藤古鉴著：《茶和禅》，冬至译，张哲俊审译，天津：百花文艺出版社，2005 年版，第 91 页。

茶碗碎了，茶礼到此结束。客人们强忍住巨大的悲痛，噙着泪水，向他们最敬爱的老师诀别，然后缓步退出茶室。只有利休最亲密的那个弟子被挽留下来，目睹了茶道史上那最为悲壮与灿烂的一幕，作为临终的见证者。

利休大师脱去茶袍，小心折叠好后，恭敬地放置在草席上，早已藏在里面的一尘不染的洁白无瑕的冥袍显现出来。大师温雅而柔和地凝视着剑刃的锋芒，吟咏出他那优雅的千古绝唱：

人生七十，力口希咄。
吾这宝剑，祖佛共杀。①

大师面带微笑，进入冥土。正应验了19世纪的英国诗人雪莱所谓“饮死举尸归净土，殉茶第一是吾身”② 的悲壮誓言。据伊藤古鉴的解释，在利休所吟咏的这首偈中，“力”与“口”两个字是从“叻”分出来的。“叻”的原本意思是船出发时所发出的威势十足的声音。“希”是唏的意思，表达悲愤的情怀。“咄”表示叱咤之声，大声斥骂。“祖佛共杀”，语出《临济录》。这句话的意思是说，修行时忘却佛陀忘却达摩，亦即不靠佛陀不靠达摩，这样才能发现自己“本来无一物”的真面目。因此，整首偈的意思是说，我千利休已经送走了人生七十年漫长的路程，如今，站立在生死岸边，什么也没有。既没有迷与悟，也没有凡与圣。两头截断，杀佛杀祖，一剑倚天寒。一如进入禅那绝对的一物即“本来无一物”之中。

利休死后，立墓三处：第一处在堺的南宗寺，第二处在大德寺的聚光院，

---

① 利休辞世所诵歌词，在冈仓天心著《茶之书——茶道美学》（页116）中的叙述为：

欣然手握你，
我永恒的宝剑！
透过佛，
透过达赖。
你击入津要。

② 英国诗人雪莱（1792—1822）咏中国茶之诗（原文待查），此处转引自余悦：《中国茶韵》，北京：中央民族大学出版社，2002年版，第321页。

第三处在大德寺的方丈院里，一个小小的宝塔。

秀吉赐死利休的原因，在日本茶道史上众说纷纭。归纳起来，主要有四种说法：

第一种说法是，利休内通德川家康，参与毒杀秀吉的阴谋败露而被秀吉处死。权威者如冈仓天心，在其《茶之书》中，就持这样的观点。

第二种说法是，秀吉一直意欲得到利休的一个离过婚的绝色女儿，但利休坚决不从，秀吉一怒之下赐他死。

第三种说法是，利休是一个天主教徒，为秀吉所不能容忍而被赐死。

以上这些说法均系传说，没有任何史料可以佐证。因此，无法令人采信。

第四种说法，即为本文所持。采纳伊藤古鉴与滕军之说。[①] 特别是伊藤的分析言之成理，他指出：

首先，利休木像事件与利休的高狂与傲骨所造成的他与秀吉的对立和抗衡，分别成为他被判切腹自杀的直接原因与间接原因。“唯有大德寺木像事件才是直接原因。而间接的原因则是利休的傲骨和顽固，毫不惧怕武断和易发脾气的秀吉，说自己想说的，做自己想做的。”[②]

再者，嫉妒与反对者的伺机陷害，增添了利休被赐死的口实。“因为利休的茶道优秀，利休喜欢的道具也人气高涨，被高价售出。例如，利休喜欢用长次郎做的乐烧茶碗，那种茶碗便立即得到好评。凡利休说喜欢的，顿时成为高价物。有人说利休将那些茶道具以不相适宜的高价售出，或者给那些东西出了不相当的鉴定，以此来陷害他。那些事情本不是什么不正当的行为，但从反对他的人口中说出，便成了各种各样的口实，终于导致了利休的杀身之祸。”[③]

临死之前，如果利休愿意进行辩解或道歉，或许能够幸免一死。但是，利

① 藤军著：《日本茶道文化概论》，北京：东方出版社，1992 年版，第 59—60 页。

② 〔日〕伊藤古鉴著：《茶和禅》，冬至译，张哲俊审译，天津：百花文艺出版社，2005 年版，第 94—95 页。

③ 〔日〕伊藤古鉴著：《茶和禅》，冬至译，张哲俊审译，天津：百花文艺出版社，2005 年版，第 95 页。

休像古希腊的哲人苏格拉底一样，选择的是那唯一的通向永恒的向死而生之路。就像伊藤古鉴所描写的那样：

> “啊——就那样！”断然地死去！以这般悲壮所装饰的最后生涯，是茶圣的所为，是直至今天仍被人敬仰的生涯。这不是普通的茶人，乃是透彻着茶之全部精神的茶圣所为，是浩气堂堂的伟大之举。①

悲乎哉！在日本茶道史上，树立起一座不朽的里程碑的一代大宗师，就这样在独夫的意志下命丧黄泉了。

千利休在丰臣秀吉的支持与鼓吹下取得了成功，但是最终也被丰臣秀吉毁灭了！这难道不就是在一个独裁专制社会中的民族精英成也萧何败也萧何的宿命吗？

利休之死又一次提醒人们：“与暴君的友谊永远是一种危险的荣誉。”②

千利休之死，其节气之壮烈、其风范之美丽，以及其在茶道史上的意义和影响，毫不逊色于古希腊的苏格拉底之死，以及其在哲学史上的意义和影响。对于千利休之死，伊藤古鉴评论说：

> 利休虽然依秀吉之命悲壮而去，但这一点，确是利休一生最为光彩耀人之处。③

如果说伊藤这一评论透显的是一种人生哲学的高度，那么冈仓天心则在审美极境上展现了利休之死的“悲壮宏伟之美”，他写道：

---

① 〔日〕伊藤古鉴著：《茶和禅》，冬至译，张哲俊审译，天津：百花文艺出版社，2005年版，第95页。

② 〔日〕冈仓天心著：《说茶》，张唤民译，第146页；另见许淑真译：《茶之书——茶道美学》，第112页。

③ 〔日〕伊藤古鉴著：《茶和禅》，冬至译，张哲俊审译，天津：百花文艺出版社，2005年版，第97页。

只有与美长相左右的人，才能死时也美。伟大茶人就连最后一刻也充满精致优雅，和生前没有两样。他们似乎永远和谐地追求宇宙间伟大的韵律——天籁，然后安静地准备进入未知世界。利休的最后茶会是永远止于悲壮宏伟之美的顶点。①

无疑，这两段话也完全适合于苏格拉底。实际上，伟大的哲人与伟大的茶人并无二致。千利休和苏格拉底都是被逼而死，但是他们却视死如归，死的悲壮，死的美丽，死的不朽，死的与众不同。从某种意义上看，千利休和苏格拉底都是道的殉难者。死，成全了他们的伟大，使他们变得完美，使他们具有永恒的光辉，使他们超越了东方和西方，使他们超越了历史和未来。

千利休作为“茶禅一味”的集大成者，日本茶道最伟大的宗师，究竟在茶道艺术上有些什么创造与贡献呢？

论及千利休在茶道艺术上的成就与贡献，必须从他的一生来了解，特别是要透过他与武野绍欧、村田珠光、大林宗套、笑岭宗䜣、古溪宗陈以及丰臣秀吉之间的关系——其中最重要的是他与绍欧、珠光和秀吉之间的复杂而微妙的关系，才能有清楚的认识与整体的了解。大略地说，千利休的茶道艺术在历经北向道陈之后，直承武野绍欧而启，上接村田珠光，旁摄大林宗套、笑岭宗䜣与古溪宗陈，下破丰臣秀吉，最终立足于禅宗精神的高度，对珠光与绍欧两位大师的茶道艺术进行了简别、新诠、重述与整合，融入新的时代精神，使它们同冶一炉，融为一体，开创出新的茶风，从而成为一种代表日本茶道艺术之巅峰的新茶道艺术，集“茶禅一味”之大成，这当然就是千利休的茶道艺术了。

关于千利休与村田珠光、武野绍欧之间的承续关系，一般的论述都喜欢以利休自己说的（前文中已引述）那句话来做解释，即：茶道的“传”是绍欧所为，“道”则来自珠光。一般理解为：珠光为茶道注入了精神，绍欧完成了

① 〔日〕冈仓天心著：《茶之书——茶道美学》，许淑真译，第112页；另见张唤民译：《说茶》，第146页。

（茶道的）形式（包括茶道的组织形式）。[①] 笔者以为，对于利休的话，绝不能作简单地理解，正如前文中所指出，绍欧的茶道表现出“歌茶禅一体一味”的新境界，在实际上开创出了一种新的“禅茶”精神，这仍然可以视为对珠光关于“茶禅一味”基本精神的间接继承与发扬。因此，绝不能认为绍欧仅仅是完成了茶道的形式，而其中没有“精神”（道）。其实，他不仅是完成与发展了茶道的形式，而且也为茶道注入了一种新的精神，但是这种新的精神非但没有背离“茶禅一味”，而且体现了“茶禅一味”的基本精神。不过，相对于珠光而言，绍欧到底不是日本茶道的首要的开创者。

因此，利休许之以完成了茶道的“传”，也并不能算错。诚然，比之于珠光，绍欧在茶道的艺术形式一面的成就与贡献似乎才是最大也最为主要的，自然也就显赫耀眼。但是，切莫以为其中无“道”。事实上，一如前文所说，千利休的那句颇为费解的话，只是他为自己如何继承、整合与发扬珠光和绍欧的茶道艺术精神，并把二者融为一体所作的一个有趣的脚注而已。显然，这也为我们理解利休的茶道艺术精神提供了一个很好的切入点。但是，必须注意，利休的话很可能是他的茶道尚未成熟与完成以前而一时随机之言，这恐怕也就是他不愿意弟子宗启（又名宗庆）所记录的《南坊录》公之于世的原因所在。

由此看来，利休一方面继承乃师绍欧，另一方面却大为赏识与极力认可乃祖师珠光，这其中他得益于来自向大林宗套、笑岭宗䜣与古溪宗陈的学禅参禅体悟的三十年工夫，业已直透本心，正如伊藤所说，他在禅宗上具有了“高迈见识”，“那是权势所不能为的禅宗‘那一物’所成就的有力可靠的东西。所以，用世间的话来说，就是充满霸气、豪迈果断，具有不畏惧任何事物的情怀，以至于他和独裁者秀吉进行正面冲突的最后时刻终于来临”。[②]

利休不惜一死，以“祖佛共杀”的禅宗方式结束了一生的茶道生涯，完成了自己伟大的人格，绝不为秀吉所缚，在对秀吉的极其恶俗的茶风的唾弃与

---

① 靳飞：《茶禅一味——日本的茶道文化》，天津：百花文艺出版社，2004年版，第148—149页。

② 〔日〕伊藤古鉴著：《茶和禅》，冬至译，张哲俊审译，天津：百花文艺出版社，2005年版，第91页。

对比中，显示出了他的真正的志业所在，那就是：把珠光与绍欧的茶道精神与茶道艺术完美地结合或统一起来。在某种意义上说，千利休是代表“安土桃山文化”的丰臣秀吉的对立者与反对者，尽管他被丰臣秀吉置于死地，但是他已经完成了他的伟大志业，在日本乃至世界的茶道文化史上，树立起一座永久不倒的巨大界碑。

基于以上认识，我们大致上可以从以下几个方面来了解或认识千利休在茶道艺术上的成就与贡献。

首先，千利休新诠与重述珠光关于“佛法即在茶汤中”与“茶禅一味”的观点。面对以丰臣秀吉等新贵所代表的“安土桃山文化”追求和讲究豪华、艳丽、名贵、铺张、气派而不失做作的及其俗艳的茶风，千利休针锋相对，明确反对吃茶之道讲求豪华住宅，俗艳装饰，名贵气派与美味珍馐的恶俗之趣，特别重新标识与打出珠光的“草庵茶”的旗帜，高歌“草庵茶”的精神，并根据新的时代精神与生活的需要作出了的诠释。根据他的弟子宗启在《南坊录》中的记载，利休对于草庵茶有如下的论述：

> 草庵茶道，依佛法修行得道为第一要事。乐于家居结构，美味佳肴，乃俗世之所好。无家乃至食不果腹亦知足者，乃佛之所教，茶之本意。担水搬柴，烧水点茶，既供佛施人，又自饮自喝。插花焚香，皆是学佛。①
>
> 草庵茶的本质是体现了清静无垢的佛陀世界，这露地草庵是佛却尘芥，主客互换真心的地方，什么位置、尺寸、点茶的动作都不应斤斤计较。草庵茶就是生火、烧水、点茶、喝茶，别无他样。这样抛弃了一切赤裸裸的姿态便是活生生的佛心。如果过多地注意点茶的动作、行礼的时机，就会堕落到世俗的人情上去，或者落得主客之间互相挑毛病，互相嘲笑对方的失误。②

---

① 译文引自〔日〕伊藤古鉴著：《茶和禅》，冬至译，张哲俊审译，天津：百花文艺出版社，2005 年版，第 89 页。

② 这段译文转引自藤军著：《日本茶道文化概论》（千宗室审定），北京：东方出版社，1992 年版，第 66—67 页。

这些文字虽然并不是出自他的手笔，但是颇能体现他的旨趣与精神风采。由此可以领悟他对茶道的本意与茶道精神的理解和看法。其实，草庵茶就是茶道之本的体现，草庵茶的本质就是“茶禅一味”。上述引文中所谓“草庵茶就是生火、烧水、点茶、喝茶，别无他样”。正表现了禅宗之道不离日常的修行工夫，换言之，本心与工夫不二，本心即工夫，工夫即本心。对利休来说，担水、劈柴、生火、烧水、点茶、吃茶就是佛家的日常“活计”，做这些“活计”也就是在“以佛法修行”或“修道”了。所以说“担水搬柴，烧水点茶，既供佛施人，又自饮自喝。插花焚香，皆是学佛”。如果离开了这些日常的“活计”，还有什么道可修呢？印顺大师说：“佛法不只是悟了，悟是属于见（理）的，还要本着悟入的见地，从实际生活中，实际事行上去融冶，消除无始来的积习，这叫‘修道’。”①

以茶道目之，这些“活计”恰恰是茶道之本的所在。所以，利休说：“须知茶道之本不过是烧水点茶。”② 从利休看来，只有抓住了茶道之本，才能打破与超越世俗的人情与主客的二分与对立，才能透显出茶道的本意与精神。利休由生火、烧水、点茶、喝茶这些日常的“活计”工夫将人引向了茶道，同时也引向了佛心。正是在这一过程中，茶道与佛心融合为一体，即：佛心不离茶道，茶道即是佛心；茶道不离佛心，佛心即是茶道。“茶禅一味”的境界从中透显无遗。而茶道之本的真意，也由此完全得到了彰显。从禅茶关系来说，没有“茶道之本”，也就不会有佛心的呈现。立足于“茶道之本”，就必须彻底地抛弃一切赤裸裸的“姿态”，不执着或斤斤计较点茶的动作与行礼的时机、尺寸、位置等等。唯有如此，才能达到“以佛法修行得道”的目的。因此，利休说“抛弃了一切赤裸裸的姿态便是活生生的佛心”。一切“姿态”皆是执相，不能扫相证体，焉可“得道”？焉能呈现“活生生的佛心”？对利休来说，珠光的草庵茶是由茶道通向开显“活生生的佛心”之道。

那么，究实而言，草庵茶的本质自然是在于象征与体现“清静无垢的佛陀世界”了。站在禅宗的立场上看，这“清静无垢的佛陀世界”便是人之

---

① 释印顺：《中国禅宗史》，上海：上海书店，1992 年版，第 11 页。

② 藤军著：《日本茶道文化概论》（千宗室审定），北京：东方出版社，1992 年版，第 61 页。

“本心”，便是如来藏清净心，亦即“佛心”。这一心以外，又岂有他哉?！因此，珠光的露地草庵自然就是“佛却尘芥，主客互换真心的地方”了。在此需要注意，利休所谓“主客互换真心”（另一译为“主客若以真心相待”①），不可作俗解，即不能理解为吃茶之人互相交流与沟通真情，而是指在吃茶的过程中，彼此以心证心，心与心相印契，主客泯灭，清静和寂，一切归为一心即佛心，一切皆由此一心（佛心）显现。因此，这里的“真心”或“直心”，在究极的意义上，乃是指向佛心的。吃茶吃到佛心显露，方是最高境界。如此看来，丰臣秀吉之流的茶风完全与茶道精神背道而驰，对于证悟佛心来说，岂止是恶障，简直就是邪道了！

利休由露地草庵中主客之间的心印联想浮翩，驰骋古今，纵横中印日，他以一个历史中的见证人的身份，设想了赵州和尚与达摩祖师在珠光大师的露地草庵的一场真正的茶道一会。他说：

> 如果由赵州做主人，达摩做客人，我和你（案：“你”可能指利休弟子南方宗启。因为这段话可能是利休对宗启所讲并记录于《南坊录》中。无论如何，这段话是利休对其弟子所讲，故文中的“你”是利休的弟子，当无疑问。）为他们打扫茶庭的话，该是真正的茶道一会了。如果能实现的话，该多么有趣啊。说是这么说，也不能把这目前在世的人当成达摩，当成赵州。有这样的想法本也是对事物的一种执著，是行佛道的障碍物。那些想法就让他算了吧。②

我们不难想象，利休带着弟子南方宗启打扫与布置茶庭，弹扫茶室内悬挂的圆悟克勤亲笔书写的“茶禅一味”条幅上的微尘，一个朴拙的竹编花瓶中插有一枝含苞欲放的山茶花，由两片梧桐白木与四根竹子制成的台子，装有日本抹茶的由中国同安窑烧制的青瓷茶罐、珠光天目碗以及竹勺等茶道器具就放

---

① 〔日〕伊藤古鉴著：《茶和禅》，冬至译，张哲俊审译，天津：百花文艺出版社，2005 年版，第 96 页。

② 藤军著：《日本茶道文化概论》（千宗室审定），北京：东方出版社，1992 年版，第 67 页。

置于地炉的旁边。一切准备就绪，只等主人的到来。今天的主人不是珠光，而是中国的禅宗大德赵州和尚，客人是从印度假道中国而来的禅宗祖师爷菩提达摩。赵州最先来到，并做好了迎接达摩祖师的准备。

达摩祖师按时赴约，被请进了待合。直到茶室飘出了茶香，祖师、利休及宗启才通过幽径露地，屈膝爬过高仅三尺的小门，进入茶室，分别合掌向“茶禅一味”的条幅与茶花行礼后，围着地炉在各自的位子上一一就座。少顷，铁茶壶中的水开始翻滚沸腾，传出了十分悦耳的声音，听上去，犹如密云笼瀑布，巨石破远海，风雨涤竹林，远岗鸣松籁。这时，赵州大师露面了。他亲自点好了茶，便向祖师、利休与宗启一一敬茶。最后是赵州大师自己吃茶，大师端起茶碗，祖师的眼光便直逼过来，与赵州和尚目光相接，无声无息，珠光天目碗悬在空中，只听到一阵阵松涛声在草庵露地之间回荡，草庵内却鸦雀无声，分外寂静，只有茶香四溢，炉烟袅袅。不知过了多长时间，两位大师终于相视而笑，莫逆于心而互相契印了。此时，利休的脸上也绽开了笑容。出来后，弟子启宗却不解地问：“茶吃完了，师傅为何发笑?”利休答道：“吃茶去吧。”

这场茶道一会冠绝古今，说有多美妙就有多美妙，开创了茶会的一个绝佳典范。

利休所虚拟的这场茶会，也足以称为一幅绝妙的艺术作品。我们搞不清他的灵感来自何处，受了谁的启发。但是，我们在日本的绘画史中，不难看到，有不少画家乐于把各种不同时代与不同的物品集中于一个画面之上加以刻画，例如江户时代后期的画家椿山（1801—1854 年）的《岁寒十友》，以梅花为主体，同时描绘了水仙与其他八种草花，它们并非盛开于同一时期；河锅晓斋（1831—1889 年）的《画谈》，以同样手法将各式人物集于一画：一边是日本的三位名僧隐元、即非与木庵，他们神态各异；另一边也是几位和尚，形相、神态与动作也迥异其趣。室町时代的画家如拙的《三教图》，非常巧妙地描绘了孔子、老子与释迦牟尼三大圣人的合像，尽管他们的时代、国度、个性、思想不一，但是画家超越了这些具体的差异，以洒脱和富于变化的笔墨，在一幅画中活脱地展现出他们鲜明的性格与神采特征，比之于单独为三位先圣分别作画更具有想象不到的理想效果与艺术美感，而成为日本绘画中的杰作。

其实，日本的这一绘画方法与传统，乃是对中国作画方法与传统的一种移植和翻版。在中国的宋元绘画中，便常常将不同的禅僧绘于同一画中。流入日本而被日本国视为美术珍品、现存于藤田美术馆的一幅中国元代的画作《丰干、寒山与拾得三僧图》，就当是一个明证。由此推测，利休茶会的构作，可能受到过类似画作的启迪。而其灵感的最初源泉，乃自中国而来。当然，利休对茶会的创作，一旦公之于世，也可能返回来影响到绘画艺术。如果说茶道艺术与歌道艺术是相通的，那么茶道艺术与绘画艺术，也是相通的。实际上，一切艺术无不是相通的。

从这场利休心目中的茶道一会，似乎可以看出利休茶道的最高理想境界。这一最高理想境界显示的是临济宗的“四宾主”论①中的主宾俱悟，以心相印的“主看主”或“主中主”的妙境，表现了关系单纯，主客平等，互相启发，没有尊卑、辈分与资历之限，共吃一碗茶，超越你我，打破古今，逾出内外，唯有禅心可证印的自由与活脱的禅家风范，同时也含蓄地表现与传达出利休所向往与讲求的“侘数寄”茶道精神之美。利休的想象格外清新、鲜活、生动、有趣，但又朴拙、静寂、幽远、枯高，高眺远迈，美妙绝伦。他虽然只显现了达摩与赵州“主看主”的一幕，但是他并未封闭“宾看主”“主看宾”与“宾看宾”的其他三种关系。这三种关系之所以没有出现，是留下了一个暗示与想象的审美空间，这正是利休那孤绝与枯高的“侘数寄”茶道审美精神的一种具体表现。对利休来说，“主看主”已足以表示他的理想与希望。其真实的意义就在于，通过珠光大师所创的草庵茶来体现他的“侘数寄”茶道精神，把“宾看宾”（宾主俱不悟）、“主看宾”（主悟宾不悟）、“宾看主”（宾悟主

① 所谓“四宾主”论是临济宗的基本理论之一。“宾主”一词最初为临济宗的创始人，被称为“临济禅师”的临济义所说。后来，风穴延沼（896—973）将临济禅师所讲的“宾看主，主看宾，主看主，宾看宾”冠以“四宾主”的称号，并提出“宾中主，主中宾，主中主，宾中宾”的说法。它指居于“宾”位参禅者（徒弟）与居于“主”位的说禅者（师傅）之间的四种宾主关系，即：宾看主，或宾中主；主看宾，或主中宾；主看主，或主中主；宾看宾，或宾中宾的四种关系（师徒相对或师徒分别的关系），以及他们之间的禅悟体验境界。（见《古尊宿语录》卷四）

不悟）的情形全部转化为一种简朴单一的“主看主”（主宾俱悟）的理想之境。

这才是真正的修行，真正的禅者之所为，真正的茶人之所为，真正的“侘茶”精神之所在。唯有如此，才能行菩萨大行而无所行，摄化众生而不取众生相，从利他中消融自己的妄想习气；才能真正的自利与利他；才能庄严无上菩提。但是，他所设想的这一典范理想太过于高大，若迷失不知返，则反而是一种执著相，必然成为修道的一种障碍，对于茶道也是一种严重的破坏。因此，当想象一过之后，利休马上就警醒了。现世中人怎么是达摩？怎么是赵州呢？那些想象虽然美妙而有趣，但是也只可看作过眼云烟，一旦过去，就算了吧！唯有到此，才显现出利休的禅师本色，深得“茶禅一味”之三昧的风骨了！

其中完整地体现了利休所提倡的“和敬清寂”的茶道原则。这一原则被称为“四规七则”。其具体内容是：

点茶要浓淡适口；
放碳要注意火候；
冬天要暖，夏日要凉；
插花要自然；
到场要比预定时间早；
不下雨也要做下雨的准备；
待客要以真心。①

非常清楚，这一原则就是茶道的修行原则，也正是茶人的日常“活计”。离开了这些每天的“活计”，茶即无道可言了。因此，这些原则向来为真正的茶人所严格遵循，也真正做到了身体力行。在日本茶道史上，利休教子打扫茶庭的故事，就是典型的一例。再一个例子是，有名的“四天王”之一藤村庸

① 〔日〕伊藤古鉴著：《茶和禅》，冬至译，张哲俊审译，天津：百花文艺出版社，2005 年版，第 99 页。

轩投到利休之孙千宗旦的门下，目睹了宗旦在茶道上的修行，于是脱口说出了一句再平实不过的话："人生八十之多，一日未断炉火。"① 这句话是对千宗旦一生的真实写照。可见，利休所提倡的茶道原则，是无数代茶人以忠实于自己的生命的践履所谱写出来的。它凝集与映现出茶人的修行体验与心得，它也照亮了未来茶人的光明大道。

利休在茶道上的贡献并不仅仅限于茶道的精神理念，而是渗透在器物的层面。的确如伊藤所说的那样，从过去的茶室直到茶道具的种类，几乎一切都随着利休的趣味而改变。尤其是"数寄屋"茶室的得以完成，除了四张半榻榻米之外，还有三张半、两张半，甚至一张半座敷的茶室②。利休的一项重要改革，便是将从前的四张半榻榻米的茶座改为两张半。对此，在《南坊录》和《松屋笔记》中均有记载。

所谓"四张半"是一丈四，即一个方丈的大小。维摹（摩）居士的居室就以方丈著称于世。由此而出现的四张半茶室就受人推崇和喜好。茶室的土墙上贴着白色的宣纸，纸上画着画，珠光称其为"粗相"。如果那纸上没有画画，全只是空白，则表示简素之意。如果再进一步，连纸也不帖，保持着土壁的原样亦可，甚至更妙，这被利休称之为"在荒壁上挂物有妙趣"③。不难看出，这一审美的观点是对珠光茶道美学的继承与发展。珠光说过：

观名马于蒿棚之中，善也；赏珍品于陋室之内，亦善也。④

无疑，利休是珠光的崇拜者。但是，利休不是死守与照搬珠光的茶道，而是善于把握珠光茶道的活的精神并活用于自己的茶道践行中。如果说珠光具有

---

① 〔日〕须见疏安著《茶话指月集》，转引自〔日〕伊藤古鉴著：《茶和禅》，冬至译，张哲俊审译，天津：百花文艺出版社，2005 年版，第 125 页。

② 〔日〕伊藤古鉴著：《茶和禅》，冬至译，张哲俊审译，天津：百花文艺出版社，2005 年版，第 98 页。

③ 〔日〕伊藤古鉴著：《茶和禅》，冬至译，张哲俊审译，天津：百花文艺出版社，2005 年版，第 88 页。

④ 铃木大拙著：《禅与日本文化》，陶刚译，北京：生活·读书·新知三联书店，1989 年版，第 134 页。

能于蒿棚之中观名马，陋室之内赏珍品的审美天赋与眼光，那么利休亦有品鉴和创造“在荒壁上挂名物”的审美特质与才能。试想，既然能于蒿棚之中观名马，陋室之内赏珍品，那么为何不能在茶室的荒壁之处挂名物呢？因此，说出“在荒壁上挂物有妙趣”的利休，确实得到了珠光茶道的神髓，并将珠光茶道的美学原则作了彻底地贯彻与实行。

据说，利休因为“心智所到，草庵茶室”，和乃师绍欧商谈，将茶室改成两张半榻榻米。从此，三张半、一张半座敷的茶室也随之而出。

利休对茶室的变革，还表现在茶室的出入口，以及附属小院等方面。

从前的茶室入口，是以人的身份来设立的，身份高贵的人由“贵人口”出入，而下人则只能从“侧身小口”通过。利休完全废弃了这一传统，他根本不问身份的高低贵贱，规定大家全从“侧身小口”进出。他还将茶室的附属小院改称为“露地”。

在露地里设计完成了手水钵、飞石、腰垣、腰挂、待合、雪隐等。手水钵中的水必须由茶人亲自汲取。这些场所，在充满了深刻的禅意，显现着东方人高超的智慧与东方的神秘。

举行茶事时用的怀石料理，也选用禅院中的食物为原料，目的是营造一种幽静的气氛，常常是两菜一汤，蔬食淡饭，还要发出赞美之声。

对茶道具的改革，也是利休茶道的一个重要方面。在他看来，衡量与品鉴茶道具的标准与风格不是贵重，而是符合“侘”茶精神。因此，中国进口的茶碗不再时兴，更遑论纯金制品。高丽、濑户等地的今烧物或乐烧品，开始受到人们的喜爱。茶勺也改成了具有侘之风格的竹木制品。令人没有想到的是，这些呈现侘之风格的茶道具反而比中国的制品更多地被使用，成为昂贵之物。

毫无疑问，作为一切茶事的凝集物，壁龛里的挂轴是最重要和神圣的。禅僧的墨宝自然、超脱、无垢，代表“茶禅一味”的精神，所以被选作挂轴之用。如像圜悟禅师、虚堂禅师那样的中国高僧大德的挂轴，就极受尊敬。在日本，从被称为“大德寺之物”的大德寺开山祖师大灯国师开始，到历代祖师的清素挂轴，也有一种美妙的高雅气氛而被人赞赏。只要进入茶室的人，就必须向挂轴行礼。

当然，挂轴并不限于禅僧之物，和歌与俳句均无不可。其实，只要是有自然风雅之趣者，皆可作为挂轴。无论如何，人间本来所固有的精神本来就不能离开大自然而存在，也只有在大自然中才能得到充分地体现。在区区一间茶室之中点茶，以求与大自然的交融合一，让禅的境界在茶的精神里活现出来。这就是利休茶的真谛。①

就利休而论，“茶禅一味”的茶道精神落实到底，必然表现为茶人精神的“空寂”或“闲寂”或“静寂”的孤绝状态。这在利休所喜欢与欣赏的和歌以及他自己的和歌中得到了充分的体现，自然也贯注于他对茶室的构筑之中。正因如此，他的茶室才成为“侘数寄”。利休一生最为赞赏的和歌，也正是乃师武野绍欧的所爱，那就是前文中所引用过的那首出自藤原定家《新古今和歌集》中的小调②，也有人认为是藤原家隆的一首和歌，利休以它来表现其茶道艺术境界。这首和歌如下：

莫等春风来
莫等春花开
雪间有春草
携君山里找③

这首和歌的寓意主要在后两句之中。从其字面意义看，大意是说，在山里的积雪下面，一株株鲜活的绿芽正在破土而出，散发着春天的气息。质而言之，冬雪之中有春天。故言“雪间有春草”。但是，世间中人只知“春风”“春花”之春，而不知“雪间”之春。因此，最后一句明示，要领略春意就要

---

① 〔日〕伊藤古鉴著：《茶和禅》，冬至译，张哲俊审译，天津：百花文艺出版社，2005 年版，第 98—99 页。

② 见上一章的引文以及注 9，又见〔日〕冈仓天心著：《茶之书——茶道美学》，许淑真译，第 65 页；或张唤民译：《说茶》，第 80 页。

③ 藤军著：《日本茶道文化概论》（千宗室审定），北京：东方出版社，1992 年版，第 62 页。中译文为滕军所译。

到深山的雪里去寻觅。为什么呢？这恰恰是这首和歌给人留下的言外之意与启迪了。如果冬雪之中有春天，那么何时何地不有春天呢？为什么只能在“春风”“春花”之中去追求春意呢？

其实，对利休来说，这首和歌与前文中所述的藤原定家的那首和歌一样通向禅境，两首和歌具有同工异曲之效，难分轩轾。透过表层意义，不难看出，这首和歌中的“雪间”之“春草”与前一首中的“海滨”之“茅屋”的隐喻是一致的，喻指心体呈露，证悟见性的表现。而前两句则是对“春风”“春花”之春的遮拨或否定，以此暗喻“本来无一物”的“自性空”。因此，“雪间”之“春草”与“海滨”之“茅屋”均表现孤绝无待的静寂之美。这正是茶道与禅境的合一，在有相中呈现无相之状。这整首和歌同样显现了“茶禅一味”的“数寄之道”的完美——不完美中的完美——境界。

冈仓天心认为，在利休对茶室的构筑理念中，“以完全的孤寂为构筑露地的目标”，而这一秘密已经包含在前述藤原定家的那首小调之中了。[①] 利休在所写的和歌中，亦将茶道的“静寂”孤绝发挥得淋漓尽致。其中一首写道：

松针纷纷落，
絮得一院秋。
浑然尘不染，
吾心亦悠悠。
远眺檐下月，
清辉泻长空，
照起心头智，
灭却万种情。[②]

---

① 〔日〕冈仓天心著：《茶之书——茶道美学》，许淑真译，第 65 页；或张唤民译：《说茶》，第 80 页。

② 铃木大拙著：《禅与日本文化》，陶刚译，北京：生活·读书·新知三联书店，1989 年版，第 130—131 页。

这首和歌是茶人吃茶已罢，独处茶室，静观远眺时的心境写照。我们看到，松针遍地，明月斜照，满院秋色，心亦悠悠，一尘不染，独见“清辉泻长空”，心头智起，万种情灭，凭借茶室这一平台，独与天地精神相交，合而为一，这正是一种无待的孤绝静寂状态，也就是茶人所追求的最高茶道境界了。利休另一首和歌对这一境界的描述就更绝也更传神了。试看：

山路尽头处，岩边雪重重，
老僧独自立，怅然听晚钟。①

在这首和歌里，孤影独形的“老僧”（一个枯高之象）从“山路尽”“岩边雪”与“晚钟”声声的背景中活脱脱地烘托出来，将茶道的孤绝寂静之境写到了极致。读这首和歌，不禁使人联想起柳宗元的一首绝句：

千山鸟飞绝，万径人踪灭。
孤舟蓑笠翁，独钓寒江雪。

两首诗的意境是多么的相像，极尽异曲而同工之妙。从茶人的眼光看来，它们无不表现了茶道的最高境界。

或许，孤绝并不是茶道的唯一境界，冈仓以小堀远州为例，指出还有别的茶人在追求与孤绝迥不相侔的效果。远州所欣赏的和歌也不同于利休。在他看来，下面的小诗才比较理想地表现了园中庭径的效果：

一丛夏天树林
一片海水
一轮朦胧暮月②

① 铃木大拙著：《禅与日本文化》，陶刚译，北京：生活·读书·新知三联书店，1989 年版，第 131 页。

② 〔日〕冈仓天心著：《茶之书——茶道美学》，许淑真译，第 66 页。

冈仓解释说，远州的用意是“希望创立一种灵魂觉醒的新态度。心灵刚觉醒，依然似影子般巡悛徘徊，心灵之光虽未沐浴在甜美甘醇的忘我之美，但却已渴望徜徉在眼前宽阔的自由逍遥之境”①。其实，远州与利休在茶道追求上的不同，只是表层的形式上的不同而已。就其茶道的深层精神而论，如果冈仓的理解是相应的，那么远州所追求的“灵魂觉醒”与“自由逍遥之境”与孤绝的静寂是不矛盾的。因为不至孤绝无待是没有“灵魂觉醒”（真我的郎现与挺立）与真正的自由的。实际上，“灵魂觉醒”与“自由逍遥之境”恰恰是静寂中孤绝的表现。在上面所引的小诗中，“树林”“海水”“暮月”不正是表现静寂的意象吗？铃木说：

“这里的‘寂’，是日语的‘闲寂’，这个词在茶道中，则比较接近‘贫困’、‘真朴’或‘孤独’。这里，‘闲寂’同‘孤寂’成为同义词。

要想体味‘贫困’，或是按照事物的本来面目去接受它，就需要有闲静之心。不过，光是静寂还不能称作‘空寂’‘闲寂’，‘空寂’和‘闲寂’必须是一种客观对象的暗示。当在人们心中引起一种‘闲寂’的情感时，总有一种对象物的存在。‘闲寂’并非只是对某一特定的心理反应，它其中一定有一种美的原则。没有审美原则的存在，那么贫困就会成为纯粹的贫穷，孤独也就会成为一种流放或无情的非社会存在。在这里，我们可以**把‘闲寂’和‘空寂’定义为对贫穷的审美趣味**。当这一审美趣味被作为艺术原则来使用时，则需要在周围创造或重构出一种环境，以唤起‘闲寂’与‘空寂’之情。”②

在这里，最值得注意的是**“‘闲寂’和‘空寂’是对贫穷的审美趣味”**这一观点。从这一观点出发，我们才可以理解铃木的另一段话：

① 〔日〕冈仓天心著：《茶之书——茶道美学》，许淑真译，第66页。

② 铃木大拙著：《禅与日本文化》，陶刚译，北京：生活·读书·新知三联书店，1989年版，第132—133页。

“在贫困之中，深藏着难以尽言的恬静的喜悦，这就是‘孤寂’的真正含义。茶道也是如此，它也一直试图用艺术的手法去表现这一理念。”①

透过铃木对“闲寂”“空寂”和“孤寂”的论述，我们对“茶禅一味”的茶道精神能有更深一层的理解与体会。无论茶人们追求什么样的茶道的表现形式，归根结底，他们在茶道精神上总是体现出“闲寂”“空寂”和“孤寂”的至高之境。笔者所谓的静寂中的孤绝，正就是铃木所讲的“闲寂”“空寂”和“孤寂”之美。“闲寂”“空寂”和“孤寂”不仅是茶道的精髓所在，而且也是佛教的真境界的体现。铃木说：

“宗教的目的不是逃避人生，而是超越人生，是要达到‘绝对境’或‘无限’。”②

可见，“闲寂”“空寂”或静寂中的孤绝，亦即“孤寂”在茶道与佛教中所占的绝顶重要的地位了。到这里，我们兴许可以理解，为什么利休所崇尚与追求的茶道是“空寂”或“闲寂”或“静寂”的孤绝之美了。真可谓“一朝风月，万古长空。”若不是深得“茶禅一味”之旨，又岂能如此？

利休的茶道思想与审美观对后世的影响是深远的，特别是为其孙子宗旦所继承。铃木说：“真正闲寂的生活方式，可以说始于利休的孙子宗旦。”③ 在宗旦看来，闲寂乃是茶道的真髓，完全符合佛教徒的道德生活。这一看法深得闲寂的真谛。接续了利休的茶道思想。不过，在宗旦的时代，世俗之辈已很难有真正能理解闲寂之真意的人了。宗旦的《茶禅同一味》书中有一段文字论茶道的“寂”之本意，并指出了世人对于“闲寂”理解的“大谬”，是对“闲

① 铃木大拙著：《禅与日本文化》，陶刚译，北京：生活·读书·新知三联书店，1989 年版，第 134 页。

② 铃木大拙著：《禅与日本文化》，陶刚译，北京：生活·读书·新知三联书店，1989 年版，第 137 页。

③ 铃木大拙著：《禅与日本文化》，陶刚译，北京：生活·读书·新知三联书店，1989 年版，第 136 页。

寂”之意的澄清，在今天，更是难觅的对症之良药，故特转录于下：

> 茶道之中，寂为持戒。然俗辈往往取寂之容态，而心无寂之真意。耗黄金以购茶斋，毁田园以购珍器，示于宾客以称风流。彼等以为，此即闲寂。实乃大谬。
>
> 寂者，物不足、不如意，穷困窘迫之谓也。侘傺二字，见于《离骚》注中，谓侘者，立也；傺者，住也。侘傺相连，即为忧思失意住立而不能前。汉《释氏要览》中，有狮子吼，菩萨问：“少欲知足有何差别？佛言：少欲者，不取；知足者，得少不悔恨”之语。即虽不自由，然不生不自由之念；虽不足，然不起不足之意；虽不运，然不怀不运之心。此为寂意之训也。苟如依然思其不自由，愁其不足，忧其不运，则其乃真贫之人，不可称为寂也。唯只抛却此等杂念，始可坚守寂之本意，以保佛戒。①

饶有趣味的是，这段话分别从儒佛两种意义上诠释了闲寂：

其一，释“闲寂”为“侘傺”，并依据《离骚》注将“侘傺”解为“忧思失意住立而不能前”；

其二，以佛训“寂”，释“寂”为“持戒”，并根据汉《释氏要览》中的佛陀之言，训解为“虽不自由，然不生不自由之念；虽不足，然不起不足之意；虽不运，然不怀不运之心”的人生态度。

乍一看，两种诠释适为相反之意。前者是“忧思失意”，故“住立而不能前”；后者却不以“不自由”“不足”“不运”为忧为失。但是，两者并不矛盾，而是相通的。实际上，“住立而不能前”是起到一种警醒和反省的作用。这表示起智心以化“忧”化“失”，即寂即照，而到达一种闲寂或空寂的境界。当然，这样就不会再以“不自由”“不足”“不运”为忧为失了。而到底能持守住“寂”的本意。那么，文中所指陈的在闲寂上的大谬乃是真的贫困，

① 铃木大拙著：《禅与日本文化》，陶刚译，北京：生活·读书·新知三联书店，1989 年版，第 136—137 页。

而不是风流。无疑，这段解释以佛家的意趣为依归。据此以观，宗旦置身于茶道的贫困之中，能体悟和说出闲寂的真义谛，的确难能可贵，不失其祖父遗风。

看来，要理解茶道、理解“茶禅一味”，理解千利休和千宗旦，以及别的茶道大师，是离不开“闲寂”的。闲寂是茶道的灵魂，不仅代表了茶道审美的最高境界，而且也完美地代表和体现了茶人——特别是作为宗教徒的茶人——的道德生活。我想，正是因为这样，铃木才说出了掷地有声的这句名言：

> “闲寂，是美、道德与灵魂的融合。”①

在日本的茶道史上，茶人常以神话中的太阳女神——“天照大神”为闲寂的代表，是颇值得玩味的。正如前文中所提到的，至高之茶人超越了物俗的限制，摆脱了居室、器具与饮食之累，只有谨慎、勤勉，永不懈殆的平实的真精神留给人间，他早已心超物外，返璞归真，与“天照大神”② 合为一体。这大概就是茶道藉闲寂所表达的最高理想。千利休是茶道的这一最高理想的代表。

利休不啻注重茶人的心理世界或精神世界，还特别结合自己的亲身体验论述了茶人精神世界与茶道的规则法式之间的关系，提出了茶道“以规则法式为台阶（……）登上更高境界”的重要观点，进一步凸现了佛心与茶道不二的“茶禅一味”的至极致美之境。他说：

> “……以台子茶为中心，茶道里有很多点茶规则法式，数也数不清。以前，茶人们只停留在学习这些规则法式上，将这些作为传代的要事写在

---

① 铃木大拙著：《禅与日本文化》，陶刚译，北京：生活·读书·新知三联书店，1989年版，第137页。

② 在铃木的论述中，好像是有意回避了“天照大神”的性别，因为他是一位佛教徒，若照女神看，则似乎易使人想到性，故他只是强调茶人同自然化为一体，而避免讲成茶人与天照大神的融合。这种隐曲和微妙之处是颇有意思的。

秘传书上。我想以这些规则法式为台阶，立志登上更高一点的境界。于是，我专心致志参禅于大德寺、南宗寺的和尚，早晚精修以禅宗的清规为基础的茶道。精简了书院台子茶的结构，开辟了露地的境界，净土世界，创造了两张半榻榻米的草庵茶。我终于领悟到：搬柴汲水中的修行的意义，一碗茶中含有的真味。”①

我们知道，利休出自绍欧门下，早就是名声显赫的“茶头”，又是各种茶会及点茶的指导，对于数不清的点茶规则法式十分熟悉，特别是他对于乃师绍欧在以追求茶道器具的感性美的基础上极力发展茶道的形式，对茶道器具的比例、秩序、形状与感光度等都做出了一种定格的规定是有强度的感受的。因此，他能在亲身体验中，充分地认识到这些作为茶道形式的规则法式的烦琐与矫情，对于人的危害。他目睹了“茶人们只停留在学习这些规则法式上，将这些作为传代的要事写在秘传书上”。在他看来，这种徒求形式而不讲精神（道）的发展趋势，对茶道是十分危险与不利的。任其发展，结果就是招致茶道的堕落与毁灭。因此，必须扭转之、疏导之，必须把点茶的规则法式引向茶之道，引向茶的精神或灵魂。所以说：“一宇草庵，两张座敷，佗茶之道足矣。”②

千利休死后，他的后人继承了他的茶道，除了其长子千道安（千道安流祖）与次子千少庵（千少庵流祖）开创茶道流派之外，其他谱系的尚有细川三斋（三斋流祖）、织田有乐（有乐流祖）、古田织部（织部流祖）、薮内绍智（薮内流祖）四人所开创的茶道流派。这些流派在日本茶道史上均产生过一定的重要影响。后来，千少庵之子千宗旦的三个儿子各自开创了一个自己的茶道流派：二子宗守开设官休庵，称武者小路家；三子宗左继承了（千利休传下

---

① 藤军著：《日本茶道文化概论》（千宗室审定），北京：东方出版社，1992年版，第67页。这段译文原出自《南坊录》，但在伊藤古鉴著《茶和禅》（冬至译，张哲俊审译）一书中的译文与此差别较大。特别是最后一句完全不同。伊著中的此句为：“一宇草庵，两张座敷，佗茶之道足矣。”（见该书页89）

② 〔日〕伊藤古鉴著：《茶和禅》，冬至译，张哲俊审译，天津：百花文艺出版社，2005年版，第89页。

来的）不审庵，称表千家；四子宗室继承其父的今日庵，称里千家，形成了“千三家”流派，并在其发展中流行与扎根于民众之中，因此而使茶道成为日本国民精神生活的一种崇高和重要的讲求目标。利休之功不可不谓大矣。

七、“美人”之死

当利休目睹茶人们只停留在学习茶道的规则法式上，并将这些东西作为传代的要事写在秘传书上的时候，他已隐然有一种忧虑。因为如此这般徒求茶道形式而不讲精神（道）的发展趋势，对茶道是十分危险与有害的。其结果就是必然招致茶道的堕落与毁灭。所以，利休的忧虑并非多余。尽管利休生前能支撑茶道的健康发展，但是却无法在死后掌控与挽回茶道的颓废与衰败。很不幸的是，利休对茶道的忧虑变成了令人感伤的现实。事实上，利休之后的茶道精神果然走向了歧途而趋于堕落了。

时至 20 世纪，川端康成面对茶道的颓衰，无限感慨，诉诸笔端，创作了小说《千只鹤》，以东方美女之死暗喻茶道的衰亡。其实，东方美女之死的悲剧早在利休死后便已经注定了。

首先，利休的弟子以及再传弟子们有违师训，纷纷自立门派，置茶道的精神于不顾，而把目光专注于茶器具的形式上，他们要么擅自决定自己所标榜的流派的茶器具形式，要么妄自议论对于茶器具的鉴别，要么妄称陈旧的茶器具为“名物”、甚至“大名物”，以便待价而沽。对于日本茶道史上杀弟以易茶箪的悲剧置若罔闻。众所周知，在日本茶道史上出了一位名叫大友宗麟的人，他酷爱茶器。他有一个弟弟叫大内义长，是毛利元的敌人大内义隆的继承人，手里有一个珍贵的茶盒。毛利元与大内义隆正在打仗。当毛利元在长门胜山攻打义长的时候，派人去问大友宗麟：“救你弟弟呢，还是杀你弟弟?”宗麟回答说：“我只要得到我弟弟的那只茶箪，杀了他也行。”于是，毛利元就照宗麟说的，杀了义长，夺取了他的茶箪送给宗麟。后来，这只茶箪被献给了夺得天下的丰臣秀吉。这件事是茶道的不幸，引发人的深思。安积澹泊在其《澹泊史稿》中写道：

> 茶箪乃一小器，却系宗社盛衰。元就视之瓦砾，宗麟重于骨肉。一兴一衰，以此为悟。①

然而，后人并未“以此为悟”，吸取教训，照样看重“大名物”胜过人间之情。因为人心已经变成了“毒器”。千宗旦指出：

> 一心之器，非人陶铸而造……己之烦恼云起，蔽却真如之光，因五尘所污而生情欲，发贪、嗔、痴三毒，遂将清静之心变成三毒之心。②

可见，茶道断失，后世之茶人多已掉进了“三毒之心”的陷坑，对社会造成不良影响。尽管千宗旦同时谆谆告诫人们：

> 禅茶之器物，非美器，非宝器，非古器。以圆虚清净之心为器。以此清净一心为器，乃禅机之茶。世间所赏名物茶器不足为贵。啜一盅茶，为何要购无价之器？藏于宝库不为宝，于道更无益。怀小人货，常为招灾之媒体。老子曰：“不贵难得之货，使民不争。”不论器物好坏，断除善恶邪见，于己之心索得实相清净之器。③

然而，这暮鼓晨钟般的声音早已被贪、嗔、痴三毒所掩蔽了。宗旦的良苦用心也都白费了。这殊为可叹！

其次，茶屋设计观念的商业化与媚俗。依利休大师的观点，草庵茶——茶

---

① 〔日〕伊藤古鉴著：《茶和禅》，冬至译，张哲俊审译，天津：百花文艺出版社，2005年版，第172页。

② 千宗旦著《茶禅同一味》，引自〔日〕伊藤古鉴著：《茶和禅》，冬至译，张哲俊审译，天津：百花文艺出版社，2005年版，第175页。

③ 千宗旦著《茶禅同一味》，引自〔日〕伊藤古鉴著：《茶和禅》，冬至译，张哲俊审译，天津：百花文艺出版社，2005年版，第171页。

道——的本质是体现清静无垢的佛陀世界，是佛却尘芥，是主人与客人互换真心的处所，也就是追求“茶禅一味”的精神之美的神圣之地，所以称为“露地”。“露地”原来是出自《法华经》的一个名词，与“道场”一词同义。依宗旦的解释：“原意之露地，露为训读，地乃谓心。此乃显露自性之意。断一切之烦恼，露真如实相之本性，故称露地。”① 利休有歌曰：

露地之表　犹如松叶
不见纤尘　清净无染②

可见，体现茶道精神的茶屋乃是一尘不染的清净之地，是人们修身养性，呈露自性而提升生命价值与境界的“道场”，因而成了人们的灵魂的避难所与洞天福地，同时也成了人类文化的一种教养的工具。然而，这一切都已事过境迁，面目全非！难怪宗旦说：“现今之世俗，称茶事之庭院为露地，实乃与露地本意相去甚远。”③ 现在的茶屋设计首先是从招来顾客出发的，而不再考虑茶道的精神。茶道早已变成了赢利之道。如何使客人满意，能赚到足够多的钱，成了设计与布置茶屋的最高原则。因此，茶道的宗教、哲学与美学的精神被媚俗的商业哲学与美学精神与世俗的恶趣所取代了。

再次，茶人布置茶室以贵为高，以曲为美的心态与行为完全背离了利休茶道的精神。在茶屋里，壁龛（床之间）本来是祭祀神佛之处，或供奉代表佗之精神的茶道的神圣处所，现在却被改变得小巧化了；本来在壁龛上放置一束鲜花，是为了显示一种清幽的趣味，但是随着壁龛的改变，这种审美趣味业已成为明日黄花；从前那种以匠心而精心制作的壁龛的立柱也已易主，不是被弯弯曲曲、奇奇怪怪的半朽老木所“接替”，就是被十分贵重与远道而来的“舶

① 千宗旦著《茶禅同一味》，引自〔日〕伊藤古鉴著：《茶和禅》，冬至译，张哲俊审译，天津：百花文艺出版社，2005 年版，第 180 页。
② 〔日〕伊藤古鉴著：《茶和禅》，冬至译，张哲俊审译，天津：百花文艺出版社，2005 年版，第 181 页。
③ 千宗旦著《茶禅同一味》，引自〔日〕伊藤古鉴著：《茶和禅》，冬至译，张哲俊审译，天津：百花文艺出版社，2005 年版，第 180 页。

来木”所取而代之；茶屋墙壁的装饰也特意要挑选从遥远的地方运来的泥土为涂料，而且要把墙壁中的麻刀暴露于外，否则，就要在墙上涂上五颜六色的花纹，借以表现、张扬出所谓“茶道”的丰富的审美趣味。茶屋表面上看上去朴素高雅，实际则极其豪华奢侈。

茶室本为“自心”，茶人居之，无内无外，无是非之想，不起妄念，故得实相清净之心，真空妙有之相。宗旦说：“又，茶室别称，比为自心。佛语云，世界非世界。应无所住而生其心。”① 依据《金刚经》之意，如果只能以分别之心或分别智看世界，则世界非世界，即世界不是真实的世界；如果心有所住或所止，则不离是非，不去执着，那心永远只是虚妄之心。只要此虚妄之心不去，则本心本性永无呈现之日。对此，泽庵禅师在《不动智妙神录》中写道：

> 万事之行，不生欲行之心。若生，心便止于其事。因此，应无所住而生其心。若于生心之处止心，手亦不行，若行，便止其处。心生其处，同时而不止其处。（是）为诸道名人所说。止心生执著，堕轮回。止心为生死符。看花红叶绿，生看花红叶绿之心，看花红叶绿之心却不止花红叶绿也！慈圆有歌道：
>
> 柴门花香任其香
> 世人看此空遗憾
>
> 花无心地香着，我心停在花上注目看啊，身被香染，心却遗憾。所见所闻，心不留止一处，乃极致之事。②

这一精湛之论乃是对《金刚经》“应无所住而生其心”的阐释与发挥。禅

① 千宗旦著《茶禅同一味》，引自〔日〕伊藤古鉴著：《茶和禅》，冬至译，张哲俊审译，天津：百花文艺出版社，2005 年版，第 184 页。

② 〔日〕伊藤古鉴著：《茶和禅》，冬至译，张哲俊审译，天津：百花文艺出版社，2005 年版，第 185 页。

师明示："止心生执著，堕轮回。"故道"心生其处，同时而不止其处"，并以妙喻开示世人，看花红叶绿，生看花红叶绿之心，但是看花红叶绿之心不止于花红叶绿，这才是解脱之道。茶室应该是使人回到其"自心""自性"的处所——因为它本来就是"自心""自性"的所在，而不应该是引诱或诱惑人产生妄心执着的地方。现今的茶室极尽豪华奢侈与巧伪花哨之能事，使人"于生心之处止心"，"止于其事"，堕于轮回，严重背离了茶道，罪莫大焉。

最后，吃茶的人为了附庸风雅，有意要以从遥远的地方打来的水沏茶；有人特意在严寒中从温暖的地方取来款冬的花穗。具有简朴情趣的怀石料理——茶道中一种用温石来消除空腹的办法——只是徒具其表，其原有的茶道精神早已丧失殆尽。人们以追求和赏识不合季节的高价物品为时髦。几乎所有这一切，都使茶道的精神严重变质走味了。

对于茶室、茶具、仪轨、料理、服饰、品茗、待客与茶道的关系，泽庵禅师在其《茶亭之记》中有一精当之论，他写道：

> 以敬为礼之本，其用以和为贵。此乃孔子所立礼之用语，为茶道心法也。纵有公子贵人来坐，其交也为淡泊，且无谄事。即使晚辈来席，亦礼敬相待，且无怠慢。此谓空中有物，和而不流，久之犹敬。迦叶之微笑，曾子之一诺，真如玄妙之意不可说也！
>
> 建茶室，备茶具，仪轨、料理直至衣类，戒繁忌丽，虽用古具，心却常新。不忘四时风景，不谄、不贪、不奢，谨慎朴素，正直真实，是为茶道！
>
> 如此，则赏天地自然之和气，移山川木石于炉边，五行齐备矣。汲天地之流水而品风味，壮哉！乐天地中和之气，是为茶道！①

可见，茶室、茶具、仪轨、料理、服饰要不烦琐、不华丽。虽然可用古老茶具，但是不可止心于其上，而必须常转常新，复其本然。茶人贵在不谄、不

① 〔日〕伊藤古鉴著：《茶和禅》，冬至译，张哲俊审译，天津：百花文艺出版社，2005 年版，第 186 页。

贪、不奢，谨慎朴素，正直真实，待人平等，礼敬谦虚，和而不流，不忘四时风景，与天地合为一体。品茗之道则在于赏天地自然之和气，移山川木石于炉边，汲天地之流水，使五行齐备，求天人之谐一。其要在能乐天地中和之气。这是茶道的最高之心法。如有“迦叶”（慧心）之“笑”（意会心契），“曾参”（君子）之“诺”（兑现践履），则可莫逆于心。所以，禅师于此文之开端便道：“茶道以天地中和之气为本，乃治世安邦之风俗。”这一茶道已经从禅转儒，以孔子为宗。不仅阐明茶道与修身的关系，而且揭橥茶道与治世安邦的关系。因此，“内圣外王”尽在茶道之中。易言之，茶道乃内圣外王之道也。可惜，在这“无明”的时代与世界，人心昏昧，懵懂无知，弃正执邪，舍真求伪，废大道而持小技，趋繁逐丽，蛊惑世道人心，谋财赢利而害天下。

综上所论，不难看出，利休所追求的那种茶道的“更高境界”，在搬柴汲水中修行，除了生火、烧水、点茶、吃茶之外，别无他样，那种简朴与闲寂的“草庵茶”精神早已被抛诸九霄云外了。

其实，东方美人之死的悲剧不止出现于日本，而且也显现于中国。时至今日，中国茶道正在上演日本茶道被唯利是图的心智所吞噬的那一幕活剧了！君不见，假龙井、假乌龙与劣质的云南普洱茶等各种打出“名茶”头衔的歪货或水货，一个个活像腐败的党政官员乔装打扮成“为人民服务”的“公仆”，毫不害羞地以“君子”或“淑女”自相标榜，像应召女郎一样急于在大街小巷找到顾主；而本来是高尚休闲的文化雅园的茶馆，却变成了麻将声声，扑克纷飞的赌场，甚至成为赌徒们互相争吵与厮杀的战场与死地。茶道的如此走运，可谓触目惊心！问津茶道的人，感伤之余，已不免视茶道为明日之黄花了。①

八、拯救茶道②

日日是好日，唯是吃茶吃饭。

---

① 这段文字取自拙作《中国茶道与日本茶道》（未刊稿）。
② 这节文字取自拙作《中国茶道与日本茶道》（未刊稿）。

以茶代酒话沧桑，身体健康得乐安，“茶禅一味”指归趣，“和敬清寂”自笃行的岁月是无限美好的。在今天“唯物主义”至上和当令的时代，人欲横流，人的一切行为几乎都沦丧在功利主义的追名逐利之中了，茶中久已无禅，亦无“和敬清寂”，这就不能不令人愈发怀念与向往消逝在历史长河中的那些在茶汤中流出佛的精神、流出孔颜之乐、流出抱朴守拙之真、流出幽玄之美的岁月了！

无论中国茶道，抑或日本茶道，在动乱的历史与匆忙的人生旅程中，都为可怜的苍生构筑了美好而舒适的精神家园，成为东方文化的瑰宝，为了不让它在今日急功近利的经济大浪中毁于一旦，中日两国是不是应该携起手来，共同拯救茶道呢？

《自然国学评论》第三号
第 275 – 291 页

中西文化的本体论比较与国学知识体系模型建构

贾旭东*

摘　要： 通过中西方文化的本体论比较，可发现“国学”与“西学”的最大差异在于本体论不同，从而引出了完全不同的认识论、方法论和研究方法。基于此框架，本文提出了“中华学术范式”的概念及基本框架并与以科学为代表的“西学”范式进行了比较。进而构建了由三维球体全息模型和二维平面圆模型共同构成的国学知识结构体系模型，阐释了国学中不同学科间的异同、相互关系及学习国学的正确路径。同时，本文认为对“真善美”的向往和追求是“中学”与“西学”共同的目标，基于此认识及国学“体用”思想框架，构建了一个整合“国学”与“西学”的人类知识体系“中体西用”模型。

关键词： 中西文化　本体论　范式　国学　知识体系　国学知识体系模型

* 贾旭东（1972—），男，河北邢台人。兰州大学管理学院教授，管理学博士，传统文化践行者。研究方向：传统文化与企业管理、企业组织与战略、质性研究方法论等。

2017年1月，中共中央办公厅、国务院办公厅印发《关于实施中华优秀传统文化传承发展工程的意见》，这一里程碑式文件的发布标志着传承发展中华优秀传统文化正式成为国家意志，得到全社会的积极响应，进一步推动了近年来从民间自发兴起的“国学热”。

但迄今为止，政界、学界与社会各界对如何传承发展传统文化并未达成一致共识，其根本原因是，各界对传统文化的理解和认识存在巨大分歧，这从学术界围绕“国学”这一概念的争论就可见一斑。① 本文认为，造成这种分歧和争论的主要原因是：长期以来我们没有明确认识到“国学”与“西学”② 的本体论差异及由此带来的认识论、方法论及研究方法的差异，以致长期采用“西学”的范式进行“国学”研究，由此产生诸多误解。因此，本文尝试从本体论出发，对“国学”与“西学”进行初步的比较研究。

一、“国学”与“西学”的不同范式

1. 人类认识世界的基本哲学框架

人类如何认识世界？很多人马上会想到科学。当然，科学是当今人类认识世界的主要知识和方法体系。但科学研究方法（Method）有很多，不同学科方法不同，同一学科也有不同的研究方法，那么我们采用哪种科学方法来认识世界又是什么决定的呢？从哲学上来讲，指导人类如何运用特定的科学方法去认识世界的理论是“方法论（Methodology）”。方法论是一个方法体系，不同的方法论包含着不同的研究方法。也就是说，当我们采用某种研究方法去研究和认识世界时，指导我们如何运用这种方法的是该方法背后的方法论。那么，又是谁来指导方法论呢？或者，方法论很多，我们该用哪一种来进行研究呢？

---

① 围绕“国学”这一概念颇多争论，暂不就此做深入探讨，本文对“国学”的定义为：中国的“国学”即中国传统文化的知识体系。

② 与本文的“国学”概念相对应，这里的“西学”泛指西方文化的知识体系，其核心是现代科学知识体系。

决定方法论的是“认识论（Epistemology）”，而比认识论更高、进而指导认识论的，就是人类哲学最根本、最本源的理论：“本体论（Ontology）”。

本体论要回答这样一个根本性的问题，也是人类开始探索宇宙真相之前必须做出的一个基本假设：宇宙的本源是怎样的？精神世界和物质世界是否可分？基于特定的本体论，衍生出了与其相应的认识论，认识论要回答的问题是：人类是否能够认识世界？应该如何去认识世界？继而，在认识论基础上产生了与之相应的方法论，即：我们怎样用一个方法体系来研究和认识世界；最后，在方法论的指导下派生出具体的研究方法，人类开始运用这些研究方法，踏上认识宇宙真相的漫漫长途。本体论、认识论、方法论和研究方法的关系如图 1 所示：

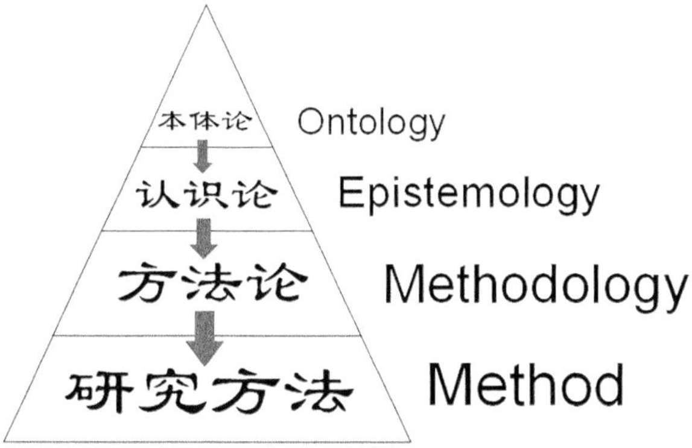

图 1　本体论、认识论、方法论、研究方法及其关系

不论东方文明还是西方文明，共同的追求都是认识宇宙真相，也都要通过本体论、认识论和方法论，才能到达方法层面，衍生出特定的方法和工具，开始对宇宙真相的研究和探索。而人类文明史上最大的遗憾和悲剧是，中国近代以来从西方引进了科学研究的方法、工具和技术，却忽视了追本溯源地探求这些科学方法与技术背后的方法论、认识论和本体论，并与自身的学术即“国学”相比较，找到二者之间的异同，近代以来中国人对“国学”最大的误解便由此而生！

2. "国学"与"西学"的本体论差异

基于不同的本体论，人类生发出不同的文明，"国学"与"西学"就是其中最重要的两大体系。二者根本的差异来自其本体论的不同，继而因本体论的不同而使得其认识论、方法论乃至研究方法都完全不同，形成了迥异的学术和思想体系。

"国学"的本体论是"心物一元"，即认为"心"（精神）与"物"（物质）二者是合一的、不可分割的，而且在一定条件下是可以对立转化的，表达这一思想最形象的图形就是太极图。在太极图中，阴（代表精神）和阳（代表物质）混合在一起，成为事物不可分割的两个组成部分，而且阴中有阳，阳中有阴，阴阳还能够相互转化。

"西学"的本体论是"心物二元"，就是假定宇宙由物质世界和精神世界两个部分构成，"心"（精神）和"物"（物质）是分割的、对立的，表达这一思想最形象的图形就是十字架，在十字架的图形中，上、下、左、右分得很清楚，代表着物质与精神的对立，而不能融合与转化。

图2　中西方文化本体论差异：太极图与十字架的比较

以前我们经常批判中国传统文化中的一些学说是唯心论，比如道家、佛家、阳明心学等，这些批判是没有认识到中西文化的本体论差异而产生的历史性误读，亟须纠正。唯心论、唯物论这两个概念是如何产生的？我们要首先将世界分成物质和精神两部分，才能讨论物质和精神哪个第一位哪个第二位。所以在划分唯物和唯心、提出这两个概念的时候，其本体论已经进入心物二元的体系——只有先把世界分成物质和精神，才存在哪个决定哪个、哪个第一哪个第二的问题。但在中国传统文化里，精神和物质根本就不可分、不能分、是一不是二。王阳明所谓“心外无物，心外无事，心外无理”，陆九渊所谓：“宇宙便是吾心，吾心即是宇宙”，都是对心物一元本体论的准确表达。道家所谓“道生一，一生二，二生三，三生万物”，佛家也一直强调自己是“不二法门”，认为“万法唯识”，而这个“识”是精神和物质合一而非分离的状态。

所以，道家、佛家、阳明心学既不是唯物论也不是唯心论，它们根本没法用“唯物论”“唯心论”这样的二元论概念来定义！“国学”里所谓的“心”和“物”与西方文化里的“物质”和“精神”根本是两个不同知识体系里的不同概念，其内涵完全不同，既不能简单套用，更无法简单比较。但近代以来，中国全盘接受了西方基于二元论的整个“西学”学术体系，然后用这个体系来研究和评判我们的传统文化，就产生了这样一个历史性的误读。

3. “国学”与“西学”的认识论、方法论与研究方法差异

“国学”与“西学”的本体论迥异，决定了其认识论的不同。“国学”的认识论是“整体论（holism）、系统论（system theory）”；“西学”的认识论是“化约论、还原论（reductionism）”。所谓“整体论、系统论”，就是儒家和道家都在讲的“天人合一”，这是心物一元的本体论决定的。既然心和物不可分，精神和物质不可分，那么我们就只能去整体地认识它。而西学的“化约论、还原论”是：既然已经在本体论那里把物质和精神分开了，那么就把物质世界和精神世界继续进行细分，细分到我们可以认识的水平后，逐一来进行研究，最后再把它整合到一起来认知完整的世界。所以，“西学”的认识论可以总结为四个字：解构还原，就是类似盲人摸象一样，先分工研究大象的不同部位，最后再把大家的认识综合到一起来认识完整的大象，这种认识世界的方式和国学是完全不同的。

认识论决定方法论，认识论不同，方法论自然也不同。本文认为，中国文化的方法论可以总结为“反求诸己”，而西学的方法论可以总结为“逻辑

外求”。国学为什么要反求诸己？因为心和物不可分，即我们内部的世界和外部的世界不可分，那我们只要回头研究自己内心的世界，就一样可以认识外部的世界。所以中国人研究宇宙的真相是从研究自身开始的，是内求的。但“西学”不同，因为在本体论那里就已经心物二分了，所以只能向外求，分别研究不同领域的规律——研究物质世界的科学家专门研究物质运动的规律，即物理学；研究精神世界的科学家专门研究精神运动的规律，即心理学。以科学为代表的“西学”还特别强调建构一套基于某一逻辑起点的理论体系，去认识和描述所谓的“客观真理”（在心物一元的哲学体系中是不存在所谓“客观真理”的，因为根本就没有主客观的对立和差别，主客观是合一的）。

方法论决定研究方法，从本体论、认识论到方法论都不同，“国学”与“西学”的研究方法当然差异很大。“西学”的方法论，是要通过建立科学的逻辑体系而向外研究，所以发明了一整套科学的研究方法以及相应的仪器、设备，通过运用外界的工具来研究世界，甚至连对人类精神世界的研究，即心理学的研究也都大量运用物质的仪器和设备，本文将其总结为“物化实证”四个字，即通过物理的、化学的方法，或者说采用物质化的手段、观察和实验的方法来认识世界。但在中国文化中，“心物一元”的本体论决定了，我们可以通过天人合一的返观内照来认识这个精神与物质不可分的、一元的世界，其研究方法就是：“禅定直观”，即通过禅定的方法①，把人自己的身心当作研究工具，向着人自身的内在世界去探索，以直观的方式认识完整的世界。

4. “国学”与“西学”的范式比较

美国哲学家托马斯·库恩（Thomas Kuhn）在《科学革命的结构》一书中提出了“范式”（paradigm）的概念。他对范式的定义是：一个科学家集团所普遍接受的共同信念，一种得到普遍承认的科学成就，它包括科学概念、规律、形而上学理论、解题模型、范例、应用及工具等等在内。本文引入范式的

① 这里的“禅定”泛指中国传统文化中儒、释、道、武、医各家所修炼的各种指向内在探索的心性功夫，非狭义的、佛家所谓的禅定。

概念，将其内涵拓展为包括本体论、认识论、方法论与研究方法在内的、某学科认识世界的基本框架与一系列基本假设的总和。

贾利军等基于国学中易文化的视角，创造性地提出了“东方科研范式”的概念并对其内涵、方法论等进行了深入讨论（贾利军、徐韵，2012）。笔者高度认同其观点，但认为“东方科研范式”的提法应稍做修正。首先，“东方”没有准确地表达出中国文化的空间范围，印度、日本亦可称“东方”；其次，“科研”一词源自西方科学话语体系，虽然容易让习惯了这一话语体系的读者理解，却无法体现出中国人认识世界和研究世界的方式与源自西方的科学不同。基于此，也基于“国学”就是中华传统文化的学术知识体系这一认识，本文将中华传统文化中由本体论、认识论、方法论和研究方法构成的这一体现了中国人独特的世界观和有别于西方科学范式的学术系统称为“中华学术范式”，简称“国学范式”。①

基于此定义，综合上文分析，我们对国学与西学进行范式比较，可以发现二者在每个层面上都完全不同。

表1 “国学”与“西学”的范式比较

	国学范式	西学范式
本体论	心物一元	心物二元
认识论	天人合一	解构还原
方法论	反求诸己	逻辑外求
研究方法	禅定直观	物化实证

因此，“国学”与“西学”是人类在探索宇宙真相的过程中所形成的两大完全不同的知识体系，虽终极目标相同，最终也必将殊途同归，但研究假设、

① 本文采用了源于西方哲学体系的“本体论”“认识论”“方法论”和“研究方法”这一框架，是为了便于将国学放到一个与西学同等的哲学框架中进行比较，类似科学研究中常见的固定一个变量而进行另一变量比较的做法，实属不得已而为之。中华传统文化自身的基本哲学框架应为“体”“相”“用”，因其与西方哲学框架完全不同，难以用其对国学和西学进行直观的比较，故本文暂未采用此框架，特此说明。

路径和方法，即研究范式完全不同，我们不能用其中一个体系的概念和理论来简单评论另一个体系。

二、“国学”知识体系结构模型构建

1. “西学”的树状知识结构

“西学”是从“心物二元”的本体论而展开、生发出的一套学术体系，从将宇宙的本源分为物质与精神二元开始，基于“化约论、还原论”的认识论而不断细分，产生了整个的西方学术传统和知识体系，以科学体系为核心和代表，目前已成为人类主流的知识体系，其基本形式是一个树状结构，如图 3 所示：

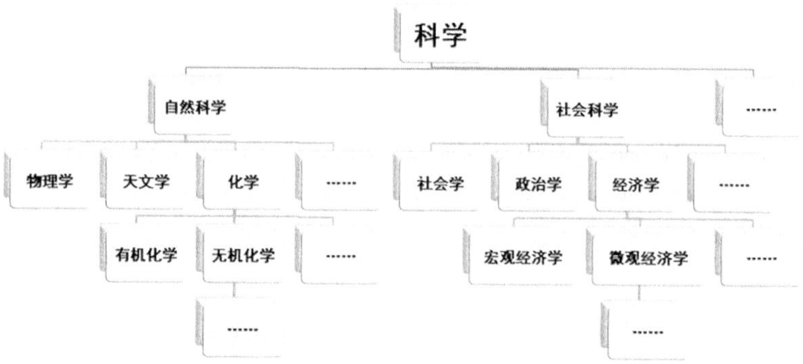

图 3　科学知识体系的树状结构

按照一般的学科分类，科学这一学科可分成自然科学、社会科学、思维科学、哲学、数学五大门类，每一门类又会进行细分。在我国，这种不断细分的结构体现为：从各门“一级学科”细分到“二级学科”，再继续不断细分下去。如自然科学再细分为物理学、天文学、化学等等，化学又分为有机化学、无机化学等；社会科学也细分为社会学、经济学、管理学等；经济学再分宏观经济学、微观经济学等；管理学再分公共管理、工商管理等。

现在全球的大学和科研机构开展科学研究与教育教学都建构在这样的学术体系和知识结构之上，整个中国的大学体系和科研体系架构也都来自近代以来全盘引进的这样一套“西学”知识体系和研究方法体系，这种知识结构体系是“西学”基于还原论的认识论所产生的，其背后的本体论正是“心物二元”。

2. “国学”知识体系结构模型构建

“国学”从本体论开始就与“西学”不同，这决定了中国传统文化的知识结构体系与“西学”完全不同。① 但由于近代以来的“西学东渐”，连中国人自己都完全忽视了这个根本性的问题，因而产生了很多对中国传统文化的误解和误读。为更加形象地表达“国学”与“西学”的差异并体现“国学”知识结构的特点，本文尝试构建了一个“国学”知识体系结构模型，如图 4、图 5 所示：

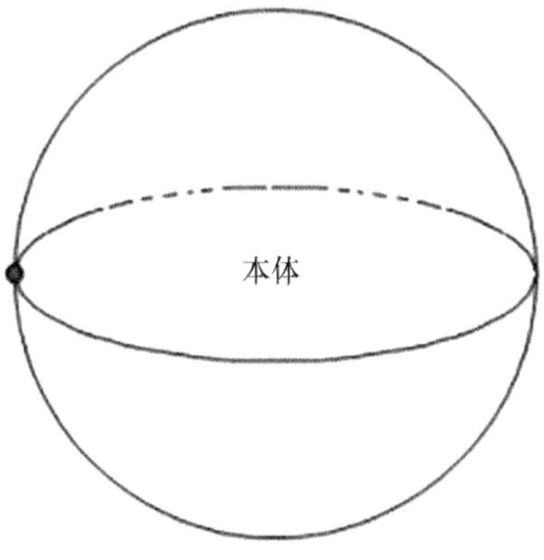

图 4　国学知识体系三维球体模型

从图 4 可以看出，如果国学有知识结构的话，那么这种结构不应是树状结构，而应当是一个三维的球形结构。这个球形结构的核心就是那个心物一元的

---

① “结构”本身就是解构还原而产生的概念，但与前文类似，为在同一话语体系中对国学与西学进行直观的比较，本文不得已采用了“知识结构”这一来自西学的概念。

宇宙本体。虽然国学里把这个本体叫作“心”，但这个“心”不是心物二元的“精神”，而是心物一元、“心外无物”的那个“心”。当然，既然心物一元，也可以说它就是那个“物”。

儒释道各家都用了不同的语言来表达和描述这个一元的本体。儒家经典《大学》讲“大学之道，在明明德”。所谓“明德”就是人人都有的那个“光明的德性”，就是儒家所表达的那个心物一体的本原。它本来就是光明无限的，这也就是阳明心学所说的“心外无物”的那个“心”、那个“不善不恶心之体”的“体”。为什么“不善不恶”？因为“善、恶”就是二元，而本体是一元的，不能二分。在道家，这个本体就是“道”，万物皆从道中生出，而道又无形无相、无所不在，所以“道生一”、“无中生有”。在易学，这个宇宙的本体就叫“无极”，“无极”生“太极”，宇宙万物都是从这个一元的本体生发出来的。用佛家的语言来讲，这个本体叫作自性，也就是禅宗“明心见性”的那个“性”，中国禅宗六祖惠能大师说：“何期自性，本自清净；何期自性，本不生灭；何期自性，本自具足；何期自性，本无动摇；何期自性，能生万法。”这个本体本来清净、一即一切，没有生灭、动摇，世间万物皆是这个本体的作用，或者说是这个“体”所现的“相”。

中华传统文化最终的核心和归宿都是为了让人们认识到、回归到这个本体，所以整个的学术和知识体系、儒释道武医各家的理论全都围绕它而展开，这与西方文明是根本不同的。因此，这个三维球体模型既适用于儒家，也适用于道家、佛家、易学和心学，尽管在他们的知识体系里，这个球心的名称不同。因此，该球体模型是一个全息球体，它也不二，一即一切，它既可以代表儒家的知识体系，也可以代表道家、佛家、易学、心学的知识体系，同时各家的知识又并行而不悖，可以相互诠释和印证。如图 5 所示。

如图 5，我们以全息的多个三维球体结构代表传统文化中各分支对该本体的不同表述和共同认识、以及其学术体系导归同一本体的共同取向。这样的三维模型能够表达出传统文化各分支“一即一切”的知识体系及其相互融合的共性特点，却不易表达出各学科间的差异与不同，因此，我们不得已再建构一个平面模型来表达，如图 6 所示。

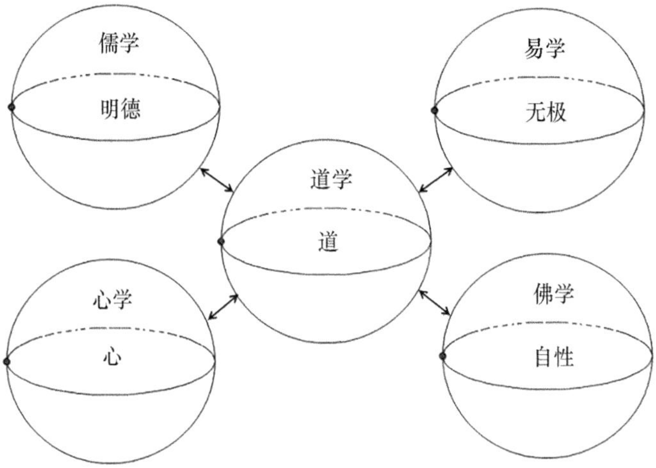

图 5　国学知识体系全息模型

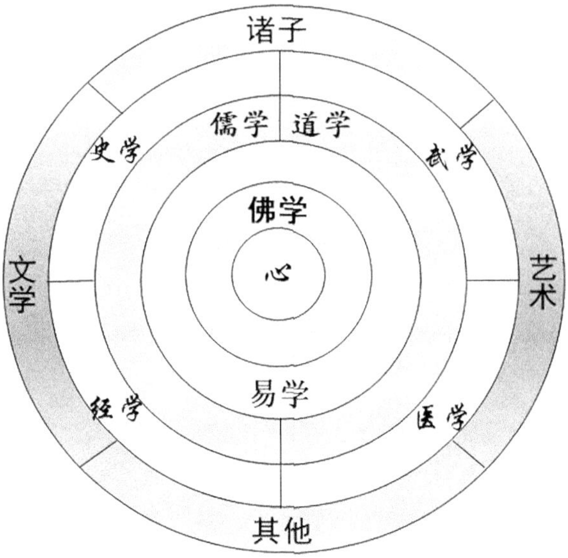

图 6　国学知识体系结构二维平面模型

图6是一个二维圆形的平面模型，其圆心就是各学派共同认知的这个“心物一元”的本体，称为“明德”“无极”“道”“心”“自性”，等等。根据不同学科的知识体系中对该本体论述的全面深入程度，或者说根据其理论距离认识这个本体的知识跨度，“国学”各学科的知识围绕该本体如涟漪状渐次展开。

离本体最近的，能够把这个本体认识得最完备、最全面的一套理论，笔者认为是佛学，尤其是佛学中的唯识学。从本体往外第二圈是易学，也是跟这个本体最接近的、最完备、最全面的一套理论。易学其实与佛学完全相通，所以明代的佛门高僧蕅益大师曾以禅解易，易家也有以易解佛法之学。本文之所以把佛学放到更接近本体的位置，是因为佛学的理论体系更加完整、内容更丰富，而易学则更加抽象，但实际上二者是完全相通的。再往外扩展，易学是儒家道家共同的经典，也是儒学和道学最根本的学问，所以从易学再生发出儒学和道学。但儒道两家学问的研究对象稍有不同，按照南怀瑾先生的阐释，如果说儒家更多是在研究人与社会的关系的话，那么道家则是更多研究人与自然的关系。

往外再展开一个大圈，就有了“经史子集”里的“经学”、“史学”和“武学”、“医学”。“经学”以儒家经典为主，而“史学”是把儒家的经学拿来研究历史，让人看到经典在历史中的运用和权变，体现了儒家“经世致用、内圣外王、修齐治平”的思想，让人既懂得通权达变又不失中道，不至于变成“腐儒”、“小人儒”和“学究”。道学的核心是研究人与自然的关系，直接延伸出来的学问就是“武学”和“医学”，它们虽应用领域不同，但都以人的身心、生命为研究对象，其实这是中国人的生命科学。再往外延伸，就有了诸子百家、文学、艺术等更多的知识，包括“经史子集”里的“子”和“集”，再加上其他方面的知识和学问，如琴棋书画诗酒糖茶之类，也都是传统文化知识体系中不可分割的部分，为表达简单起见，不一一列出而以“其他”代表。

当然，这样的划分是不得已而为之，是为了便于理解和把握国学各家学问的共性和个性，实际上“国学”中的每一学科，哪怕是文学、艺术，都是

“一即一切，一切即一”，所谓“文以载道”“书以载道”，它们全都是一体和全息的，都符合图4 和图5 的三维球体全息模型。因此，把图4、图5、图6 三个图放到一起，既有2 维平面图、又有3 维立体图，就能够对国学知识体系的整体特征及其结构有一个比较全面的认识。

三、国学的“体”“用”及中西文化的关系

1. “体”“用”与国学学习的正确路径

比较图3 与图4、图5、图6 可以很清楚地看到，“国学”的学问或知识体系与不断细分的“西学”完全不同。而且，“国学”的学问自古就有“体”“用”之分，“体”就是这个心物一体的本源，而其他所有的学问、学术、知识，都是从这个“体”生发出的“用”。如图7 所示：

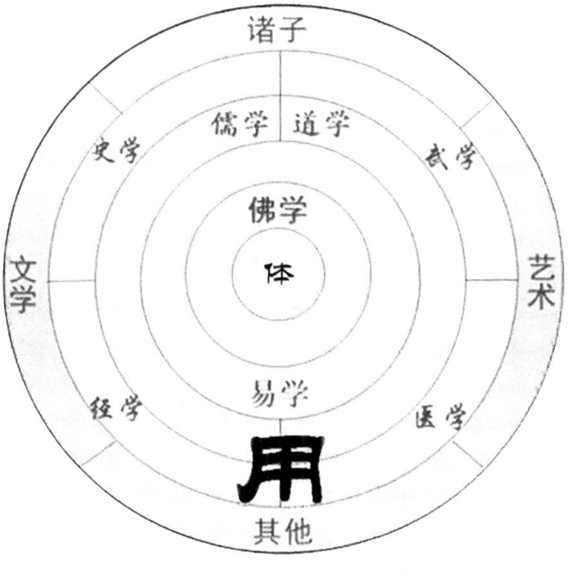

图7　国学知识体系体用模型

如图7，研究和学习中国传统文化，从任何一门知识甚至技艺都可以入手。从学习诗词歌赋、琴棋书画入手，从学习中医入手，从研究儒家经典入手，从诸子百家的学问入手，都可以。但不论从哪一门学问入手，国学的最终目标一定是指向这个心物一元的本体，就是去认识这个“道”、认识这个“心”、认识这个“无极”，追求“得道”“明明德”“明心见性”。真正在身心上直观体验而非在头脑里理解知识地认识到了这个本体，学易者就“感而遂通天下”，儒者就实现了“内圣”，修道者就称为“得道”，佛家谓之“开悟”。

所以，基于“中华学术范式”的特点，学习国学的正确路径是首先从这个心物一元的本体下手——先实证这个本体，继而再去应用，即所谓“证体起用”，因为“体”为本“用”为末，“但得本不愁末”。当一个人认识到这个本体（这不是在头脑层面对知识的思考和理解，而是基于“中华学术范式”，以“禅定直观”的方法身体力行地直观体验，即达到所谓“知行合一”）时，国学的知识就能够融会贯通，因为它们是一体的，“一即一切，一切即一”，那时候所有的学问都成为“一”，琴棋书画、炒菜做饭无不是道，所谓“头头是道”。

2. 国学与科学的共同追求

前文比较了“国学”与“西学”在研究范式上的差异，但其终极目标是相同的——认识真理，这是全人类共同的追求。“西学”的核心是科学，人们进行科学研究的目标就是为了让人类更好地认识宇宙的真相，并造福人类，促进人类更好的发展进步。科学将其目标表达为追求“真、善、美”，与劳业辛等学者的观点不同，笔者认为“国学”也有着类似的追求，只是在自己的话语体系中与科学的表达方式不同：国学将求真的目标表达为认识“诸法实相”；将求善的目标表达为“止于至善”；将求美的目标表达为自性“本自圆满”，与科学的追求异曲同工，如表2所示。

表 2 国学与科学共同的追求：认识真理

科学的追求	国学的目标
真	诸法实相
善	止于至善
美	本自圆满

西方一些学者其实已经认识到了中西文化的共同目标、方法差异和殊途同归，卡普拉（Fritjof Capra）在其《物理学之道》一书中这样写道："在论及两个不同的世界的概念时，我的观点是只有一个世界……一个可畏和神秘的世界；但是，这一个实在具有多个方面，多个维度和多个层次。物理学家们和神秘主义者们涉及的是实在的不同方面。物理学家们探索物质的层次，而神秘主义者们则探索精神的层次。他们的探索的共同之处是，在这两种情况下，这些层次都超出了寻常感官的知觉……物理学家们借助于复杂的仪器探索着物质，神秘主义者们借助于微妙的沉思探索着精神。两者都达到了知觉的非寻常层次，在这些非寻常的层次上，他们观察到的图像和结构原则似乎十分相像。"

3. 人类知识体系的"中体西用"模型

那么，"国学"与"西学"作为中西方文化的产物，承载着中国人与西方人自古以来探索宇宙真相所积累的知识，其知识体系差异又如此之大，他们又如何能够统一在对真善美这样的共同目标的追求上呢？

笔者认为，面对共同的目标，"国学"与"西学"分别以不同的范式展开研究，体现了中西方文化不同的特点以及由此产生的中国人与西方人思维方式的差异，其分别构建的知识体系互有差异而又相互补充，这可以理解为中西方学术在追求共同目标的过程中所产生的不同分工。基于国学的"体用"思想框架，本文构建了一个人类知识体系的"中体西用"模型，以表达"中学"与"西学"的分工并将人类两大知识系统统一起来，如图 8 所示。

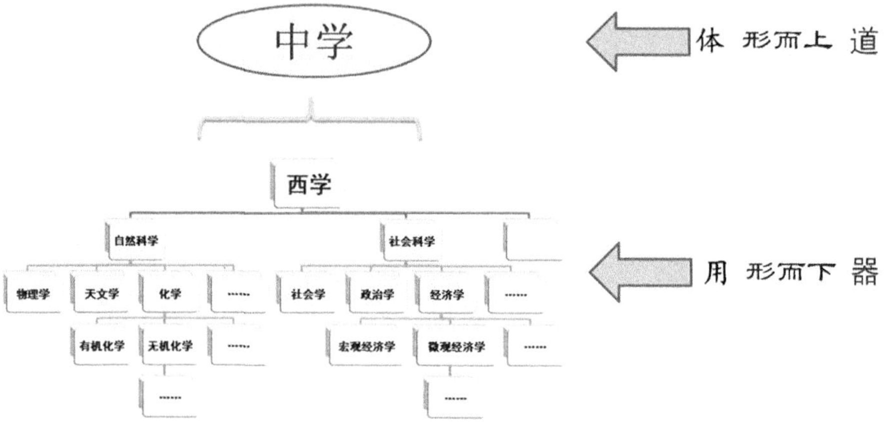

图 8 人类知识体系的“中体西用”模型

如图 8，因本体论的差异，导致中西方学术发展的方向不同，因而“中华学术范式”与西方科学范式不同。“国学”即“中学”更专精于研究“体”，因而很早就对宇宙本体有了非常深刻全面的认识。① “西学”则更擅长于研究“用”，因而发展出了分工越来越细密、体系越来越庞大的现代科学知识体系。以“道”“器”而论，“中学”更多研究了形而上的“道”，西学则更多研究了形而下的“器”，虽然两大知识体系侧重点不同、擅长处不同，但都是人类探索宇宙真相的文明精华，未来二者的有机结合，将构成人类对宇宙真相的完整认识。

四、结论、不足与展望

本文从中西方文化的本体论比较入手，指出“国学”与“西学”的最大

---

① 随着科学的发展，国学的本体论已逐渐得到以量子力学、弦论、全息宇宙论等现代科学理论相当程度的佐证，足见国学对本体问题有着超前的认识。

差异在于本体论不同，从而引出了完全不同的认识论、方法论和研究方法，使得“国学”与“西学”认识世界、研究世界的学术范式也完全不同。继而提出了“中华学术范式”的概念与基本框架，并与以科学为代表的“西学”范式进行了比较。进而，基于对中国传统文化“心物一元”本体论特征的认识和对儒释道等中华传统文化主要组成部分的理解，本文初步构建了由三维球体全息模型和二维平面圆模型构成的国学知识结构体系模型，阐释了国学中各不同学科间的异同及相互关系，对深入理解和认识国学知识体系的本质特征并更好地学习和掌握国学知识体系之精髓提供了有益的理论框架和方法指导。

同时，本文认为认识真理是人类文明终极的归宿，对“真善美”的向往是东西方文化的共同追求，也是“中学”与“西学”共同的目标。基于此认识，本文运用国学的“体用”思想、基于互补的视角，整合“中学”与“西学”，构建了一个人类知识体系的“中体西用”模型，表达了“中学”与“西学”在“体”与“用”、“形而上”与“形而下”、“道”与“器”上的分工合作关系，为全面理解东西方文化特点、消除东西方文化对立提供了理论工具。

中西方文化比较与国学知识体系构成是一个宏大的命题，篇幅所限，很多观点都未能充分展开，有待未来进行更加深入广泛地研究和论证。本文是对该研究的一次初步探索和一点粗浅认识，能力水平有限，以此求教于诸方家。①

---

① 参考文献：[1]〔明〕蕅益：《周易禅解》，武汉：崇文书局，2015 年版。[2]〔美〕库恩：《科学革命的结构》，北京：北京大学出版社，2003 年版。[3]〔美〕卡普拉：《物理学之道—近代物理学与东方神秘主义》，北京：中央编译出版社，2012 年版。[4] 孟祥飞：《东方文化的本体论追求与管理理论的文化向度》，《理论前沿》，1997 年版。[5] 贾利军、徐韵：《东方科研范式解读：基于易文化的视角》，南京：南京社会科学，2012 年版。[6] 李禹阶：《中国传统文化的方法论研究》，《重庆师范大学学报》（哲学社会科学版），1991 年版。[7] 劳业辛、劳承万：《心性文化与真善美：中西文化形态之大别》，《学术研究》，2013 年版。

自然国学评论

跨文化视角

《自然国学评论》第三号
第 295 - 336 页

从中印交往的角度看中国文化的独特性

张思齐*

摘　要：中国文化具有独特性，内丹是中国文化独特性的突出标志。在中国的内丹与其他各国的文化联系中，人们最容易发生的认识之偏差是内丹与印度文化的联系。引发这种认识偏差的原因有主要有三端。其一，中印两国都位于亚洲，而且两国文化交往甚早。其二，印度种植棉花甚早，中国以大棉花业著称，中国因人口多而需要向外国引进作物品种，这也导致认识偏差的发生。其三，佛教传入中国甚早，这也导致许多人错误地以为，中国文化的某些领域为印度文化所框定，中国文化的某些性质是印度文化的衍生。在中印文化都得到充分的了解之前，就断言棉花从印度传来，棉纺技术由印度传来，就否认道教曾经西传印度，就以为内丹术与印度文化有关联，显然不恰当。

关键词：中印交往　内丹修炼　中国棉业　中国佛教

* 张思齐，武汉大学文学院教授、博士生导师；中国诗经学会理事、中国屈原学会理事、中国比较文学学会理事、中国韵文协会理事、中国外国文学学会东方文学研究会理事。1950 年生于重庆市，1982 年毕业于重庆师范大学外语系，获学士学位。1987 年毕业于四川大学外文系，获硕士学位（朱文振先生指导）。1992 年毕业于复旦大学中文系，获博士学位（顾易生先生指导）。1976—1977 年在剑桥大学东方学部访学，主攻唐代文史。2003 年至 2004 年在哈佛大学东亚语言与文明系访学，主攻宋以来的中国历史文化。

一、中国文化独特性的标志是内丹

中国文化具有独特性，内丹是中国文化独特性的标志。

文化，一般而言，是人类在社会历史发展进程中物质财富和精神财富的总和。文化，特殊而言，特指精神财富，如文学、艺术、科学、教育等。在历史学的考古学这一学科分支中，文化指同一个历史时期的不以分布地点为转移的遗迹和遗物的综合体。同样的工具和用具、同样的制造技术、同样的作物栽培技艺等，就是同一种文化的特质。在我国有良渚文化、仰韶文化、龙山文化等，它们是中华民族的骄傲。

在汉语语境中，文化与文明这两个范畴有一个交集，即文治教化。《全唐诗》卷四一卢照邻《中和乐九章 · 总歌第九》：

> 明明天子兮圣德扬，穆穆皇后兮阴化康。登若木兮坐明堂，池濛汜兮家扶桑。武化偃兮文化昌，礼乐昭兮股肱良。君臣已定兮君永无疆，颜子更生兮徒皇皇。若有人兮天一方，忠为衣兮信为裳。餐白玉兮饮琼芳，心思荃兮路阻长。①

在卢照邻的《中和乐九章 · 总歌第九》诗中，“文化”与“武化”对举，文化指文治教化之意味至为明显，同时，在这里文化也具有文明的意思。《尚书 · 舜典》：

> 曰若稽古。帝舜曰重华，协于帝。濬哲文明，温恭允塞。玄德升闻，乃命以位。慎徽五典，五典克从。纳于百揆，百揆时叙。宾于四门，四门穆穆。纳于大麓，烈风雷雨弗迷。②

① 清 · 扬州书局编：《全唐诗》，上海：上海古籍出版社，1986 年版，第 132 页。
② 周秉钧注译：《尚书》，长沙：岳麓书社，2001 年版，第 7 页。

西汉伏生所传今文本《尧典》包括《舜典》在内。后来出现的《古文尚书》，将今文本《尧典》分作《尧典》和《舜典》两篇。上引文字为帝尧称赞帝舜的话。在《尚书·舜典》中，“文明”之后有一连串的描述。这些描述，讲的都是实施文治教化之后所出现的美好情形。在这里，文明指文治教化之意味至为明显。《钦定书经传说汇纂》卷二《舜典》：“因言其目，则深沉而有智，文理而光明，和粹而恭敬，诚信而笃实。由此四者，幽潜之德。上闻于尧，尧乃命之以职位也。”①同时，我们也看到，从帝尧的形象看，他毫无疑问是一个文化人。这就告诉我们，文明也有文化的意思。

以此之故，“文化”和“文明”这两个词经常互换使用。在历史学家的语汇中，文化与文明是两个联系紧密的词。一般说来，中国史学家们所说的文化（culture），西方史学家们往往用文明（civilization）来表达。以上系就一般的情形而言。英文单词 culture，来源于拉丁语的 cultura，意思是对土地的耕作栽培。英文单词 civilization 来自拉丁语 civilizatio，意思是开化的情形。在其他西方语文中，“文化”与“文明”这两个词的使用情形，与英文大致相同。至于开化的程度，从根本上说，还是取决于一个特定的民族、国家、时期总体上的文化。故而，即使在西方语文的文献中，文化和文明依然存在着交集，故而也就难于断然地将它们分开。因此，我们看到西方学者也有混用“文化”与“文明”这两个词的情形。为了论述方便，以下将“文化”与“文明”当作同义词来使用。

以中国为研究对象的学者统称为汉学家。由于道教是中国文化的根底，故而汉学家或多或少都对道学有所研究。由于西方汉学侧重范畴的阐释和命题的演绎，故而它具有很强的逻辑性，且与自然科学联系紧密，能够为我们提供较多的参考。李约瑟（Joseph Needham，1900—1995 年）指出，西方汉学实际上开始得很早。他写道：“两种模式都同古代的幻方有联系：伏羲八卦同‘河图’有联系，文王八卦同‘洛书’有联系。但这里对我们来说要意味深长得

① 摛藻堂编：《钦定书经传说汇纂》，长春：吉林出版集团有限责任公司，2005 年版，第 101 页。

多，伏羲八卦总是称为‘先天’，而文王八卦总是称为‘后天’。”①李约瑟是在充分地认识西方汉学史的基础之上来谈论中国文化的独特性品格的。在李约瑟看来，西方汉学的起点不必局限于以文字记载的年月，而应当以“先天”和“后天”这两个范畴的出现为起点。换言之，西方汉学的起点与文明的起始一样早。当西方人的头脑中有文明的观念的时候，实际上汉学就已然开始了。这是因为，文明这一概念导致西方学人日益趋近于中国的学术，并最终挺进道学的领域。

中国文化博大精深，除了别有用心者之外，这一点谁都不会否认。不过，在世界文化体系中，中国文化究竟处于什么样的位置呢？这一点却鲜有人予以明确的回答。在李约瑟之前，不少西方学者试图回答这个问题，但是他们的回答不够令人满意。这是因为，延续至今的世界各国的文化，可以说都是博大精深的。这还因为，即使那些已经消亡的文化，从其留下的历史遗迹来看，也都令人浩叹，也可以谓之博大精深。比如，在中美洲，玛雅人创造的文化于西元四至十世纪达到顶峰。他们那灿烂的艺术与原始的农业形成鲜明的对比。在原始森林环绕的育喀坦高原上，玛雅文化宛如一颗熠熠生辉的明珠。玛雅人在金字塔形状的台基上建立了石头的庙宇，庙宇里还有装饰性很强的雕塑。这些可谓博大。在玛雅人的成就中，最令人惊异的是一套图画式的书写系统，其大部分至今尚未破解。这些可谓精深。然而，金字塔埃及有。图画式的书写系统，在古代的埃及有，在中国则更多。就汉字而论，象形是汉字的六种构造原则之一。所谓象形，就是图画式的书写。我国的纳西族信奉东巴教，因纳西语称巫师为“东巴”而得名。东巴教的经典统称东巴经，而东巴文就是书写东巴经的文字。东巴经的99%用图画文字写成，其余是用一个字表示一个音节的象形文字书写。与玛雅文化（Mayan culture）相似，出现在非洲的埃及文化（Egyptian culture）、中东的巴比伦文化（Babylonian culture）、地中海的爱琴文化（Aegean culture）、意大利半岛的维兰诺威文化（Villanovan culture）等，都是博大精深的文化。尽管如此，它们却也有许多类似之处，就其独特性而言，

① 〔英〕李约瑟著：《中国科学技术史》第五卷，《化学及相关技术》第五分册《炼丹术的发现和发明：内丹》，鲁桂珍协助、邹海波译，北京：中国科学出版社，2011年版，第xix页。

并不十分地突出。

那么我们不禁要问，在这各种文化林林总总、百态纷呈的世界上，究竟哪一种文化最为独特呢？李约瑟认为，中国文化最为独特。为什么中国文化最具有独特性呢？这是因为，中国文化最早地直指生命。中国文化用最多的文献论述了生命，用最详尽的方式言说了生命。在中国道家看来，生命不仅仅是一个用于论辩的范畴，它还是一个具有可操作性的实体（entity）。人，这宇宙的精华和万物的灵长，可以把生命放在自己的手中揉捏、把玩、塑形、拉伸。简言之，中国文化的重要组成部分是对于生命的操作。

中国文化对于生命的操作，其直接的表现就是丹学。丹学分为外丹和内丹。较之外丹，内丹是更为根本地作用于人的生命、并取得了实实在在的效果之学问。不过，人们却有一种误解，误以为中国的内丹与印度文化之间具有联系。对此，李约瑟有过精辟的论述。李约瑟《作者的话》：

> 确实，中国内丹与印度思想及信仰有一些联系，然而他又很清楚地是它自身，而不是别的什么，其性质基本上是唯物的，因为它把令人长生不老的“内丹”（enchymoma）看作一种真正的化学物质，由人体的气液形成，也许是身心上的，但肯定不是单单心理上的。鉴于东西方灵修间的悬殊差别，探讨中国内丹需要有一个同情理解的飞跃，一种准备随时接受“彼”之新经验的态度，就像荣格（C. G. Jung）在我们扉页前一页上所引的那段文字中很清楚地看到的那样。①

李约瑟并不否认，在中国的内丹与印度的思想和信仰之间，有一些联系。尽管如此，他接着指出，内丹是它自身。这就意味着，就存在方式上看，内丹是一种独自的存在（by itself）。作为一种物质，内丹为其自身（for itself）。从本质上说，内丹就是内丹本身（in itself），而不是别的什么。就运动的方式来看，内丹的某些运动规律只能任其自行（of itself）。尽管自内丹的学说产生以

---

① 〔英〕李约瑟著：《中国科学技术史》第五卷《化学及相关技术》第五分册《炼丹术的发现和发明：内丹》，鲁桂珍协助、邹海波译，北京：中国科学出版社，2011 年版，第 xix 页。

来，人们对它有诸多的误读，然而内丹终究会归于它自己（to itself），相关的学说在不断地修正。内丹的学说有一条从出现，到发展，到成熟，到体系化，再到当今的不断科学化的发展路径。换言之，内丹是中国文化独特性的产物。这就是内丹，它不仅与印度文化有仿佛相牵连的关系，而且也与西方的灵修有仿佛相牵连的关系。就全球文化而观之，内丹与任何一种博大精深的文化都有仿佛相牵连的关系。只不过，中国的内丹与任何一种文化之间的联系都是非本质的联系罢了。这些非本质的联系之所以产生，其原因在于产生内丹的机制过于复杂，关于内丹的学说过于庞杂，内丹学说各派之间的关系过于繁杂。理解中国的内丹，需要研究者有一个同情理解上的飞跃。唯有如此，方不至于将它归诸迷信，方能剥离那一层层笼罩在内丹和内丹学说之上的面纱。

在中国的内丹与其他各国的文化之联系中，人们的认识最容易发生的偏差是内丹与印度文化的联系。那么，我们不禁要问，这种认识上的偏差怎么会发生呢？笔者以为，主要的原因有以下三端。

二、交往早而导致认识偏差的发生

中印两国都位于亚洲，而且两国文化交往甚早。

先看印度方面的记载。《摩诃婆罗多》2.23.16—18 写道：

> 但是，婆罗多族雄牛啊！大弓箭手阿周那把他们都打败了，并带着他们一同去征服东光国。人民之主啊！东光国有个伟大的国王叫福授，他和伟大的阿周那展开了一场大战。东光国周围有吉罗陀人和支那人，还有许多住在海边的战士。①

《摩诃婆罗多》是印度古代史诗，其成书年代在西元前 4 世纪至西元 4 世

① 〔印〕皮婆娑著：《摩诃婆罗多》第一册，黄宝生等译，北京：中国社会科学出版社，2005 年版，第 550 页。

纪之间，时间跨度八百年，历代有所补充，篇幅逐渐拓展。这是奥地利梵文学者温特尼茨（Moriz Winternitz，1863—1937 年）的看法，且已为多数学者所接受。《摩诃婆罗多》是史实与神话交织的作品，它反映的是西元前 4 世纪至西元 4 世纪之间印度的社会现实，以及印度人对现实的幻想，当时的印度属于农业社会。在这里，“支那（Cina）”是根据梵文读音而翻译出来的一个词语，与后来的 China 一词含义相同，不带贬义。由此可知，至迟在西元前四世纪，印度人已经了解中国了。还有许多住在海边的战士，这一句话值得注意。它告诉我们，至迟在西元前四世纪，已经有印度人到过中国的东海和南海之滨，他们看到过驻扎在东海和南中国海岸上的中国军队。军人驻扎在海岸上，目的有两个，一是捍卫陆地，二是捍卫属于自己国家的那一片海洋。既然要捍卫那一片海洋，那么就必然要捍卫位于那一片海洋中的所有岛屿。

再看中国方面的记载。《史记》卷六三《老荘申韩列传》：

> 老子者，楚苦县厉乡曲仁里人也，姓李氏，名耳，字聃，周守藏室之史也。孔子适周，将问礼于老子。老子曰：“子所言者，其人与骨皆已朽矣，独其言在耳。且君子得其时则驾，不得其时则蓬累而行。吾闻之，良贾深藏若虚，君子盛德，容貌若愚。去子之骄气与多欲，态色与淫志，是皆无益于子之身。吾所以告子，若是而已。”孔子去，谓弟子曰：“鸟，吾知其能飞；鱼，吾知其能游；兽，吾知其能走。走者可以为罔，游者可以为纶，飞者可以为矰。至于龙吾不能知，其乘风云而上天。吾今日见老子，其犹龙邪!”老子修道德，其学以自隐无名为务。居周久之，见周之衰，乃遂去。至关，关令尹喜曰：“子将隐矣，强为我著书。”于是老子乃著书上下篇，言道德之意五千余言而去，莫知其所终。①

老子是活跃于西元前 6 世纪至前 5 世纪之间的一位历史上实存的人物。请注意，这一段时间在中国为春秋战国时期，在印度为广义的印度河流域文明的

① 〔汉〕司马迁：《史记》，北京：中华书局，2006 年版，第 394 页。

末期。关令尹喜，学界有时称作“关尹子”。关尹也是一位历史上实存的人物，其生年大约与老子同时。庄子称赞关令尹喜为古之博大真人。《太平御览》卷六六一《道部》三《真人》下引《三一经》曰：“真人尹喜，周大夫也，为关令。少好学，善天文秘纬，鬼神无以匿其情状，瑰杰不检，荣戚不形于色。志怀逍遥，天性玄湛。忽登楼四望，见东极有紫气西迈。喜曰：‘夫阳数度尽，九星度值，合岁月并正，应有异人过此。’乃斋戒，扫道以候之。及老子到关。喜先诫关吏曰：‘若有翁乘青牛薄板车者，勿听过，止以白我。’果至，吏曰：‘愿少止。’喜带印绶，设师事之礼。老子重辞之，喜曰：‘愿为我著书说大道之意，得奉而行焉。’于是著《道德经》上下二篇。喜于是俱仙去，为玄洲上卿。”① 这可作为对关令尹喜生平事迹的补充。老子西出关，前往印度，目的非常明确，就是传道。在这里，传道是一个总称，它在本质上是传播中国文化。老子本人未必亲身前往印度，然而这些记载所传递的历史文化信息是确实的、可信的。老子是一个文化符号，它告诉我们早在道家思想形成之际，中国文化就已经正式地开始向印度传播了。所谓正式，有四个方面。

（一）有人员交流

在上古时期，正如有大量的印度人到达过中国一样，也有大量的中国人前往印度。不过，普通人没有留下名字来，只有名人才见诸史册。按理说，在那个时候也有著名的印度学者来到中国，不过印度是一个重视“声教”而不重视“文教”的国度，他们没有记录下那些前往中国的印度学者的姓名。中国则不然，中国一向重视历史学，有大事则记录下来，载诸史册。从中国方面前往印度的人员统称为“老子”。从中外文化交流萌芽的那一刻开始，“老子”不再是一个专有名词，而是一个公用名字。这既是一个历史事实，又是一个文化现实。

---

① 〔宋〕李昉编纂、夏剑钦等校点：《太平御览》第六册，石家庄：河北教育出版社，2000 年第二版，第 190 页。

（二）有车辆为交通工具

这是以生产力为支撑的文化交流。美国亚洲史专家罗兹·墨菲（Rhoads Murphey，1919—2012 年）写道：Draft animals were necessary, especially water buffaloes, to work the wet, sticky soils of the rice paddies or to plough fields in drier areas for wheat. But they were rarely killed for meat; they were eaten, with a show of reluctance, only when they died of old age.①（轮畜是必须的，尤其是水牛，用来作业于潮湿而黏糊糊的稻田土壤，或者在较干燥的地区用来耕犁种植小麦土地。但是，它们很少被杀来吃；只有当它们老死的时候，它们才被人们很不情愿地吃掉。——笔者译）老子前往印度，驾的是牛车。在春秋战国时期牛车是常用的交通工具。水牛的力气大，牛车所承载的不仅仅是一个人，还有其他的物品。

（三）有稻种为交流的物品

这还是以生产力为支撑的文化交流。这一点从“青牛”意象可以看出来。青牛，也就是水牛，其皮色青，光洁少毛，其主要作用是犁水田，次要作用是拉板车。水牛是稻作文化的象征。老子的牛车上载有水稻的种子，这是值得夸耀的农业精品，以之“出口”印度，必定会受到欢迎。罗兹·墨菲写道：The chief Indus food crop was wheat, probably originally from areas to the west, augmented by barley, peas, beans, oil seeds, fruits, and vegetables and by dairy products from domesticated cattle and sheep.②（主要的粮食作物是小麦，它很可能来源于西方的某些地区；作为补充的有大麦、豌豆、菜豆、含油的种子、水果以及蔬菜，还有来自家养牛羊的奶制品。——笔者译）简言之，在印度河流域文化时期，在印度人栽培的粮食作物中没有水稻。

① Rhoads Murphey, *East Asia: A New History*, fifth edition (Upper Saddle River: Pearson Education, Inc., 2010) 4.

② Rhoads Murphey, *A History of Asia* (New York: Harper Collins Publishers, Inc., 1992) 26.

（四）有经典，即以《道德经》为代表的著作

老子记忆力强。既然他能够将整部《道德经》口授给尹喜，那么当他到了印度之后，也一定能够口授给那些愿意学习中华文化的印度人。事实上，经由中国人带往印度的中国古代典籍还有许多种。《道德经》也是一个文化符号而已，对于印度人来说它指的是来自中国的书籍。这就是为什么在吠陀时代的印度典籍中，我们往往能够发现中国文化的因子之缘由。

从历史发展的规律看，实际发生的历史事件大多早于相关事件的书面记载。因此，中印两国的文化交往一定远远早于西元前六世纪。

三、大棉花业导致认识偏差的发生

从物质文化的层面看，印度的棉花种植甚早。在罗兹·墨菲《亚洲史》第二章《古印度文明》第二节《印度河文明》第二目《印度河流域的城市》中有这样一段话：

> Cotton, indigenous to India was woven into cloth earlier here than anywhere else. This distinctively Indian innovation spread much later to the rest of the world. ①
>
> 棉花，原生于印度，被纺织成布，此事在这里比在任何其他地方都更早一些。这确实无疑是印度革新，后来才传到了世界的其他地方。（笔者译）

印度河流域文明，简称印度河文明。20 世纪 20 年代，考古学家在今巴基斯坦旁遮普省的一处叫作哈拉巴（Harappa）的地方，发现了青铜器文化遗物，

① Rhoads Murphey, *A History of Asia* (New York: Harper Collins Publishers, Inc., 1992) 26.

其中包括火砖建筑、工具、陶器、象形文字等。此外，在哈拉巴还发现了印章，不过印章上的文字至今尚未解读出来。这些发现意味着那里曾经有过较发达的文明。上古时代的文明，其命名方式有两种。一是按照遗址所在地区来命名。由于哈拉巴位于印度河流域，所以这一远古文明被命名为印度河流域文明。一是按照遗物或遗迹首次发现的地点来命名，故而它又叫作哈拉巴文明。此外，考古学家在位于今巴基斯坦南部信德省的一处叫作摩亨佐·达罗（Mohenjo-Daro）的地方，也发现了上古文明的遗址。除了与哈拉巴遗址相同的出土物之外，考古学家们还在摩亨佐·达罗发掘出了粮仓、两个大会堂、精巧的澡堂、排水设备和棉织品等，故而这里很可能曾经是某一大国的首都。印度河流域文明，其最大的成就是在印度河流域建立起来的城市，故而墨菲把当时的农业成就放在《印度河流域的城市》这一部分中来讲。

在巴沙姆（Arthur Llewellyn Basham，1914—1986 年）主编的《印度文化史》（*A Cultural History of India*）第二章《印度河文明》中有这样一段话：

> 然而，像当时世界上大多数其他文明一样，农业是印度河流域经济的主要成分……因此，充足的水量供应加上肥沃的冲积土壤，产出了小麦、大麦以及橡胶、西瓜和豌豆等作物。然而，最显著的农业成就就是棉花的栽培，即使埃及，也是到棉花在印度河流域种植几个世纪之后才出产它。①

这里讲到了印度河文明中的农业成就，以及导致这些成就的自然条件：充足的水量，肥沃的土壤。还有一条巴沙姆没有讲，那就是温暖的气候。这是由印度河流域的地理位置决定的，故而不言而喻。迄今为止，印度河流域文明，或曰哈拉巴文明，乃是印度最早的文明。从前，人们对于印度河流域文明存在的时段很模糊，有些人将印度文明的起始点定在西元前一千年的后期吠陀时代；有些人则推得过于久远，认为古印度文明兴起于西元前三千年。经过各国

---

① 〔澳〕A. L. 巴沙姆主编：《印度文化史》，闵光沛、陶笑红、庄万友、周柏青等译，北京：商务印书馆，1997 年版，第 20 页。

史学家的研究，目前人们对印度河流域存在的时段，已经达成了共识。吴于廑、齐世荣主编《世界史》古代史编上卷（本卷主编：刘家和、王敦书）第三章第一节《印度河流域文明》："大体可以推定，印度河流域文明存在于约公元前2300—前1750年。"①印度河流域的城市后来突然毁灭了。至于毁灭的原因，至今未能得到合理的解释。有人推测，或是由于地震将城市夷为废墟，或是由于连年的干旱破坏了城市赖以生存的基础即农业。颇为有趣的是，有好些外国学者，将其仰慕的印度河流域文明之下限，延伸至西元前6世纪。这样的往下延伸虽然有些可笑，却碰巧与老子活跃的那个时间段相同。值得注意的是，这一时段与中国的夏朝是大体相当的。夏朝建立于西元前22世纪或前21世纪，终结于西元前17世纪或前16世纪。历史越往上溯，人们越应当以大时段看问题。这是因为，那时候交通不发达，相差百余年实际上可以认为基本相同。

由于在摩亨佐·达罗遗址发掘出了棉织品，因而人们认为棉花的原产地是印度。不过，这种看法后来得到了修正。现在，多数人认为，棉花的原产地不仅有印度，还有阿拉伯半岛。就其原因，这与埃及盛产棉花不无关系。纳忠著《阿拉伯通史》："'阿拉伯半岛'包括叙利亚和西奈半岛。"②古代的埃及是世界四大文明古国之一。今日之埃及，其正式的国名叫作阿拉伯埃及共和国，简称埃及。埃及地跨亚、非两洲，其领土的大部分位于非洲的东北部，同时领有位于苏伊士运河以东的西奈半岛，而西奈半岛位于亚洲的西南角。1958年2月，埃及同叙利亚合并，成立阿拉伯联合共和国，简称阿联。叙利亚位于亚洲西北部。1961年，叙利亚脱离阿联。1971年阿联改国名为埃及阿拉伯共和国。埃及人是埃及的主体民族，亦称埃及阿拉伯人，讲阿拉伯语，信伊斯兰教。现代埃及人是以古埃及人为基础，从7世纪起与先后移入的阿拉伯人、柏柏尔人、突厥人等经过长时期的融合而成的一个民族。与亚利安人进入印度的情形相似，移入埃及的阿拉伯人起初也居于社会的上层。移入埃及的阿拉伯人分为

① 吴于廑、齐世荣主编：《世界史：古代史编·上卷》，北京：高等教育出版社，2011年版，第55页。

② 纳忠：《阿拉伯通史》上册，北京：商务印书馆，1997年版，第3页。

两部分，一部分为官员，一部分为士兵。士兵的人数比官员多得多，他们专司作战，因而被称为战士；又因为拿军饷，士兵又被称为享受年俸的人。在埃及驻扎的阿拉伯士兵享受年俸长达一百年，与当地人较，其地位独尊。不过，随着阿拉伯帝国的扩张，后来在充当士兵的人中有了大批的波斯人和突厥人，他们也要求年俸，这就导致了他们与阿拉伯士兵的冲突。冲突愈演愈烈，到了穆阿台绥姆担任哈里发的时候，王朝终于下令，不再向阿拉伯军人发放年俸。从此，驻扎埃及的阿拉伯军人，遭到了灭顶之灾，他们连饭碗也没有了。“于是大批阿拉伯人涌入农村，逐渐与埃及农民融合相处，同样成为受剥削的农民。这是阿拉伯人后来成为新一代埃及人，世世代代定居在埃及土地上的重要原因之一。”①转为农民的阿拉伯军人，并没有忘记先祖的荣光，他们重新拾起先祖的技艺，除了放牧牲畜，生产粮食，他们也大量地种植棉花。除此之外，“在埃及出现的阿拉伯人的另一种居民为‘移民’（Mouhajirs），主要是从阿拉伯半岛、叙利亚和伊拉克迁去的、移民多半从事农业和牧畜业。”②埃及的自然条件非常适宜棉花的生长，那里日照特别长。经过长期的育种和改良，埃及出产世界上最优质的长绒棉，为其国之骄傲。

研究棉花的原生地，值得注意的是植物的传播方式。在自然条件，即气候、光照、水量、土壤成分相同的地方，往往生长相同的植物，这是一条普遍的规律，风媒植物尤其如此。人类重视棉花乃是因为棉花种子亦即棉籽上有棉绒。然而，大自然这个造物主让棉籽上长出棉绒，其初心并非向人类供给棉花，而是让棉花得以播迁和繁殖。棉花是典型的风媒植物。棉桃成熟之后，自然爆裂，棉绒张开，在风力的作用下棉籽飘飞得很远。印度河流域是亚热带季风区，季风将一团团棉绒吹来吹去，又落在大地上，只要一团团棉绒降落的新地方，其自然条件与印度河流域相似，那么棉花就会在那些新的方繁殖起来。棉花的繁殖情形就是这样，而这一繁殖过程在几万年之前就发生了。因此，将棉花的原生地定为印度乃是武断的，将棉花的原生地扩展为印度和阿拉伯也还是武断的。有人会问，那么为什么美洲有羊驼，澳洲有鸵鸟，而其他地方没有

① 纳忠：《阿拉伯通史》下册，北京：商务印书馆，1997年版，第11页。
② 纳忠：《阿拉伯通史》下册，北京：商务印书馆，1997年版，第11页。

呢？原因很简单，由于地球陆地板块的分离，造成了有蹄目的动物无法迁徙，故而它们在特殊环境之下完成了单独的进化，羊驼（alpaca）的出现就是由此。至于鸵鸟，它是不能飞翔的鸟类，故而也只能够在特殊的环境之下完成其单独的进化。会飞翔的鸟类则不是这样，它们发现了某处宜居之地，就会就地安家。近年来，由于我国的生态环境持续向好发展，有些候鸟已经改变生活习性，变成留鸟了，不再按照季节迁徙了。这样的报道已经有过多次。有鉴于此，已有不少学者对棉花的原产地，采用了新的说法，不再坚持棉花的原产地为印度或阿拉伯了。《韦氏大学百科全书》对棉花的解释如下：Cotton [is] the seed-hair fiber of various plants of the genus *Gossypium*, in the mallow family, native to most subtropical countries.①（棉花，锦葵科棉属各种植物种子上的纤维，原产于大多数亚热带国家。笔者译）大多数亚热带国家，显然就是自然条件适合于棉花生长和繁殖的国家，或那些幅员广阔的国家里其自然条件适合于棉花生长和繁殖的区域。

通过以上的论述，我们有理由认为，中国是棉花的原生地之一。《尚书·禹贡》：

> 淮、海惟扬州。彭蠡既猪，阳鸟攸居。三江既入，震泽厎定。筱簜既敷，厥草惟夭，厥木惟乔。厥土惟涂泥，厥田唯下下，厥赋下上上错。厥贡：惟金三品，瑶、琨筱簜、齿、革、羽、毛惟木。鸟夷卉服，厥篚织贝，厥包桔柚，锡贡。沿于江、海，达于淮、泗。②

岛夷，在哪里呢？《尚书正读》卷二《禹贡》注："岛夷，即上文阳鸟，东南附海岸各岛也……按海岛溽暑，故衣卉服。织贝，锦名。"③显然，所谓岛夷，就是我国东南沿海的各个岛屿。其中，海南岛的自然条件最适合于棉花的

---

① Mark A. Steven, ed., *Merriam-Webster's Collegiate Encyclopedia* (Springfield, Massachusetts, USA: Merriam-Webster, Inc., 2000) 403.

② 陈戍国：《尚书校注》，长沙：岳麓书社，2004年版，第26页。

③ 曾运乾、黄曙辉点校：《尚书正读》，上海：华东师范大学出版社，第65页。

生长和繁殖。这是因为，海南岛与印度河流域，不仅在纬度上相同，而且在气候、光照、水量、土壤成分等自然条件方面，也相同。《尚书·禹贡》所记是大禹治水之后的政区制度，当时全国分为九州。《尚书·禹贡》用自然分区的方法，记述了当时中国的地理情况，在经济地理方面记述得特别详尽。夏朝建立于西元前22世纪或21世纪，姒姓，第一代王为大禹，传14世，历时417年。此据《太平御览》卷八二引古本《竹书纪年》。夏文化即西元前22世纪至前17世纪的文化。今天大多数学者认为，《禹贡》的蓝本出于商朝史官之手，《禹贡》的定本出于周朝初年的史官之手。

毫无疑问，中国种植棉花的历史，完全有理由追溯到夏禹时代。不过，也有不少人对中国是棉花的原生地一事缺少底气。究其原因，主要是他们认为，在先秦的典籍中只有“绵”字而没有“棉”字，“棉”字的出现时间太晚。在《说文》中，绵作緜，在系部，注云：“联微也…… 又引申为丝絮之称，因其软弱而名之…… 从系帛，谓帛之所系也，系取细丝而积，细丝可以成帛。”[①]绵，在南朝梁·顾野王撰《玉篇》中，入丝部：绵，与緜同。绵，蚕丝结成的片或团。《王力古汉语字典》：“丝部总论。大致可以分为下列七类：①丝麻线或绳索。②丝织品或麻织品。③由丝麻织品加工成的衣物用品。”[②]简言之，绵，指的是丝绵。显然，正是“绵”字的“糸”旁，限制了我们对于棉花原产地的认识。

在《说文》中没有“棉”这个字。木旁的“棉”字，见于《广韵》一书。《广韵》为宋代陈彭年、邱雍等人根据《切韵》系统的韵书增订而成，全名《大宋重修广韵》，成书于大中祥符四年（1011），分韵206目，共收26194字。《广韵》以四声为纲，韵部为纬，小韵为序。也就是说，首先，根据四声将韵归纳为206目。然后，在每一个韵目下边，按照声母的不同，划分为一个个小韵。每个小韵，就是一个同音的字群。其中的字，在声、调、韵方面完全一样。各个小韵之间，用符号○隔开。《广韵》全书列有3890个小韵。每个小韵，都注明反切和同音字数，每个字都释义、析形，加注解。在宋代还有

---

① 〔汉〕许慎撰、清·段玉裁注：《说文解字注》，上海：上海书店，1992，第643页。

② 《王力古汉语字典》，北京：中华书局，2000年版，第908页。

《集韵》一书，规模更大，编纂的方式与《广韵》大致相同。《集韵》，旧题宋·丁度等撰，成书于治平四年（1067 年），至司马光时始奏上，仍分韵为 206 目，共收 53525 字，比《广韵》增加了 27331 字。《广韵》和《集韵》都是按照“音序”来编排的工具书。在汉语拼音创制之前，这样的音序排列最为科学。《集韵》是一部音序排列的使用方便的大型字典。中国书店根据扬州使院重刻本影印《集韵》卷之三平声三仙第二：“棉，木名，出交趾，可为布。”①这里还告诉我们，“棉”字还有另外两种写法，一是木旁加丏，一是木旁加面。交趾，起初指五岭以南地区，后来专指今越南的中部和北部。越南北部与中国广西相连。越南在十世纪才建立自主的封建国家。在此之前，越南一直是中国的一部分。在明朝时，越南也曾一度由中国直接统治。

我们不能因为木旁的“棉”字出现得晚，就断定中国不是棉花的原产国。这是因为，在古籍中糸旁的“绵”与木旁的“棉”是混用的。《佛光大辞典》：

> 行四依，又作四依住、四依法、四依止法。律典规定出家之人应依如下四法，以长养其生活。（1）粪扫衣（梵 pamsukula，巴 pamsukula），即穿着世人所弃弊垢之衣。除此四依所容许者外，出家人被容许拥有之余物，于诸律典之记载不一致。巴利律藏（Vinaya-pitaka）大品（Maha-vagga）1，30 及 1，77 记载，粪扫衣之余物，有亚麻衣（巴 khoma）、绵衣（巴 kappasika）、野蚕衣（巴 koseyya）、褐衣（巴 kambala）、麻衣（巴 sana）、纻衣（巴 bhanga）。②

绵衣，这是用什么材料制成的呢？由于这里附注了巴利文的原文，我们可以通过相关的文献，来确切地了解佛典中所谓的“绵衣”，究竟是采用什么材料制作而成的。巴利文本学会编纂《巴利文本学会巴利文—英文辞典》：“Kappasika（adj.）made of cotton D II，188，cp. A IV，394；D II，351；Vin I. 58

---

① 〔宋〕丁度：《集韵》上册，北京：北京中国书店，1983 年版，第 352 页。

② 星云大师监修、慈怡主编：《佛光大辞典》第三册，北京：北京图书馆，出版社，1989 年版，第 2552 页。

=97 =281; J VI. 590; Pv II. I [17] (nt) cotton stuff Miln 267."① 在这里，繁复的符号和数字，指的是kappasika这个单词在相关文献中所在的具体位置。“绵”的意思已经很明确了，kappasika，作为形容词，意为棉花制造的；作为名词，意为棉花质料。换言之，由于木旁的“棉”字创制得晚，故而系旁的“绵”字，完全可以当作木旁的“棉”字，来使用。又，《佛光大辞典》：“兜罗。梵语tula，巴利语同。又作堵罗、妬罗、蠹罗、兜罗绵、兜罗纻。意译绵、细面。乃总称草木所生之花絮。”②《王力古汉语字典》：“木部总论。木部的字大多与树木有关。”③须注意的是，文字所反映的是人类的原始思维，在文字与现代科学之间往往有一定的距离。因为绝大多数的汉字创制于古代，所以偏旁部首的指引，仅仅是一个大致的范围。鲸，哺乳动物，并不是鱼类，其偏旁却是鱼旁，我们口头也说鲸鱼。此即文字反映原始思维之一例。

我们不能因为木旁的“棉”字出现得晚，就断定中国不是棉花的原产国。这还因为，棉花既是木本植物，也是草本植物。棉，在自然状态下，为一年生亚灌木或多年生灌木。棉籽上的纤维叫作棉花，具有广泛的用途，主要用来纺纱织布或做棉絮。为了获得棉花的高产量，棉通常作为一年生草本植物来栽培。在栽培棉中，有亚洲棉、草棉、陆地棉、海岛棉等。中国是世界上棉花栽培最广的国家，也是棉花年产量的第一大国。虽然棉花早已当作一年生草本植物来栽培了，但是并没有艹字头的表示棉花意义的字。这是很有趣味的，它可以纠正我们关于“木棉”的认识。棉，也指木棉（Bumbax malabaricus），又叫作攀枝花、英雄树等，它是一种落叶大乔木。木棉结的蒴果为长椭圆形，内壁有绢状纤维，常用作救生圈的填充物和枕芯。值得注意的是，古书中的“木棉”并不都用来指高大的木棉树所结蒴果内的纤维，它也用来指称棉花。

木棉一语，究竟何所指，必须根据文本细致地加以分析才能明瞭。《太平御览》卷八二零引《南州异物志》曰：

---

① T. W. Rhys Davids, William Stede, ed., *THE PALI TEST SOCIETY'S PALI-ENGLISH DICTIONARY* (Oxford: The Pali Text Society, 1995) 187.

② 星云大师监修、慈怡主编：《佛光大辞典》第五册，北京：北京图书馆出版社，1989年版，第4389页。

③《王力古汉语字典》，北京：中华书局，2000年版，第455页。

五色班布以丝布，古贝木所作。此木熟时状如鹅毳，中有核如珠珣（公后切），细过丝绵。人将用之治，出其核，但纺不绩，在意小抽相牵引，无有断绝。欲为班布，则染之五色，织以为布，弱软厚致，上毳毛。外徼人以班布纹最繁缛多巧者名曰城城，其次小粗者名曰文辱，又次粗者名曰乌驎。①

班布，一作斑布，当以后者为是。棉布易于染色，斑布就是染色后的棉布。三国吴・万震撰《南州异物志》一卷。万震曾经担任过丹阳太守，那正是孙吴积极向海外拓土开疆的时代。木棉树所结蒴果内的纤维，纤维与籽分离，故而容易取出，无须“小抽相牵引”之工序。棉花，其纤维难于简单地抽取出来，需用铁棍等碾轧才能取出。所谓“在意小抽相牵引、无有断绝”，意思是说，要想获得棉纤维，必须采用轧棍等工具加工之后才能将棉纤维抽取出来，否则就会把棉纤维扯断。从《南州异物志》的描述可知，这里所说的古贝木，就是棉花的植株。这就是为什么棉布也称为“织贝”之缘由。

棉花是锦葵科中的棉属的各类植物之泛称，我国古代称棉花为古终藤。《太平御览》卷八二零引《南越志》：“桂州丰水县有古终藤，俚人以为布。”②丰水县，唐长庆三年（823 年）改永丰县置，属桂州。治所在进广西荔浦县西北五十里。俚人，当地的原住民。桂州丰水县的原住民与海南的黎族，越南的主体民族京族，具有相同的来源，他们都是古代百越的后裔。南朝宋・沈怀远撰《南越志》八卷。南越，一作南粤，古族名，为百越的一支。南越人分布在今湖南南部、两广和越南北部一带。秦朝在南越地区设置南海、象、桂林三郡。秦朝末年，南海郡龙川令赵佗（？—前 137 年）趁天下大乱而兼并此三郡，建立了南越国，自立为南越武王。汉高祖十一年（前 196 年），赵佗受封为南越王。汉武帝元鼎六年（前 111 年）设置南海、苍梧、合浦、儋耳、珠

① 〔宋〕李昉编纂、夏剑钦等校点：《太平御览》第七册，石家庄：河北教育出版社，2000 年第二版，第 631 页。

② 〔宋〕李昉编纂、夏剑钦等校点：《太平御览》第七册，石家庄：河北教育出版社，2000 年第二版，第 631 页。

崖、郁林、交趾、九真、日南等九郡。古终藤，一作古终籐，它是一种古老的植物，原生于广西一带。据纺织学史专家们的考证，这里所说的古终，就是棉属作物。古终藤，这是一个土俗的名字，书面语作古贝树，简称古贝。古贝，或作吉贝，这是因形近而产生的讹误。《太平御览》卷八二零引《南史》曰："林邑国出古贝。古贝者，树名也，其花盛时如鹅毳，抽其绪纺之作布，布与纻布不殊。亦染成五色，织为班布。"①这里所说的古贝木，不是作为大乔木的木棉或曰攀枝花，而是棉花的植株，因多年生而成为木本植物。林邑，古国名，即占婆，故地在今越南中部。广西不仅与印度北部纬度相同，而且其自然条件也相似，那是一个非常宜于棉花栽培的地方。南州，泛指我国南方各地。

虽然《南州异物志》作于三国时期，但是中国人对棉布的使用，在时间上更早。《周礼·夏官司马第四·职方氏》：

> 职方氏掌天下之图，以掌天下之地。辨其邦国、都鄙、四夷、八蛮、七闽、九貉、五戎、六狄之人民，与其财用九谷、六畜之数要，周知其利害。乃辨九州之国，使同贯利…… 正北曰并州，其山镇曰恒山，其泽薮曰昭余祁，其川虖池，呕夷，其浸涞易，其利布帛，其民二男三女，其畜宜五扰，其谷宜五种。②

《周礼》一书，古文经学家认为周公所作。近人的研究认为，《周礼》系战国时代儒者根据当时各国官制增减编排而成。无论《周礼》的作者究竟是谁，该书反映的是周代的社会面貌，这一点是可以肯定的。编辑《周礼》的战国儒者们，顶多是添附了一些儒家的政治观点罢了。值得注意的是"其利布帛"。在这里，布帛对举。帛，丝织品的总称。布，棉、麻、苎、葛等织物的通称。那么，我们不禁要问，《周礼》所说的布，是否用棉花纺织而成呢？这个问题的答案，取决于当时是否有棉花的栽培。古终藤的存在，决定了

① 〔宋〕李昉编纂、夏剑钦等校点：《太平御览》第七册，石家庄：河北教育出版社，2000 年第二版，第 629 页。

② 陈戍国点校：《周礼/仪礼/礼记》，长沙：岳麓书社，1989 年版，第 91 页。

《周礼》所云的布，包括棉布。换言之，至迟在春秋时期，中国已经种植棉花并用棉花来织布了。1978 年在福建崇安武夷山白岩崖洞中出土了青灰色平纹棉布一块。经过考古学家对棺木所做的碳十四测定，距今 3445 年（±150 年）。这就告诉我们，中国出现棉布的时间是西元前 17 世纪至前 15 世纪之间，随着考古科学的发展，这一断代还有可能提前。这与印度河流域文明出现棉布的时间大致相同。我们有理由相信，中国是棉花的原生地之一，中国的棉纺织技术是独立地发展起来的。

以下是几个附带的问题。

（一）棉花由印度传来

此事不假。不仅从印度传来中国的棉花，还有从阿拉伯和美洲传来中国的棉花。早已有人对棉花传来中国的路线做过详细描述了。不过，有棉花从域外传来中国，并不能排除中国是棉花的原生地这一事实。这是因为，从域外传来的棉花，其作用是用于品种改良。而且，正因为有棉花从域外传来中国，才更有力地说明了中国是棉花的原生地，中国人有棉花栽培的久远的历史。我们不妨回忆一下 20 世纪的中国农村。那时科学已然昌明，然而在农村推广新品种和新的栽培方式，却极为困难。在西南一带的农村，当初推广矮稻、双季稻，以及保管红薯的高温大屋窖，居然发生过强烈抵制，以致于被批判、被判刑的事例。这是因为，引进新品种，改良栽培方式，均需要农家以一年的生计为赌注。倘若原来没有某种作物的栽培，那么就不需要引进新品种了。

（二）黄道婆前往海南岛学习纺织技术

此事发生在宋末元初。黄道婆是上海乌泥泾人，她去海南岛向黎族人民学习纺织技术，后于元贞年间从崖州返回故乡，促进了上海松江一带的纺织业。“宋元之际的海南岛是中国主要植棉地区之一，当地的黎族人民早已创造出包括轧、弹、纺、织、染等一整套棉纺织生产工具和生产技术，其所制造的‘花被’‘幔布’‘黎幕’均极精致而深受人们欢迎。"[①]黄道婆的事迹并不能说明棉花非中国土生，植棉在中国晚起。它恰恰说明，棉纺织技术在先秦时期已然高明，到元朝初年冠冕全国。《尚书·禹贡》言及岛夷卉服，这里言及黎族花被。"卉服"与"花被"这是极其工稳的一对偏正词组，它印证了《尚书·禹贡》在历史书写上的真实性。个人的想象断然造不出这样的词语来。

（三）《南越志》所云"俚人以为布"说明了中国的棉纺织技术是独立发展的

棉布较之丝绸，质地不那么顺滑，色彩不那么光鲜，因而棉布主要供当地居民自己穿用。生产棉布的成本远远低于丝绸。而且，棉布衣物耐磨，便于田间劳作。丝绸衣物虽然好看，却不适合于田间劳作时穿戴。俚人与流官相对。流官即政府派来的官员，他们穿的是丝绸做的官服。俚人数量多，棉布的需要量大。任何技术都是在社会需求的刺激下发展起来的，需求越大，技术进步越快。广西一带也出产各种麻，麻亦可以纺织成麻布，麻布亦可制作衣服。然而，麻的产量远远不及棉花来得高。麻布亦不容易纺织得像棉布那样致密，故而中国广西一带的居民很早就穿用棉布了。虽然《南越志》所记为广西的情形，但是他所反映的确是海南、两广、云南、湖南，乃至四川、贵州和重庆的一部分地区的情形。这是因为，这一带的自然条件大致相同，居民的族源也相近。在重庆、湖南、湖北和贵州的交汇处，古代生活着巴人，现在生活着土家族。而且，那里有好些土话的单词与越南语是一样的，或十分接近的，这令人吃惊极了，可惜笔者无法用汉字将它们写出来。

四、佛教早传导致认识偏差的发生

佛教传入中国甚早，这也导致许多人错误以为，中国文化的某些特征为印

① 杜石然主编：《中国古代科学家传记》下集，北京：科学出版社，1993年版，第683页。

度文化所框定，中国文化的某些性质是印度文化的衍生。真实的历史进程是，佛教传入中国的确早，但是它渐次演变为中国传统文化的一部分了。中国文化中的佛教因素，是中国文化独特性的表现，而并非印度文化的衍生。佛教的中国化是一个全方位的历史进程，对此我们可以从以下四个方面来考察。

第一个方面，佛教传入中国早于其他外来宗教。佛教向古印度境外传播，始于西元前3世纪摩揭陀国孔雀王朝的阿育王时期。佛教首先在西域扎下了根，接着向中国内地继续传播。《魏书》卷一一四《释老志》："及开西域，遣张骞使大夏还，传其旁有身毒国，一名天竺，始闻有浮屠之教。哀帝元寿元年，博士弟子秦景宪受大月氏王使伊存口授浮屠经。中土闻之，未之信了也。"①西汉哀帝刘欣（前25—前1年），西汉末期倒数第三位皇帝，元寿元年（前2年），佛教就传入中国内地了，但是人们还不信仰它。西汉之后，王莽篡汉而建立了新朝。15年后，东汉建立，社会恢复了纪纲。经过两汉之际的社会动荡，人们普遍期望社会安定，渴望精神有所寄托，于是佛教的接受变得顺利起来了。佛教首先得到士人的喜好，然后得到皇家的重视，最后渐次向全社会铺开。《后汉书》卷八八《西域传》记载了一件趣事：

> 世传明帝梦见金人，长大，顶有光明，以问群臣。或曰："西方有神，名曰佛，其形长丈六尺而黄金色。"帝于是遣使天竺，问佛道法，遂于中国图画形象焉。楚王英始信其术，中国因此颇有奉其道者。后桓帝好神，数祀浮图、老子，百姓稍有奉者，后遂转盛。②

汉明帝（28—75年）刘庄，东汉的第二位皇帝，西元57—75年在位。汉明帝提倡儒学，他经亲临辟雍，行养老礼，尊事三老五更，又为外戚樊、郭、阴、马子弟，立四姓小侯之学。相传东汉永平七年（64年），汉明帝夜梦大金人在殿庭中飞行。这个大金人不是别的，就是佛陀的化身。连皇帝都梦见佛陀

---

① 中华书记编辑部二十四史简体字本《魏书》第二册，北京：中华书局，2000年版，第2011页。

② 〔宋〕范晔撰：《后汉书》，北京：中华书局，2007年版，第866页。

了，这是一件带有传奇色彩的事件。在重大社会变动发生的前夕，往往有传奇性的事件在民间流传，这是社会变革的先兆。明帝梦佛，足见东汉初年的社会已经有了接受佛教的普遍的社会需求。史载此事，意味着中国的官方意识形态将出现重大的转变。果然，汉明帝后来派遣郎中蔡愔出使天竺求佛法。

道教、佛教、天主教、基督教和伊斯兰教是中国的五大宗教。为了避免歧义，学界将天主教和基督教（新教）统称为基督宗教，因为它们不是两种宗教，而是一种宗教的两个派别。在不产生歧义的场合，可以径直采用基督教一语。世界各大宗教进入中国的时间有先有后。历史学界一般认为，7 世纪中叶伊斯兰教开始传入中国。这主要是因为伊斯兰教创立较晚，穆罕默德在他四十岁那一年（约 610 年）开始创教活动。基督教之创立倒是不晚，不过直到唐贞观九年（635 年），景教，即基督教的聂斯脱利派，才传入中国。虽然明朝洪武年间在江西庐陵出土了一个大的铁十字架，上铸三国孙吴赤乌年月（238—250 年）。但是，迄今为止，仅有此一件孤证而已，故而学界对三国时基督教传入中国一事未予采信。从外来宗教进入中国的时间看，佛教传入中国最早。以此之故，佛教融入中国传统文化的历史进程，比基督宗教和伊斯兰教，都早了七个世纪。

第二方面，佛典的最早译籍蕴含丰富的道意。《魏书》卷一一四《释老志》："后孝明帝夜梦金人，项有日光，飞行殿庭，乃访群臣，傅毅始以佛对。帝遣郎中祭愔、博士弟子秦景等使于天竺，写浮屠遗范。愔仍与沙门摄摩腾、竺法兰东还洛阳。中国有沙门及跪拜之法，自此始也。愔又得佛经《四十二章》及释迦立像。明帝令画工图佛像，置清凉台及显节陵上，经缄于兰台石室。愔之还也，以白马负经而至，汉因立白马寺于洛城雍关西。摩腾、法兰咸卒于此寺。"①中国翻译佛经的伟大时代开始了，洛阳白马寺，成为最早的译经场。在这个译经场里，建有兰台石室，即早期的专业图书馆。《四十二章经》的译者，一题竺摩腾，又题迦叶摩腾，或题迦叶摩腾和竺法兰。还有人认为，竺摩腾与迦叶摩腾实乃同一人。人们对《四十二章经》译者的种种猜想，反

---

① 中华书记编辑部二十四史简体字本《魏书》第二册，北京：中华书局，2000 年版，第 2011 页。

映了译经工作大多由团队进行这一史实。沙门是佛教僧侣的总称。跪拜之法指佛教特有的礼仪做法。换言之，与译经工作同时展开的，还有佛教神职人员的编成，以及佛教的宗教仪轨之普及。《四十二章经》是中国的第一部汉译佛经，其文本面貌具有极端的重要性。《四十二章经》蕴含了丰富的道意，其具体分布如下。

道，见于《第二章》和《第九章》，共3见。

道法，见于《经序》和《第三章》，共2见。它体现了这样的翻译策略，将佛教的法（梵：dharma）隐蔽在道之下，目的在于使得原来就具有道之观念的中国人易于接受佛教。

道果，见于《序分》《第三十三章》和《第三十七章》，共3见。它体现了这样的翻译策略，将佛教的果（梵：phala）隐蔽在道之下，其目的在于使得原来就具有道之观念的中国人易于接受佛教。

道行，见于《第一章》，共2见。这是一个纯粹的汉源词。

圣道，见于《第四章》，共1见，试比较基督教的范畴 the holy being。

至道，见于《第十三章》，共1见，试比较基督教的范畴 the supreme being。

心道，见于《第四十章》，共2见。

道意，见于《第二十六章》，共1见。这是一个纯粹的汉源词。

佛道，见于《第三十九章》和《第四十二章》，共2见。佛道，意思就是佛教。试比较越南语单词 Dao Phap。在越南语里，“道”是宗教的泛称，而定语总是后置，故而 Dao Phap［道佛］的意思是佛教。相应地，Dao Nho［道儒］是儒教，Dao Khong［道孔］是孔教，Dao Lao［道老］是老子之道亦即道教，Dao co doc［道基督］是基督教，Dao Thien chua［道天主］是天主教，Dao Hy Lap［道希腊］是希腊教，Dao It-slam［道伊斯兰］是伊斯兰教，Dao Hoi［道回］是回教，Dao La Ma［道喇嘛］是喇嘛教。至于 Dao giao［道教］，则是一般意义上的“宗教”。为了纪念河内建城一千年，越南学者阮孟强和阮氏红霞著了一部书，论述儒教与科举在升龙—东都—河内一带的发展状况及其规律，材料丰富，条理分明，书名对应的汉字是“京畿地区的儒教和道学”。然而我们不能望文生义，因为这部书与道教在越南的传播无关。这部书的书名当译作《京畿地区的儒教与学校》。①在这里，“道”解作一般规律，或总体情形。在这里，“道学”指的是国子监的教学情形。“道”之广大于兹可见一斑。

道人，见于《第三十章》，共1见。这是一个纯粹的汉源词，它指的是佛教僧侣。

以上为“道”在《四十二章经》中的名词性用法，共10种。它们采用纯粹汉源词和梵汉合成词对佛教的基本范畴进行了表述。道观念的引入，使得中国的佛经读者感到亲切，因而他们在不知不觉中欣然地接受了佛教。

守道，见于《第七章》，共1见。

爱道，见于《第九章》，共1见。

奉道，见于《第九章》，共1见。

学道，见于《第十二章》、《第二十一章》、《第二十七章》、《第三十四章》、《第三十五章》，共5见。

问道，见于《第十三章》（标题），共1见。

得道，见于《第十六章》（标题）、《第十九章》、《第二十七章》（标题）、《第三十四章》（标题）、《第三十七章》，共4见。

见道，见于《第十六章》，共2见。

为道，见于《第二十四章》、《第三十章》、《第四十一章》，共3见。

遇道，见于《第三十六章》，共2见。

近道，见于《第三十七章》（标题），共1见。

知道，见于《第三十八章》，共3见。

行道，见于《地四十章》，连同标题，共2见。

念道，见于《第四十一章》，共1见。

以上俱为动宾结构。这些动宾结构都是修习佛教的意思。佛家念佛，与道家修道，在本质上都是一种宗教的实践活动。其指向性为由外及内，试比较德语 von auβen zu innen。这一精神活动具有接受性。

---

① Nguyen Manh Cuong, *NHO GIAO DAO HO TRENDAT KING KY* (Hanoi: NXB Thoi Dai, 2010) 3.（阮孟强：《京畿地区的儒教与教学》，河内：时代出版社，2000年版，第3页）

施道，见于《第十章》，共1见。虽然这也是一个动宾结构，但是其指向性与以上诸例不同。施道，这是一个由内向外的行为，试比较德语 von innen zu auβen。这一精神活动具有传播性，意思是传教。

道可见，见于《第十六章》，共1见。这是一个命题，它说明道对于人体的器官来说，具有可触知性（tangible），道是有形的（of shape）。如果我们将“道可见”这一命题，与基督教的圣灵说相比较，那么我们就可以看出，佛经的翻译者们，从译经的最初时刻起，便抢占了先机。他们不惜将佛典的原本大胆地加以改造，这样就将佛教的要义作为一个楔子深深地打入接受者的心中了。毫无疑问，大量地使用“道”一语来翻译佛经，这对佛经的本义是有所损伤的。然而，这样做毕竟将佛的观念植入接受者的心中了。占领之后，再修正，再扩大战果，这不失为一种极为高明的宗教传播策略。这样做，比起因强调原义而刚传来就遭到拒斥，不知要好多少倍！

道可得，见于《第三十四章》，共1见。这是一个命题，它告诉修习佛教的人们，以虔敬的心去研习佛教，就一定能够掌握佛教的奥秘。

一部《四十二章经》含《经序》《序分》和四十二章，一共有四十四个章一级的单位。其中，只有十章未言及“道”，它们是《第五章》《第六章》《第十一章》《第十五章》《第二十章》《第二十二章》《第二十四章》《第二十八章》《第三十一章》和《第三十二章》。未言及“道”的章一级的单位占《四十二章经》的22.7%。言及“道”的章一级的单位，占整部《四十二章经》的77.3%。

《四十二章经》蕴含的道意，可谓浓郁，可谓丰厚，可谓深沉，可谓容易入于中土人们的骨髓心脑。

第三方面，佛教初传中土时附庸于道学之中。这是由文化的传播规律所决定的：只有附着于既有的文化，外来的文化才能生根。当时，社会各阶层都只知有道教，而不知有佛教。这一点在统治阶层中表现得很突出。《后汉书》卷四二《光武十王列传·楚王英》：

英少时好游侠，交通宾客，晚节更喜黄老，学为浮屠斋戒祭祀。八年，诏令天下死罪入缣赎。英遣郎中令奉黄缣白纨三十匹诣国相曰："托在蕃辅，过恶累积，欢喜大恩，奉送缣帛，以赎愆罪。"国相以闻，诏报曰："楚王诵黄老之微言，尚浮屠之仁祠，洁斋三月，与神为誓，何嫌何疑，当有悔吝？其还赎，以助伊蒲塞桑门之盛馔。"因以班示诸国中傅。英后遂大交通方士，作金龟玉鹤，刻文字以为符瑞。①

楚王英，即刘英，他是东汉光武帝刘秀之子，其母为许美人。建武十五年，刘英得封为楚公，十七年进爵为王。楚国是刘英的封国，都彭城县，即今江苏省徐州市。因为许美人无宠，所以刘英的封国最为穷小。然而，彭城却是中外交通的要道。经海路而来的货商和僧侣，首先在连云港登陆，然后留住彭城，再后前往汉帝国的其他地方。经陆路而来的货商和僧侣，进入长安之后再东行，抵达彭城，留住一段时间，补充所需物资之后，再前往连云港，然后出海。出海之后，或东北航行前往朝鲜半岛或日本，或南下前往南海，进而走向世界各地。中国人对域外地理的认识是在汉代迅速发展起来的，东汉时期的中外交通更为发达。班超、班勇父子出使西域。班超还派遣甘英出使大秦，大秦即东罗马帝国。虽然甘英最终未能抵达目的地，但是他沿着丝绸之路，走到了条支海边，即波斯湾。《西游记》以神话与历史交织的方式，叙述了中外交通的状况。孙悟空原先是花果山的美猴王。据考证，《西游记》所描写的花果山就在连云港。连云港人吃海蟹极为方便，故而他们津津乐道云："蟹过百无味。"连云港人，不仅是偌大的吃家，而且他们还对中外交通做出了杰出的贡献。

楚王刘英不受皇帝待见，便在封国之内自行为乐。刘英到了晚年，喜欢起黄老道来。黄老道是道教的来源之一。到东汉时，黄老道如何斋戒祭祀，人们已经有些模糊了，于是刘英便依照自己的想象来进行。佛教传到彭城，刘英喜不自禁。至于佛教的礼拜仪式，刘英并未见过。于是他在自己想象的黄老道的斋戒祭祀的基础上，更加放胆而为之，估计其场面相当恢宏，其节目非常丰富

① 〔宋〕范晔撰：《后汉书》，北京：中华书局，2007年版，第418页。

多彩。浮图斋戒祭祀，在西域与内地是有差别的。大抵在西域一带，因为接触佛教较早，寓居西域的天竺高僧较多，故而西域的浮图斋戒祭祀与印度接近。至于内地，在早期只能想当然地进行浮图斋戒祭祀。以后，在以西域的浮图斋戒祭祀为模版而加以改进。再以后，印度僧人来得多了，中国人前往印度取经者也多了，内地的浮图斋戒祭祀也就正规了。

黄老之微言，浮屠之仁祠，这是一对矛盾。这是东汉时期人们对待佛教的表与里。本来，刘英只是演戏般地进行浮图斋戒祭祀。演戏需要两门功夫：一是科，即身做戏剧的动作；一是白，即口诵剧本的台词。刘英这个演员，在做佛教的“科”时，口中念的却是道教的“白”。尽管有些不伦不类，但是随着时间的推移，矛盾的双方会发生转化。随着佛教在内地的深入，一个个的刘英也会既做佛教的“科”，也念佛经的“白”。因此，与其考证刘英对待佛教的具体细节，毋宁把刘英当作一个文化符号或公用名字来看待。

伊蒲塞（梵：Upasaka），义译为居士。桑门（梵：Sramana），出家修行者，佛教盛行后专指佛教僧尼。伊蒲塞和桑门都是信奉佛教的人。既然信奉佛教，那么就应该守戒。戒有各种等级，须渐次修行，其中最简单的是五戒。五戒为：不杀生，不与取（偷盗）、不邪淫、不妄语、不饮酒。因为不杀生是五戒中的第一戒，所以信奉佛教的人须吃素。然而，刘英却“其还赎，以助伊蒲塞桑门之盛馔”。刘英更衣沐浴，斋戒了三个月。在此期间，他节约了大量的伙食费。眼见居士和和尚们生活清苦，他豪迈地把节约下来的伙食费捐出来，请他的佛教界朋友们大吃大喝，其中有酒肉无疑。否则，何以名之曰盛馔呢？

至于方士，他们是信奉道教的，而诚心奉道者须辟谷。辟谷，即不吃粮食，只饮清水，嚼食少量松子，吃一点儿水果。这也是需要极大的毅力才能够做到的。刘英一方面信奉佛教，一方面交通方士。他我行我素，好不快活！他又请人铸金龟，刻玉鹤。龟鹤是道家的爱物，龟是长寿的象征，鹤是高洁的象征。待到金龟铸造出来玉鹤雕刻出来之后，刘英又叫人在上面刻上文字，以便用来作为符瑞。奉道之人喜欢符箓，相信符箓。刘英当然知道符箓的神异功效，他希望自己活得长久一些，庶几有朝一日施展抱负。刘英在信奉佛教的同时，又摆弄道教的玩意儿。就其初衷而论，主要是图好玩，这与他自幼以来的性格吻合。然而，在封建社会里，符瑞一类的东西具有煽动人心的作用。在旧王朝行将结束而新王朝尚未诞生之时，符瑞在民间具有很大的号召力。刘英之所作所为，受到了朝廷的猜忌。刘英行将大祸临头，然而，还未及大祸临头，刘英就自杀了。

由刘英信奉佛教一事而观之，可知佛教在传入中国内地的早期阶段的确附庸于道学之中。借道行佛，这是佛教在中国的传播策略。

第四方面，禅宗是完全中国化了的佛教宗派。佛教初来中国的时候，借道行佛。久而久之，佛教在中国扎下了根。于是人们奉佛唯恐与印度有别，尽可能做得与印度一模一样。可是不久之后，佛教就开始了它在中国的演变。首先，小乘佛教在中国内地渐次衰落，仅仅在边疆地区还在流行。在中国内地，主要是大乘佛教的天下。到了隋唐时期，内地流行的大乘佛教分化为八个宗派，它们是三论宗、天台宗、华严宗、法相宗、律宗、密宗、净土宗和禅宗。这八个宗派各标一帜，谁也不让谁。尽管如此，民众却决定了它们的生存权。那些教义深奥、仪式繁复的宗派遭到了淘汰，渐次退出了中国的宗教舞台，只有净土宗和禅宗留了下来。净土宗教义简单，做法简易，据信只要念诵“阿弥陀佛”四个字，就能前往极乐净土。禅宗教义深刻但成佛方便。深刻的禅宗教义为士大夫们留足了精神回旋的余地，成佛方便的禅宗吸引了千千万万的民众。再后来，净土宗与禅宗融合，最终形成了禅宗在中国的兴盛局面。萧萐父、李锦全主编《中国哲学史》第三编第八章《隋唐时期佛教哲学的新发展》云：“禅宗，它以中国化的佛教哲学的充分发展的最后一个形态，结束了佛教哲学在中国的发展，并以极端唯心主义的充分发展而走向自我否定，标志着前期封建社会整个唯心主义思潮的终结。”①禅宗的出现，结束了佛教哲学在中国的发展。中国佛教犹如一个混血儿，一方面他生命力顽强，至今不衰；另一方面，多次混血使得它已然失去外国的长相。后来，禅宗就成为中国传统文化的一部分了。作为中国传统文化的禅宗有以下

① 萧萐父、李锦全主编：《中国哲学史》上册，北京：人民出版社，1982年版，第463页。

几点值得我们注意。

（一）佛性帮助大儒

在大儒们建构其思想体系的过程中，佛性起到了助推的作用。佛性使得大儒们在视野上趋于宏阔，在思想上趋于精微，在逻辑上趋于严密。除此之外，佛性还促使大儒们向印度思想家学习，在表达其思想的时候使用大量的比喻。生活在宋代的朱熹是受到佛性助益的大儒之一。《朱子语类》卷一二六：

> 禅只是一个呆守法，如“麻三斤”“乾屎橛”。他道理初不在这上，只是教他麻了心，只思量这一路，专一积久，忽有见处，便是悟。大要只是把定一心，不令散乱，久后光明自发。所以不识字底人，才悟后便作得偈颂。悟后所见虽同，然亦有深浅。某旧来爱问参禅底，其说只是如此。其间有会说者，却吹嘘得大。如杲佛日之徒，自是气魄大，所以能鼓动一世，如张子韶、汪圣锡辈，皆北面之。①

佛教对朱熹的影响，主要来自受禅宗。朱熹的青少年时代在福建度过，而中国佛教的八大宗派均一度在福建流传。朱熹在青年时代就喜好禅宗的学说。他认为禅宗与道学有诸多契合之处，二者均有助于心性的修养。于是我们看到，青年朱熹时常出入于佛老之间。当朱熹步入仕途之后，他在江西、湖南和浙江等地都任过职。在南宋时期禅宗在这一带非常盛行，故而颇多高明的禅师。朱熹喜欢与禅师们交往，并多有唱和。影响朱熹最深的是武夷山开善寺的道谦禅师（1098—1159年）。朱熹《祭开善谦禅师文》：

> 昔我从学，读《易》《语》《孟》。究观古人，之所以圣。既不自揆，欲造其风。道绝径塞，卒莫能通。下从长者，问所当务。皆告知言，要须契悟。开悟之说，不出于禅。我于是时，则愿学焉。师出仙洲，我寓潭

① 〔宋〕黎靖德编，杨绳其、周娴君校点：《朱子语类》第四册，长沙：岳麓书社，1997年版，第2733页。

上。一岭间之，但有瞻仰。丙寅之秋，师来拱辰。乃获从容，笑语自亲。一日焚香，请问此事。师则有言，决定不是。使之平生，浪自苦辛。去道日远，无所问津。未及一年，师以谤去。我以行役，不得安住。往还之间，见师者三。必欲款留，朝夕咨参。师亦喜我，为说禅病。我亦感师，恨不速证。别其三月，中秋一书。已非手笔，知疾可虞。前日僧来，为欲往见。我喜作书，曰此良便。书已遣矣，仆夫嵩言。同舟之人，告以讣传。我惊使呼，问以何故。於乎痛哉！何夺之遽！恭维我师，具正遍知。惟我未悟，一莫能窥。挥金办供，泣于灵位。稽首如空，超诸一切！①

道谦、一作谦开善、开善谦、开善道谦。明·明河撰《补续高僧传》卷十一《道谦传》："道谦，建州游氏子。家事业儒，幼聪慧，读书辄成诵。早失恃怙，叹曰：为人子者不及甘旨之养，当从浮屠氏，学出世法，以报罔极，遂落发。"②从这篇祭文可以看出，道谦禅师对朱熹的影响几乎与其父亲相当。道谦禅师逝世之后，朱熹出资给他办理后事，并为之守灵。开悟之说并不出于禅。这是朱熹所说的大实话。朱熹虽然自幼聪慧过人，但是他坦然承认，正是禅宗才使得他心智开悟。道谦是一位具有批判精神的禅师。他并不因为自己是禅宗的信徒，就一味地颂扬禅宗。道歉认为，禅宗的学说也是有诸多缺憾的，他称之为禅病。师亦喜我，为说禅病。这两句话告诉我们，道谦向朱熹传授禅法的时候，同时一一指陈禅宗学说的毛病。我们看到，在禅宗的语录中有许多粗俗的比喻，乾屎橛就是其中之一。所谓乾屎橛，就是大便之后用来揩擦屁股的小棍子，又叫揩屎棍。朱熹在与学生交谈的时候，偶尔也使用这样的比喻。尽管如此，朱熹的著作，从总体上来看，行文干净。

生活在明代的王阳明是受到佛性助益的又一大儒。王阳明《庐山东林寺次韵》：

① 〔宋〕朱熹著，郭齐、尹波点校：《朱熹集》第九册，成都：四川教育出版社，1996 年版，第 5698 页。

② 〔梁〕释慧皎等撰：《高僧传合集》，上海：上海古籍出版社，1991 年版，第 679 页。

东林日暮更登山，峰顶高僧有兰若。云萝磴道石参差，水声深涧树高下。远公学佛却援儒，渊明嗜酒不入社。我亦爱山仍恋官，同是乾坤避人者。我歌白云听者寡，山自点头泉自泻。明月壑底忽惊雷，夜半天风吹屋瓦。①

这首诗共六联，押上声韵，二十一马。若，人者切。古今音有差异。按照今音读，这首诗似不押韵。其实，用古韵来读这首诗，则朗朗上口。在这首诗中，王阳明非常坦然地说出了他的人生观：我亦爱山仍恋官。王阳明的事功很大，他一生有丰硕的事业，官至南京兵部尚书，封爵新建伯。这些并没有妨碍他成为伟大的哲学家。在科举制度盛行的中国古代，学而优则仕，读书做官，乃是读书人的共同追求。禅宗的好处在于，它极为通达，其学说不妨碍读书做官。王阳明从禅宗寻找灵感，建构了一个庞大的思想体系—心学。

（二）顿悟掌握群众

信奉佛教者的最大愿望是成佛。成佛的方法有两途，一是渐悟，一是顿悟。渐悟，就是慢慢地体悟，它要求信奉者，不着急，不心慌，耐得住，等得起。顿悟，就是快速成佛。心想成佛，当下就行。这特别适合广大民众的要求。慧能《坛经·般若品第二》：

善知识！不悟即佛是众生；一念悟时，终生是佛。故知万法尽在于心，何不从自心中。顿见真如本性？《菩萨戒经》云：“我本元自性清净，若识自心见性，皆成佛道。”《净名经》云：“即时豁然，还得本心。”善知识！我于忍和尚处，一闻言下便悟，顿见真如本性。是以将此教法流行，令学道者顿悟菩提，各自观心，自见本性。②

善知识，这是佛教典籍中常用的呼语（vocativc）。《坛经》是《六祖坛

① 《王阳明全集》上册，上海：上海古籍出版社，1992年版，第765页。
② 鸠摩罗什等著：《佛教十三经》，北京：中华书局，2010年版，第101页。

经》的简称，该经记载禅宗六祖慧能（638—713 年）的语录和生平。慧能俗姓卢，其祖先是范阳人。慧能的父亲曾有官职，后来遭到贬官，从而成为岭南新州（今广东新兴县）的平民。由于父亲早死，慧能就迁居到南海郡。唐朝南海，相当于今广州一带。南海比新州县还落后，因而谋生容易一些。在南海郡，慧能靠打柴为生，卖薪养母。22 岁时，慧能到蕲州黄梅县（今属湖北）冯茂山，拜禅宗第五代祖师弘忍为师，弘忍见慧能聪颖、诚笃、勤学，允许他嗣法。由此可见，慧能出生于穷苦家庭，从小就与劳动人民打成一片，他后来传授禅法主要在劳苦大众中进行。

慧能活跃于南方，他所代表的禅宗流派称为南宗。与南宗相对的是神秀（？—706 年）所创的北宗。北宗传授禅法，走上层路线，主要在皇室、贵族和大官僚之间进行。神秀颇得武后的信任，北宗也曾一度兴盛。北宗提倡渐悟，皇室成员和达官贵人有的是时间，他们喜欢渐悟，以便消磨时间。平民百姓靠劳动为生，繁忙的劳作使得他们没有可能去进行什么渐悟，他们喜欢顿悟，渴望当下成佛，以便减轻现世生活中的痛苦。世上达官贵人少而平民百姓多，从信众的数量看，其实北宗早就输了。不过，一个宗派衰落与否，还要看教义论争上的胜负。神会（686—760 年）是禅宗南派兴起的关键人物。神会，唐襄阳（今属湖北）人，初学儒道，后来至韶州参拜慧能，得列为门弟子之一。唐开元八年（720 年），神会住洛阳龙兴寺，之后大力弘扬慧能的禅法。后来，神会在滑台（今河南滑县东）大云寺与北宗的禅师进行辩论。他斥责北宗打着渐悟的幌子而追求小宗派的利益。这次辩论，北宗理屈，南宗获胜。从此以后，北宗渐渐衰落下去，而慧能的南宗成了中国禅的主流。群众，最讲实际，他们追求立竿见影的效果。禅宗的队伍浩浩荡荡，这与顿悟法能够掌握群众分不开。北宗诸禅师们仅仅就禅论禅，其理论基础必然薄弱。南宗的神会，将禅宗的理论与儒学和道学融合，其理论基盘广大而坚实。南宗战胜北宗，顿悟战胜渐悟，这是必然的。

（三）禅味引领诗人

学佛参禅是士大夫的一大癖好。士大夫是封建时代居官有职位的人，也包括没有官职但在社会上有声望的知识分子。有官职便有权力，有权力便能获取财富。钱，俗称孔方兄，其好处是可以达成一个人的许多愿望，其坏处是滋生俗气。在封建时代，一个人在获得官职之前多半是学生。他们所受的教育要求他们对金钱保持一定的距离。没有官职但有声望的士大夫之所以较多地得到社会的尊重，乃是因为他们一般不直接地与金钱发生太多的联系。为了避免俗气，或掩盖自己身上已经有的俗气，学佛参禅是一个好法子。这是因为，身居佛门者是出家人，出家人是以舍弃现世利益为前提的。试比较天主教会和东正教会的修士修女。出家进入隐修院者必须发“三绝誓愿”，即绝财、绝色、绝意。绝财，即放弃一切财产，不置私产；绝色，即放弃婚姻，甚至不得有与异性交往的欲念；绝意，即无条件地服从长上。总之，修士和修女，要终身在修道院生活，与外界隔绝。修士，希腊文作 monakos，与英文的 monk 为同源词。和尚，通常的英译正是 monk。佛教有度人五法，要求出家人做到五点，即有怀佩道、毁形好、遵崇道、永割亲爱、志求大乘。这些都要求出家人一心修行，远离俗世、俗物、俗念。做到这些，一个人的身上自然就没有俗气了。早在唐代，士大夫参禅，已经相当活跃了。到了宋代，士大夫参禅，则成为时代的风尚。在喜欢参禅的宋代士大夫中，苏轼是一个突出的代表。《宋元学案》卷九九《苏氏蜀学案》“文忠苏东坡先生轼”云：

> 一时文人如黄庭坚、晁补之、秦观、张耒、陈师道，举世未之识，先生待之如朋俦，未尝以师资自予也。自为举子至入为侍从，忠规谠论，挺挺大节。但为小人排挤，不得安于朝廷。郁憏无聊之甚，转而逃入于禅，斯亦通人之敝也。①

黄庭坚、晁补之、秦观、张耒，合称苏门四学士。苏门四学士再加上陈师道和李廌，则合称为苏门六君子。他们都是苏轼的直接或间接的学生。他们都仰慕苏轼，并在诗歌创作和理论上做出了突出的成就。在他们的集子中，都有

① 〔清〕黄宗羲：《宋元学案》第四册，北京：中华书局，1986 年版，第 3287 页。

数量不等的诗篇，言及禅机、禅趣、禅意。至于苏轼本人，他与禅师有很多的交往，他言及禅的诗歌数量非常大。比如，苏轼《题赠东林总长老》：

溪声便是广长舌，山色岂非清净身。
夜来四万八千偈，他日如何举似人。①

此诗赞扬东林寺的主持，说他热爱佛教，弘扬禅法，每天夜里念经很勤。东林总长老，指庐山东林寺的主持常总。宋元丰三年（1080 年），升东林寺为禅寺，请常总前往担任主持，于是常总成为东林禅寺的第一代祖师。苏轼《题西林壁》：

横看成岭侧成峰，远近高低各不同。
不识庐山真面目，只缘身在此山中。②

这是苏轼最有名的诗篇之一。苏轼采用诗意浓郁的语言，道出了当局者迷、旁观者清的道理。这首诗的头两句，描写庐山的崇山峻岭各呈姿态。峰岭之间有云彩，云彩的流动使得峰岭时隐时现。诗人站在庐山的一座山上远眺峰岭，按理说应当看得更加真切，实际上反而没办法看清庐山的真实面貌。苏轼《题西林壁》诗，有画有景，道理与诗情画意交织在一起，讲道理而不觉得是在讲道理。苏轼参禅，可谓参透了，参活了。

（四）禅趣助成诗论

在这方面，最突出的代表是严羽。严羽，字仪卿，一字丹丘，邵武（今属福建）人。朱霞《严羽传》：“先世居华阴，五代时远祖闰远使者隋王潮入

---

① 〔清〕冯应榴辑注，黄任轲、朱怀春校点：《苏轼诗集合注》第三册，上海：上海古籍出版社，2001 年版，第 1154 页。

② 〔清〕冯应榴辑注、黄任轲、朱怀春校点：《苏轼诗集合注》第三册，上海：上海古籍出版社，2001 年版，第 1155 页。

闽，家于樵川莒溪之上，沧浪之水出焉。先生生于宋末，隐居不仕，遂自号沧浪逋客。”①蓝蓝的水，出自蓝蓝的溪，这是多么富有诗情画意的所在！这是严羽自称为沧浪的缘由。

严羽的诗学理论成就大于他的诗歌创作成就，故而其诗名为之所掩盖。清吴之振、吕留良、吴自牧同选《宋诗钞》收有严羽的诗集《沧浪吟》，已阙。清管庭芬、蒋光煦补辑《宋诗钞补》收有严羽《沧浪吟集》。严羽是宋代诗人，其诗多有禅意。《宋诗纪事》卷六三严羽《访益上人兰若》：“独寻青莲宇，行过白沙滩。一径入松雪，数峰生暮寒。山僧喜客至，林阁供人看。吟罢拂衣去，钟声云外残。”②上人，和尚。兰若，梵文阿兰若（aranyaka）之省称，本义寂静无纷扰之所，后来转指寺庙。严羽《访益上人兰若》诗，通过三种手法表现了他对禅意的喜好：一是使用相关的字眼，比如，上人、兰若、青莲宇、山僧、钟声，这些字眼起到了主题道具的作用；二是营造寂静的氛围，暮寒晚霭之中，梵中敲打几下，更显出寺院的寂静，寂静的氛围有助于打坐待禅，梵钟响起来了，它告诉僧侣们，夜功课的时间到了；三是灌注字里行间的感情。严羽是站立在道、儒、释交汇点上的人物，而道、儒、释的交会是禅宗得以产生的基础。对于中国传统的三教，人们一般用“儒道释”来表达。笔者于兹特地采用“道儒释”一语。李约瑟在多卷本《中国科学技术史》中，采用“道儒释”这一排列方式，它较好地体现了中国文化的本质特征。中国文化的本质特征体现在它的结构上，即以道教为根柢，进而统合儒释。

严羽更是诗学家，他著有论诗专著《沧浪诗话》。在严羽的诗论中，有许多精彩的语段，它们思辨性极强，又极富于禅意。严羽《沧浪诗话·诗辩》：

> 夫诗有别材，非关书也；诗有别趣，非关理也。然非多读书、多穷理，则不能极其至。所谓不涉理路，不落言筌者，上也。诗者，吟咏情性也。盛唐诸人惟在兴趣，羚羊挂角，无迹可求。故其妙处透彻玲珑，不可

① 〔宋〕严羽著、郭绍虞校释：《沧浪诗话校释》，北京：人民文学出版社，1983年版，第263页。

② 〔清〕厉鹗辑撰：《宋诗纪事》第三册，上海：上海古籍出版社，1983年版，第1593页。

凑泊，如空中之音，相中之色，水中之月，镜中之象，言有尽而意无穷。近代诸公乃作奇特解会，遂以文字为诗，以才学为诗，以议论为诗。夫岂不工，终非古人之诗也，盖于一唱三叹之音有所歉焉。且其作多务使事，不问兴致；用字必有来历，押韵必有出处，读之反覆终篇，不知着到何在。其末流甚者，叫噪怒张，殊乖忠厚之风，殆以骂詈为诗。诗而至此，可谓一厄也，可谓不幸也。①

在这一段话中，有两处较为费解。不过，我们可以通过别的版本而明白其含义。其一，“然非多读书、多穷理，则不能极其至”。这几句话，宋·魏庆之《诗人玉屑》卷一《诗辩》作：“而古人未尝不读书，不穷理。”②其二，“何在”，《历代诗话》本作“何处”。③“着到何在”，这是宋元时代的民间口语。不知着到何处，意思是：不知落实到哪里。宋代是中国文化的极盛时代，史学家们常用“隆宋”来与“盛唐”对举。唐代由于国土辽阔，而且历代君主的治国理念是开放和包容，因而唐代取得辉煌的成就是顺理成章的事情。宋代的情况则不同，民族矛盾极为尖锐，在中华大地上同时并列着多个政权。宋朝依然号称帝国，然而宋帝国所领有的版图，较之唐帝国乃是大大地缩小了。到南宋时期，这种情况更加严重。而且，由于北方的陆路交通受到阻隔，宋帝国的对外贸易主要依靠高风险的海洋运输。尽管如此，直至南宋末年，中国依然是世界上最富裕的国家，中华文明一直葆有“东方的文艺复兴”之美誉。日本亚洲史学家宫崎市定（Myazaki Ichisada，1901—1995 年）力倡此说。宋的兴隆，主要依靠发达的科学技术。在这种大背景之下，宋人论诗偏重于学古。宋代的诗人和道学家都有力倡学古的言论。然而，力倡古学的结果是促使诗人学者化，他们作诗时掉书袋，而在他们的诗歌则多有议论。在同样的篇幅中，议论一多，情感、兴趣、意象就不足了。这必然影响诗歌的本真存在，即以形

---

① 〔宋〕严羽著、郭绍虞校释：《沧浪诗话校释》，北京：人民文学出版社，1983 年版，第 26 页。

② 吴文治主编：《宋诗话全编》第九册，南京：江苏古籍出版社，1998 年版，第 8949 页。

③ 〔清〕何文焕辑：《历代诗话》，北京：中华书局，1981 年版，第 688 页。

象而把握世界，以兴趣而诉诸情感，以灵动而运载思维。在这种时代风气之下，严羽提出了自己的诗歌理论。

严羽的诗歌理论包含两个基本点。一是熟参，一是妙悟。在《沧浪诗话》中“熟参”一语出现八次。参是参究，探究并领会。熟，要求诗人反复进行多次思考。熟参，要求诗人在反复探究领会之后再作集中的表达，从而在诗歌的文本中“留白”，即为意象留出伸缩的空间。在《沧浪诗话》中“妙悟”一语出现三次。悟是领悟，理解、弄明白。参与悟的区别在于，参是一般地进行理解，其重心是理解活动。悟是主观色彩极强的理解，其重心在主体本身。当有所悟时，主体有豁然贯通、茅塞洞开的感觉。妙，要求是人的思维灵活敏捷。妙悟，要求诗人捕捉灵光闪现的一刹那，并将这种体会写入诗中，从而使得诗歌具有飞动感，以避免死板。除此之外，在《沧浪诗话》中还有一些别的涉及“禅”的词语，可以统称为禅语。由于禅语多次出现在《沧浪诗话》中，所以人们认为《沧浪诗话》的论述方式是“以禅喻诗”。

其实，禅语入诗话，这是由宋代的社会风气造成的。禅宗的许多术语，在当时是人们在日常生活中的口头语。第一个基本点“熟参”，这是严羽对学诗人的初级要求。第二个基本点“妙悟”，这是严羽对学诗人的高级要求。《诗辩》：“大抵禅道惟在妙悟，诗道亦在妙悟。且孟襄阳学力下韩退之远甚，而其诗独出退之之上者，一味妙悟而已。惟悟乃为当行，乃为本色。然悟有浅深，有分限，有透彻之悟，有但得一知半解之悟。汉魏尚矣，不假悟也。谢灵运至盛唐诸公，透彻之悟也。他虽有悟者，皆非第一义也。”①悟，作为动词，其含义是领会，理解，弄明白。妙，精微，精细。妙悟，作为动词，其含义是对事物作深入细致的理解。妙悟，精微地悟解，作为动词的“妙悟”相当于英文 to understand something subtly 及类似的表达。熟参、妙悟，都是禅风十足的表达方式。

---

① 〔宋〕严羽著、郭绍虞校释：《沧浪诗话校释》，北京：人民文学出版社，1983 年版，第 12 页。

（五）禅道相互融通

禅与道通融，这是一个普遍的现象。张伯端（983—1082）是这方面做得较好的道教学者之一。张伯端撰《悟真篇自序》："释氏以老氏空寂为宗，若顿悟圆通，则直超彼岸。如有习漏未尽，则尚循于有生。老氏以炼养为真，若得其要枢，则立跻圣位；如其未明本性，则犹滞于幻影。"①张伯端，字平叔，改名用成，宋浙江天台（今临海县）人，世称紫阳真人。张伯端是著名的内丹家，他享年99岁。这在当今或许算不了什么，而这在古代属于极高寿，因为当时的医疗条件远逊于今日。

道家修炼内丹，从现存文献看可以上溯至成周时期。汉代末年，魏伯阳（约151—221年）著《周易参同契》，此书被誉为万古丹经，但是文字古奥，不易理解。北宋时期张伯端著《悟真篇》，将《周易参同契》进行了文本上的化简。张伯端著《悟真篇》，采用六十四首七言绝句，来归纳内丹的修炼术，旨在易于记诵，方便操作。从历史上看，外丹和内丹，几乎同时发生。信道的人敬神要烧香，烧香要使用香炉。通过敬神的活动，人心变得虔诚。心境虔诚的人，在从事社会实践活动的时候，打的是有准备之仗。经验告诉我们，在办事的时候，充分的准备往往导致成功。本来香块或线香在香炉中不过是焚烧而已，但是人们在经过了这道程序之后却神奇般地走向了成功。这就促使人们产生一种信念：香炉必有神奇的功效。

于是我们可以看到道家进行思维时的一张路线图：从敬神的香炉，到炼丹用的鼎炉，从鼎炉到体炉。体炉是一个设想的鼎炉，只不过它既不用砖石，也不用金属，而以人体为之罢了。用体炉修炼内丹是一个过程，在这个过程里人的意念沿着任督二脉和经络运动。虽然这是意念的运动，但是它并非唯心主义，而是唯物主义的。在修炼内丹的时候，人会发热出汗。在修炼内丹之后，人会感觉到舒适，也会感到疲劳。舒适告诉人们，修炼内丹确实产生了效果。疲倦告诉人们，人体这一台复杂的机器做了功。在修炼的过程中会产生各种体

---

① 〔宋〕张伯端撰、王沐浅解：《悟真篇浅解》（外三种），北京：中华书局，1990年版，第1页。

液。由此而观之，内丹学说是科学的，唯物的，有实验室证据的。内丹和外丹在起源上同等重要。李约瑟对内丹和外丹都有充分的研究，他采用现代自然科学的术语来揭示丹的机理，他称外丹为无机实验室炼丹术（inorganic laboratory alchemy），称内丹为生理炼丹术（physiological alchemy）。

外丹家是古代的化学家，他们在鼎炉中烧结的物质，由于红润闪亮，因而称为丹。丹（elixir）是中国古代化学家的最高成就。因为丹术所追求的是世间的永生，所以丹学具有实践的品格。外丹的烧炼，耗费财力，除了皇室和贵族之外，一般人难于进行。外丹的成分含有汞、铅等元素，往往导致中毒甚至死亡。内丹的修炼，只需借助人体本身，一般没有危害。内丹犹如体操，做体操只有效果之差别，而无生命之危险。修炼内丹，也只有效果的差别，而绝无生命之危险。内丹术的目的在于引导人的肉体至永生，这确实是中国炼丹术独具的特征。内丹术是中国文化的独创，中国文化因内丹术而闪光。

回溯中印两国交往的历史，我们就必须承认，既然佛教僧侣能够东来中国，那么道教的炼丹家和内丹家也就能够西去印度。这是很显然的事情，否则就无所谓交往了。德国学者卫礼贤（Richard Wilhelm，1873—1930 年）将内丹学著作《太乙金华宗旨》翻译成为德文。1927 年，卫礼贤致信瑞士心理学家荣格（Carl Gustav Jung，1875—1961 年），请他写一篇评论。荣格欣然应允，写出了评论。德文版《太乙金华宗旨》后来出书，卫礼贤的译文和荣格的评论一同刊行。在评价他们的贡献时，李约瑟写道：

> 对于卫礼贤和荣格的品格之高尚，对于他们让“东西方不再分裂”的决心，谁都不会有一时一刻的怀疑；但毕竟应该允许每一种文明有其自己与众不同的概念，对这些概念可以解释和理解，但不能认同。尤其是两种文化对彼此的文献和彼此思想行为的演化还了解得如此不充分，更不能这样做了。在让中国和基督教世界的概念都有一个充分的机会说明自己的意思之前，将两者随便画上等号并建立对应关系是毫无用处的。①

---

① 〔英〕李约瑟著：《中国科学技术史》第五卷《化学及相关技术》第五分册《炼丹术的发现和发明：内丹》，鲁桂珍协助、邹海波译，北京：中国科学出版社，2011 年版，第 223 页。

李约瑟讲得客观而公允。印度文化应该有充分说明自己的机会，这一点印度享有较多的优越的待遇，原因在于英语是印度的官方语言。在印度，公立小学的教学大都使用印度的国语印地语来进行，收费昂贵的私立小学则采用英语进行教学。印度的中学，其教学是印地语与英语并用，大抵数学、物理、化学、生物等自然科学各科目使用英语教学，文学、历史、地理等科目使用印地语教学。印度高等学校的教学，几乎都用英语进行。同理，中国文化也应该拥有充分说明自己的机会。在这个方面，中国远未得到与中国文化相称的国际关注，其中既有语言的原因，而更多的则是政治、历史、意识形态、话语权方面的原因。在中印文化都得到充分的了解之前，就断言棉花是从印度传来的，棉纺技术是印度传来的，就否认道教之西传印度，就以为内丹术与印度文化有联系，这样看问题，不恰当。

五、简短的结语

本来，禅宗形成之后佛教的中国化就已经基本完成了。然而，佛教的中国化并没有就此停止脚步，它在理学的发展中进一步地融入中国文化。理学的历程很长，从宋代初年起，经过元代，一直延续到清朝初期，经过了 8 个世纪之久。清初理学家李光地（1642—1718 年）一生致力于统合儒道释的学说。“对于佛、道二教，李光地的态度十分明朗。他容纳了元、明以来三教调和的倾向，认为三教‘工夫却同，只是源头不同’。”①李光地纂《周易折中》22 卷，迄今仍然是易学中最重要的著作。折中是李光地治学的特色。所谓折中，就是整合和揉捏。在 8 个世纪的漫长岁月里，理学经历了萌生、发展、鼎盛、下降和衰落的过程。佛教作为理学的三个组分之一，与儒学和道学相融相济，成为一体。以生物学术语言之，理学的历程是一个进一步消化吸收佛教的过程。经过消化和吸收的佛教，长在理学这棵大树上，就不再是佛教了，而只能是理学

① 侯外庐、邱汉生、张岂之主编：《宋明理学史》下册，北京：人民出版社，1997 年版，第 999 页。

的枝叶花果。

在不少的理学言论中，如不详加审究，我们今天已经看不出佛教的踪迹了。这便是理学的揉捏之功，它在把中国文化做大做强的过程中，消解了佛教诸因子。这好比我们吃白胖胖软乎乎的馒头，很难觉察到里面有食盐、油脂、蜜汁、酵母和小苏打。于是我们只能够得出一个结论，包含在中国传统文化中的佛教只是一个依稀的影子。至于这个影子的本体，其实早就已经不存在了。今日印度的主要宗教之一是印度教。印度教讲究性力，主张在现世生活中尽性而为，这个性就是男女性别之性。在印度的多数公开的场合，林伽（linga）巍然耸峙。林伽不是别的，就是男子生殖器的造型，为湿婆大神的标志。在不少印度人的家庭中，乃至官员的办公桌上，表现男女交合的小型雕塑，俨然成为案头的摆件，绅士不以之为俗，淑女不以之为羞，他们都欣然以之为雅。印度教的教旨，与主张一切皆空、以人生为苦海的佛教，大相径庭。13 世纪初，佛教在印度本土趋于消失，那些想把中国佛教视为印度文化衍射的人们，在印度已经再也找不到母体了。

Contents

Abstract: The orthodox learning in China is being deconstructed by this modernized world. It has been more than one hundred years since the Western learning was introduced to China that Chinese learning is being deconstructed into several disciplines of modern knowledge. The Chinese classics are missing their way, conventional paradigm has been completely changed, the orthodox learning has being disappearing, and hidden troubles are growing increasingly. Therefore, in the last twenty years, contemporary Chinese people starts to devote themselves to the transformation of academic paradigm, that is to say, with thinking inside and outside of the box of the Western learning, to break through the paradigm of the Western learning, and to inherit and develop the orthodoxy of Chinese learning towards the spirit of classical Chinese learning. Consequently, the integration has been achieved and the progress has been also made in political science, the science of law, economics, sociology, the science of international relations, philosophy, and other fields. The major transformation of contemporary Chinese thought can also be deeply observed in the aspects of political documents, social public feeling, the changing of the trends of the times, the inheritance and development of the orthodox learning in China, the responsibility of China as a civilization, etc.

Keywords: the transformation of thought, towards the Chinese classics, the returning of the paradigm, succession of the orthodox learning in China

Brief Discussion on the Logical Terminology in the Mojing and the Yijing and its Mathematical Connotation: On the logical terminology in Lian Shan Yi

Wang Jun-long[①]/ 031

Abstracts: the Mojing has already dealt with some of the main problems in logic: First, it involves the judgment of quantifiers. Jin（尽）is the full name judgment, and Huo（或）is the special judgment. The second is related to set operations. Ti（体）is a subset, and Jian（兼）is a union. Ying（撄）is the intersection, Sun（损）is the remainder, and two（二）is the complementary set. Jianxu（间虚）is a relatively empty set, Ying（盈）is a relative complete set; Xu（虚）is an absolute empty set, and Wu（无）is an absolute complete set. The third is the division and integration. Jian 间 is separated and Mi（弥）is all-in-one.

In the Shuogua（说卦）, not only the logical terminology but also the Eight Diagrams logic diagram is discussed. The Eight Diagrams logic diagram contains the most basic logic operation rules. These arithmetic rules are: Li（离）represents the intersection operation（AND）, Kan（坎）represents the NAND operation, Xun（巽）represents the union operation（OR）, Dui（兑）represents the NOT-OR operation, Gen（艮）represents the symmetric difference operation, and Zhen（震）represents the symmetric difference negation. Even from a logical analysis, the logical connotation of the Eight Diagrams in the Book of Changes is not single. As the same set of logical symbology, the Eight Diagrams has two connotations of logical small items and logical operation rules. This is an overload phenomenon, and modern science is repetitive. The reason is that overloading can lead to confusion or disagreement in understanding.

The Lianshan Yi（连山易）, thc Yijing and the Mojing are all Chinese pre-Qin

① *Editorial Department of China University Academic Abstracts, Shanghai Normal University Institute of Knowledge and Value Science, Shanghai* 200234, *China* classics. Although they all discuss the basic terms and basic operations in logic, the terms used by the three are not the same. Due to the difference in language expression, the logical thoughts in Yi Xue (易学) and Mo Xue (墨学) have been separated for a long time. Even though the Chinese people discovered the rich and profound logic of the Mojing, they did not find that the the Yijing and even the Lian Shan Yi have formed a relatively mature formal logic computing system.

Keywords: Mojing (墨经); Yijing (易经); Lianshan Yi (连山易); logical terminology; operate rules; human body logic diagram

Studies on Shao yong and the big cycles of Yun Qi theory

Ke Zi-neng[①]/ 053

Abstract: The study on the climate change pattern of the earth since the last ice age shows that the combination of the Shao Yong Yuanhuiyunshi cycles and Wu Yun Liu Qi theory can explain the temperature change trend, but it needs to be adjusted. Taking the adjusted Shao Yong Da Yun as a "Great Year", the changes of the millennium disease spectrum of the Yunqi parameters of the "Great Year" are roughly consistent. Statistics show that the theory of Liu Qi Da Si Tian is partially successful, and it is arranged according to the repeated arrangement of three Yin and three Yang, among which the qi of Jue Yin, Shao Yin, Yang Ming and Tai Yang accord well, while the Qi of the Tai Yin and Shao Yang tend to be opposite. If Tai Yin and Shao Yang exchange position, have a higher overall compliance rate. This exchanged order of Liu Qi coincides with Zhu Qi of 'Great Year'. In accordance with the Yuanhuiyunshi model, we establish new large size of the universe cycle nested. It is found

① department of science. history and archaeology, university of science and technology of China that many significant events tend to occur centrally on periodic nodes, so the Yunqi theory of large period nesting can explain some important climatic and geological events.

Keywords: Shaoyong; big cycles of Yun Qi; Great Year; climatic and geological events

The "Parallelism" (*Mou*) in *Mohist Dialectics* and "Not-This and Not-So": And a Consultation with Mr. Zhuge Yintong, Zhou Yunzhi and Tan Jiefu

Abstract: The "parallelism" (*Mou*) in *Mohist Dialectics* is required to fit in with not only "comparing (*Bi*) expressions (*Ci*) and jointly proceeding (*Xing*)" in the "Lesser Selection" (*Xiao Qu*), but also "being valid (*Zheng*) only to a certain extent or up to a point" in the "Lesser Selection". Researchers in the field of Mohist logic generally consider that there are totally five situations in "comparing expressions and jointly proceeding" in the "Lesser Selection", which are "this and so" (*Shi Er Ran*), "this and not-so" (*Shi Er Bu Ran*), "not-this and so" (*Bu Shi Er Ran*), "one universal or distributional and one not" (*Yi Zhou Er Yi Bu Zhou*) and "one this and one not-this" (*Yi Shi Er Yi Fei*), summaried by theoretical statement respectively in which "not-this and so" is added; while the "not-this and so" has not been listed in the situation of "comparing expressions and jointly proceeding" in the original "Lesser Selection", for which there is a special reason. Some scholars, represented by Mr. Zhuge Yintong, Zhou Yunzhi and Tan Jiefu, derived and developed a situation with the theoretical statement of "not-this and not-so" from three kinds of theoretical statement, i. e. "this and so", "this and not-so" and "not-this and so", in five situations in "comparing expressions and jointly proceeding" in the "Lesser Selection" generally considered by researchers in the field of Mohist logic, and claimed that the "not-this and not-so" should be added as a correct or valid model (right model) of Mohist parallelism. Whether "not-this and not-so" belongs to a correct or valid model (right model) of Mohist parallelism or not on earth? Why the "not-this and not-so" has not been put forward in the "Lesser Selection"? Does the view *per se* that one of the correct or valid models (right models) of Mohist parallelism is "not-this and not-so" claimed respectively by Mr. Zhuge, Zhou and Tan exist errors and deviations in their process of demonstration and explanation?

Keywords: Mohist Parallelism (*Mou*); "Comparing (*Bi*) Expressions (*Ci*) and Jointly Proceeding (*Xing*)"; "Being Valid (*Zheng*) Only to a Certain Extent or up to a Point"; Category of "Sameness" (*Tong*) and "Difference" (*Yi*); Not-This and Not-So; Zhuge Yintong; Zhou Yunzhi; Tan Jiefu

Abstract: It appears to be common in reading the Mohist Canon and other texts in ancient China that the "Three-type with Six-form" should be considered as an analytical and cognitive framework. This article will review and summarize eight pairs of aphorisms about optic in the Mohist Canon and their relevant theories, and have an attempt to analyze them under the framework "Three-Type with Six-Form" as a paradigm, in order to explore the thought of science in Mohist Canon and its significance fully, and to intend to develop the framework "Three-Type with Six-Form" further.

Keywords: Mohist Canon, eight pairs of aphorisms about optic, "Three-Type with Six-Form", Shadow, Mirror

Persisting in Definition but Being Divorced from the Life: A Review on the Paper "The Comparison of the Way of Speaking between Socrates and Confucius" by Deng Xiaomang

Li Pu-qun / 137

Abstract: In his paper, Deng Xiaomang has focused on the comparison of the formal difference between the dialogue of Socrates in ancient Greece and that of Confucius in the Analects in terms of their ways of speaking, but he has neglected and even separated the close connection between their own ways of speaking and their corresponding contents of speaking as well as their purposes of speaking, which is a one-sided comparison concentrating on the form only. In his paper, he has imposed the dialogue of Socrates, as the standard of a dialogue, on the ethical teaching practice of Confucius, and has complained why Confucius's manner of speaking did not play the tone of Socrates's. He has also misinterpreted and altered the sentences in the analects in many places in his paper, which violates the principle of the principle of charity in textual interpretation seriously. According to the study of the standard of speaking, the natureof dialogue, and the effect of discussion, it can be known that both Confucius's and Socrates's speaking (including their forms and contents) are good things while the key is how do we learn it and use it, that they are not the unmodifiable "golden rule" applicable to all fields or the "panacea" curing all kinds of diseases, and that we should face up to them, recognize their respective positive significance and role, let the two different speaking play their tone in harmony, and do not overwhelm or undermine one by the other.

Keywords: Socrates; Confucius; the way of speaking; one-sided comparison; comparative study

Abstract: Sutra on the Names of the Buddhas stated, "If one is away from catuskoti, one will ends hundreds of wrong." It means that if one understands the meaning of catuskoti and gets its essence without persisting in its form, the misemployment will not occur. One will be in persistence, when in word or action, one has to set down to see the truth. Catuskoti consists of four extremes, namely, being, non-being, both being and non-being, and neither being nor non-being. Being and non-being are contradictory. Being and not being, and neither being nor not being, encompass disposition and application. Catuskoti is usually shown with bivalent logic symbols, P, $\neg P$, $P \wedge \neg P$, $\neg P \wedge \neg\neg P$. But the format cannot present the meaning of catuskoti. Besides bivalent logic, it can correspond to fourth-valued logic. Although using the same symbol, the application of logic is not quite the same as catuskoti. Catuskoti introduced in Buddhist Sutra conveys two aspects of a phenomenon. Catuskoti encompasses all aspects, which is conceptual proliferation, clear with manifest characteristic, and not being affected. Fourth-valued logic tried to cover all aspects with true, false, truth-value gap, and truth-value glut. Catuskoti in Buddhism may and may not be different from fourth-valued Logic in representation; this will be the topic of this paper.

Keywords: catuskoti, being, not being, bivalent logic, fourth-valued logic

The reexamination of "the Oneness of Tea and Zen"

Wang Xing-guo / 203

Abstract: Buddhism originated from ancient India, The way of tea/Tao of tea originated in ancient China. "Oneness of dhyana/Zen and tea" was first put forward by the "Monk Jia shan (夹山)" Shanhui (善会) in Jiashan Temple (夹山寺), Shimen County (石门县), Hunan Province (湖南省), and It was built upon the famous great Zen master Yuan-Wu-Keqin (圆悟克勤). Through the efforts of two Zen masters, the new state of Combination Of Tea and Zen appears. In the future, the way of tea spread to Japan along with Buddhism and was been carried forward. From then on, "Oneness of dhyana/Zen and tea" was regarded as the highest state of the Tao of tea. With the advent of "modernization", the emergence of industrial and commercial society has also brought the East into the "late law era" prematurely. Under the temptation of the irresistible tide of business and the dazzling fantasy of the secular world, there has been no interest and meaning of Zen in tea soup for a long time and there has been no existence of Tao in tea soup for a long time. Reviving the way of the tea, reviving Jiashan (Shanhui) 's state, returning to "the daily life of the buddhist family" path of the "only having tea and vegetarian food for every day", and reappearing the real situation of "Oneness of Dhyana and tea ", this is the time topic that today's Tea Ceremony and Zen Buddhism are facing together. Should China and Japan join hands to save the way of tea, so that it will not be destroyed in today's economic storm of quick success and instant benefits?

Keywords: The way of tea/Tao of tea; China and Japan; Jiashan (Shanhui) state; Oneness of Dhyana/Zen and tea; split; save

The Ontological Comparison of the Chinese-Western Cultures and the Construction of the Sinology Knowledge System Model

Abstract: Through the ontological comparison of the Chinese-Western Cultures, the biggest difference between "the Sinology" and "Western learning" is that the ontology is different, which leads to completely different epistemology, methodology and research methods. Based on this framework, this paper proposes the concept and basic framework of the "Chinese Academic Paradigm" and compares it with the "Western Learning" paradigm represented by science. Furthermore, the Sinology knowledge structure system model composed of a three-dimensional spherical holographic model and a two-dimensional plane circle model, which explain the similarities and differences, mutual relations and the correct path of how to learning the different branches of the Sinology. At the same time, this paper believes that the longing for "the true, the good and the beauty" is the common goal of "the Sinology" and "Western learning". Based on this understanding and the ideological framework of "noumenon and function" in the Sinology , a human knowledge integrating "the Sinology" and "Western learning" is constructed, this integrating is named "Chinese noumenon and Westernuse" model.

Keywords: Chinese-Western Cultures; ontology; paradigm; Sinology; knowledge system; construction of the Sinology knowledge system model

The Uniqueness of Chinese Culture Viewed from the Angle of the India-China Communication

Zhang Si-qi / 295

Abstract: The Chinese Culture is possessed of the uniqueness, and the inner elixir is a bright existence which marks the Chinese culture. In the relationship between the inner elixir native to China and the other countries, it is mostly easy for people to have a cognitive deviation that the inner elixir has something to do with India. Three matters have caused suchlike cognitive deviation. Firstly, China and India lie in Asia, and these two countries had communications in quite old times. Secondly, it is a fact that cotton was planted in India in quite old times. It is also a fact that cotton is planted and woven in a large scale in China, whose large population urges the country to introduce breeds of crops. And these two facts lead people to a cognitive deviation, too. Thirdly, it is a fact that Buddhism spread to China in quite old times, as leads people to a cognitive deviation that some features of the Chinese culture is framed by the Indian culture and that some characteristics of the Chinese culture is a derivation of the Indian culture. Before there is a full knowledge of both the Chinese culture and the Indian culture, it is obviously inappropriate to claim that the cotton planted in China should have come from India, and that the cotton textile technology should have comes likewise from India. It is inappropriate to deny Taoism spread to India in old times. And it is more inappropriate to imagine that the inner elixir has something to do with India.

Keywords: India-China Communication, inner elixir, Chinese cotton, Chinese Buddhism

《自然国学评论》第一号 栏目及论文目录

《自然国学评论》第二号 栏目及论文目录

《自然国学评论》学术集刊稿约及简介

一、集刊名称：《自然国学评论》

二、所属学科：中国哲学、比较哲学、自然国学

三、集刊主编：张耀南

四、集刊周期：一年二号（2017 年创刊，每年 6、12 月出版）

五、主办单位：北京航空航天大学人文与社会科学高等研究院
自然国学中心、中国哲学研究所

六、出版单位：北京航空航天大学出版社

七、投稿邮箱：zhangyaonan119@126. com

八、《自然国学评论》集刊简介

《自然国学评论》以“凸显自然国学，完善国学体系，熔铸华梵中西，敦请返本开新”为办刊主旨，目标是为“实施中华优秀传统文化传承发展工程”尽绵薄之力。

《自然国学评论》主要刊载中国哲学、比较哲学、自然国学等学科之最新研究成果，鼓励原创性，欢迎观点新颖、视野独特、逻辑严谨、气度恢宏之“宏大叙事”。逐渐形成中华哲学史研究、自然国学研究、华学与批评格式研究、比较哲学与比较哲学史研究、比较知识论与比较逻辑学研究、比较文化学研究、海外汉学与汉学家研究、华学西被与西学东渐研究等领域之开放式、特色型学术研究新平台、新基地。

《自然国学评论》已开栏目有：国学论衡、格式探讨、前沿探索、古学发微、经典释读、跨文化视角、思维方式研究、宇宙观新诠、学术观察等。

《自然国学评论》其他拟设栏目还有：汉学国学华学、比较国学、比较经学、比较逻辑学与比较知识论、国学批评与哲学批评、史料钩沉、旧文新刊、名家访谈等。